臓器移植と刑法

Organ Transplantation and Criminal Law

甲斐克則
Katsunori Kai

医事刑法研究第6巻
Medicine and Criminal Law Vol.6

成文堂

はしがき

　「カープ優勝　セリーグ　25年ぶり7度目」！　2016年9月10日，中國新聞は，この見出しで，緒方孝市監督の胴上げシーンと各選手の活躍のシーンを掲載した「カープV　今季の貯金グラフ」という題目の，この1年間の軌跡を描いた鮮やかな赤い色に染まった見事な号外まで出した。長年応援してきた広島カープが東京ドームで2位巨人を6対4で下し，1991年以来，25年ぶり7度目のリーグ優勝を決めたのである。25年間，苦い思いをしてきたわが家族の面々も，テレビで一緒にこの1戦を食い入るように観戦し，最後は歓喜の渦に沸いた。普段はカープの記事や情報をあまり詳しく扱わなかった新聞やテレビも，当日および翌日，あるいはそれ以降も，珍しくカープの今シーズンの躍進の報道に踊った。

　さて，読者の中には，本書の冒頭でどうしてカープの優勝のことを書くのか，不思議に思っておられる方もいるであろう。実は，成文堂から刊行している私の「医事刑法研究シリーズ」の第5巻にあたる『医療事故と刑法』（2012年）の「はしがき」の中で，過失犯，特に医療事故との関連で，「残念ながら，ここ20年ほど優勝から遠ざかり，Aクラスからも長年遠ざかっている。……『カープは今年こそAクラスか』，と8月末まで大きな期待を寄せていたが，終わってみれば，指定席のBクラスであった。」と書いたのであった。翌年の2013年から2014年にかけて，やや上昇気流に乗り，Aクラスに入ったが，黒田博樹と新井貴浩がカープに戻り，優勝も期待された2015年は1勝差でBクラスに落ちた。前田健太が大リーグに移籍したため，不安を抱えての2016年であったが，大方の予想に反して，圧倒的強さでセリーグ優勝を果たし，クライマックスシリーズも制して，日本シリーズへと駒を進めた。しかし，日本シリーズでは日本ハムに惜しくも2勝4敗と逆転負けし，32年ぶりの日本一は叶わなかった。それでも，カープの奮闘を学問研究のエネルギー

のひとつにしているだけに，今年のカープの奮闘は，感無量である。本書は，そのような流れの中で，刊行に向けて準備してきたものである。偶然にも，本書に収められた論稿は，最も古いもの（第2章）が1991年に書かれたものであるので，本書は，まさに臓器移植問題についての（カープの苦悩と符合する）この25年間の研究成果となった。

　しかし，臓器移植問題は，長い間関心を抱き続けて研究時間を費やした割には論文にしたものが多くない。1968年8月8日に札幌医大で日本初の心臓移植手術が行われたとき，中学2年生ながら，そのニュースに衝撃を覚え，その当時の日記にも書いたほどであるが，医事刑法を研究するようになって，その対応に最も苦悩したテーマである。そのことを念頭に置きながら，以下，各章ごとに，概要と背景を述べておきたい。

　本書は，全体がV部に分かれ，序章と終章を入れて13の章と，資料3つから成る。内容が重複する章もあるが，それぞれに思い入れがあるので，読者の便宜を図るため，簡潔に各章のポイントと執筆の背景を記しておこう。

　第Ⅰ部「基礎理論」は，本書の根底にある筆者の基本的考えをまとめたものであり，本書の特徴とも言えるものである。
　序章「人体構成体の取扱いと『人間の尊厳』」は，『法の理論26』（成文堂・2007年）の「特集『人間の尊厳』と生命倫理」に寄稿したものであり，臓器移植の問題も含めて，人体の利用はどのような場合にいかなる根拠で認められるか，という問題意識から，人間存在の本質である「人間の尊厳」に遡って問題を考察しないと不十分であるという自覚の下で執筆したものである。ポストゲノム社会を迎え，身体から切り離された身体の一部，摘出臓器，死体またはその一部，さらには体外受精卵や配偶子に至るまで，法的地位を真摯に考えて位置づけをすべきではないか，という問題意識から，従来あまり使用されていない「人体構成体」という用語を用いて問題点を考察した。これにより，臓器売買を含めた人体の商品化に対する論拠，ならびに人体の適正

利用の枠組みを呈示できたのではないか，と考える。実は，この論文を書いたことにより，本書を刊行する意義を自分なりに見いだした，と言っても過言ではない。単に臓器移植の問題を現象面や法律解釈論からだけ論じても，表層的でしかない。ここに辿り着くためには，随分と時間を要した。

　もちろん，「人間の尊厳」を安易に振り回してはならない。補論：「『人間の尊厳』と生命倫理——批判へのコメント——」は，『法の理論27』（成文堂・2008年）において，上記「特集『人間の尊厳』と生命倫理」に掲載された諸論文に対して批判が掲載されたので，同時にそれに対するコメントを付して掲載したものである。こうした有益な企画をされたのが，『法の理論』の編者を長年務められた九州大学法学部および同大学院で学恩を受けた三島淑臣先生であった。三島先生は，現代社会が生み出す新たな諸問題に遭遇して解決を目指すときほど，人間存在の本質に遡って考察することの必要性を説かれていた。その三島先生が，2015年1月1日にご逝去されたことも，本書刊行の一因になっている。先生のご冥福を心より祈念したい。

　また，第1章「人体およびヒト組織等の利用をめぐる生命倫理と刑事規制」は，湯沢雍彦＝宇都木伸編『唄孝一先生賀寿記念論集・人の法と医の倫理』（信山社・2004年）に寄稿したものである。執筆時期としては，序章よりも数年前であり，まさに唄孝一先生の賀寿をお祝いして書いた論文である。この論文は，上記序章の論文の内容を具体的に先取りしたものであり，宇都木伸先生（東海大学名誉教授）が主宰されていた「ヒトモノ研究会」に広島から駆けつけて参加していて，大いに問題意識を触発され，人体およびヒト組織等の利用をめぐる法的・倫理的問題点を自分なりにまとめたものである。この研究会には，故・唄孝一先生をはじめ，多彩な研究者が集い，毎回，新鮮な問題提起がなされた。唄先生は，周知のように『臓器移植と脳死の法的研究——イギリスの25年——』（岩波書店・1988年）と『脳死を学ぶ』（日本評論社・1992年）を20世紀末に刊行されており，その後，人体やヒト由来物質の法的性質について，宇都木先生らと共同研究をされていたが，上記「ヒトモノ研究会」では，実に多角的観点から問題点を掘り下げて議論され，そこで，私は，臓

器移植の問題を人体やヒト由来物質の法的性質と関連づけて考える必要性を学んだ。この点で，唄先生と宇都木先生には，大きな学恩を受けたことを特記しておきたい。

第Ⅱ部「臓器移植法成立前」は，まさに日本で臓器移植法が成立する前の状況を執筆年代順にまとめたものである。

第2章「臓器移植法成立前」は，広島大学在職中に，学内広報誌の広大フォーラム292号(1991年)に寄稿した「法的観点からみた脳死問題」と後述の第77次日本法医学会総会シンポジウム報告原稿「臓器移植と検死——刑事法的観点から——」を合体させたものである。前者は学内広報誌であるため，学外の方々には読む機会がなかったと思われるが，ここに収録することにより，当時の脳死問題をめぐる議論状況がある程度理解していただける，と思われる。私は，1990年の4月に呉市の海上保安大学校から広島市の広島大学法学部に移籍したが，その前後，金澤文雄先生(広島大学名誉教授)らの影響もあり，脳死と臓器移植問題に強い関心を抱いていた。広島大学法学部に移籍後は，広島大学医学部(後には大学院医学研究科)で法医学の小嶋亨先生の授業において毎年2コマほど講義を担当することになった。小嶋先生からは，法医学的観点からの貴重なご意見を随分と賜った。同時に，当然ながら，当時，議論が錯綜していた脳死問題について正面から向き合わざるをえない場面が増えた。そのような中で，1991年に執筆依頼を受けて本稿を書いたが，自説を展開する自信はなかったため，議論の整理をした色彩が強いものであった。広島カープが山本浩二監督の下で6度目のセ・リーグ優勝を決めた年でもあり，また，応援していた「炎のストッパー」津田恒美投手が病を押しての最後の登板をした年でもあった。当時，国内では，ますます脳死問題が深刻化し，臓器移植へ向けていかに対応すべきか，が医学界，法学界，そして社会一般においても大きな争点になったので，相当に勉強をした。神戸生命倫理研究会主催の脳死に関する公開シンポジウムをはじめ，各地の研究会やシンポジウムにも出かけ，関係者の生の声を聞いた。とりわけ広島大学医学部の魚住

徹先生（脳神経外科）のご意見からは，随分と刺激を受けた。魚住先生とは，その後，先生が広島県立病院長になられてからも，同病院の倫理審査委員会の委員としてご一緒する機会も多く，学ぶべき点も多かった。この場をお借りして，魚住先生と小嶋先生に御礼を申し上げたい。ただ，当時は，対外的に自己の考えをまとめざるをえない状況に追い込まれつつあったが，安易な結論を出すべきでもない，という信念もあった。

　そのような状況下で，後者の「臓器移植と検死——刑事法的観点から——」は，1993年4月22日に福岡市民会館で行われた第77次日本法医学会総会シンポジウム「臓器移植と検死」（原三郎＝甲斐克則＝鈴木康夫＝野瀬善明）に招待されて報告した原稿を日本法医学雑誌第47巻補冊号6号（1993年）に掲載したものである。このシンポジウムは，原三郎先生（久留米大学名誉教授）から強いお誘いを受け，不安を抱きながら登壇したが，当時の社会的関心から，また，日本法医学会が「異状死ガイドライン」を公表した直後でもあったことから，マスコミ関係者も多く詰めかけ，会場は熱気に溢れ，質疑応答や終了後のインタビュー等で相当のエネルギーを消耗したことを思い出す。しかし，他分野の専門家との意見交換がいかに大事かを実感した貴重なシンポジウムであった。原先生には，その後のご支援を含め，この場をお借りして感謝申し上げたい。

　第3章「脳死移植立法の意義と問題点」は，法律時報69巻8号（1997年）の「巻頭言」に寄稿したものである。第2章の公表年との間隔を見ていただければお分かりのように，4年間もブランクがある。実は，関連学会や国会でも，当時，脳死・臓器移植問題をめぐり激論が戦わされており，その都度，議論はフォローしていたが，その経緯については，中山研一先生が矢継ぎ早に論文・著書を書かれており，いわば出る幕がなかったのである。せいぜい，雑誌や新聞社の質問に対してコメントを出す程度に止めておいた。しかも，当時の社会は，理論というよりも，感情論がかなり強くなっていたこともあり，しばらく静観せざるをえなかったという事情もある。しかし，国会に臓器移植法案が出されるに及び，意見を求められることも増え，本稿を書くことに

なった。本稿は，1997年4月24日に衆議院で可決された臓器移植法案を中心に分析・検討したものであり，社会的合意の観点からは，その時点でまだ脳死が人の死とは言えないが，一定の条件が揃えば脳死・臓器移植を認めるという立場で当時の状況を伝えているので，ここに収めた。

第Ⅲ部「臓器移植法成立とその後」は，1997年6月17日に成立した「臓器の移植に関する法律」（以下「旧・臓器移植法」という。）の成立経緯とその後の運用，人体の利用をめぐる問題状況，脳死論議の状況，さらには生体移植の問題を約10年間にわたり論じたものである。

第4章「臓器移植法――刑事法的観点から――」は，年報医事法学13号（1998年）に掲載したものであり，旧・臓器移植法の意義・骨子を刑事法的観点から論じている。特に同法6条1項に規定する脳死の位置づけに重点を置いたものである。また，**第5章「臓器移植法下における脳死移植」**は，年報医事法学15号（2000年）に掲載したものであり，旧・臓器移植法成立後，空白期間を経て1999年2月末から6月下旬にかけての運用状況を4件について分析している。当時の社会の過剰対応がよく表れている。これと比較すると，現在では，いかに落ち着いてきたか，が理解できるであろう。**第6章「人体の利用と刑法」**は，現代刑事法6巻2号，6巻7号，6巻8号（イウス出版・2004年）に，「医事刑法への旅」の連載として書かれた部分である。人体の利用をめぐる問題状況，および脳死論議の状況が入念に分析・検討されており，これによって2004年当時までの議論の推移がよく理解できるであろう。なお，2004年11月28日に明治大学で開催された第34回日本医事法学会大会のシンポジウム「臓器移植の今日的課題」は，宇都木伸先生と企画および司会を担当させていただき，当時の問題状況を大いに学ぶ機会となったことを付記しておきたい（年報医事法学20号（2005年）参照）。

第7章「生体腎移植」は，法学教室321号（2007年）に掲載したものである。本文でも述べているとおり，愛媛県宇和島市内の病院で起きた腎臓売買および医師による病気腎移植の問題を契機として，生体移植の問題がクロー

アップされるようになった。また、**第8章「生体移植をめぐる刑事法上の諸問題」**は、法律時報79巻10号（2007年）に掲載後、城下裕二編『生体移植と法』（日本評論社・2009年）に収められた論文であり、第Ⅰ部で扱った人体の利用の応用問題である。この企画は、城下教授の編集の熱意が溢れる良いものであった。同書では、まさに生体移植をめぐる刑事法上の諸問題が本格的に論じられている。

第Ⅳ部「臓器移植法改正後の国内外の動向」は、2009年7月13日に参議院で可決・成立した「臓器の移植に関する法律の一部を改正する法律」（以下「改正臓器移植法」という。）の意義および内容と、その後の動向および海外の動向を論じたものである。

第9章「改正臓器移植法の意義と課題」は、法学教室351号（2009年）に掲載したものであり、まさしく改正臓器移植法がいかなる理由でどのように改正されたのか、また、課題は何か、という視点から書かれている。実は、ちょうどその執筆直前に、Law & Technology 45号（2009年）において、「〈座談会〉改正臓器移植法の意義と課題」を企画し、私の司会で、同僚の岩志和一郎教授のほか、国立成育医療センター研究所移植・外科研究部実験外科研究室長（当時）の絵野沢伸先生（現・東京医科大学消化器外科・小児外科学講座客員教授）と昭和大学病院副院長／昭和大学教授（当時）の有賀徹先生（現・独立行政法人労働者健康安全機構理事長）を加えて、討論をしたが、これが実に有益であった。その準備とこの座談会の成果を踏まえて書いたのが、本稿である。3人の先生方にこの場をお借りして改めて御礼申し上げたい。また、**第10章「改正臓器移植法の施行とその後」**は、法学セミナー672号（2010年）にについて学生向けに書いたものであり、内容的には第9章と重複する部分がある。

第11章「ヨーロッパにおける臓器提供意思システム――ドイツ、スイス、イギリス、オランダを中心に――」は、日本臓器保存生物医学会の機関誌Organ Biology Vol. 17. No. 1（2010年）に掲載されたものである。これは、2008年11月23日に東京の六本木アカデミーヒルズで開催された第35回日本臓

器保存生物医学会シンポジウム「ドネーションに関する欧米の相違――日本はどこを学ぶべきか――」において報告した原稿にその後の臓器移植法改正および海外調査等の知見を踏まえて加筆修正したものである。このシンポジウムは，絵野沢伸先生（前出）がオーガナイザーとして企画され，社団法人日本臓器移植ネットワーク医療本部の朝居朋子氏（現・藤田保健衛生大学医療科学部看護学科准教授），東京都臓器移植コーディネーター・東京医科大学八王子医療センターの櫻井悦夫氏，東京歯科大学市川総合病院角膜センター長の篠崎尚史氏らと意見交換できたことは，臓器移植法改正の直前であっただけに，新たな視点を得る機会となった。また，2009年9月25日にオランダのライデン市にあるユーロトランスプラント（EUROTRANSPLANT）を訪問して，ヨーロッパの臓器移植システムについて具体的に学ぶことができたことは，比較法的研究という観点からも意義があった（本書第11章参照）。ユーロトランスプラントの方々には，実に丁重な対応をしていただいたことに対して感謝したい。

第12章「スペインにおける臓器移植――バルセロナでの調査から――」は，早稲田大学の比較法学46巻2号（2012年）に掲載したものである。本稿は，東日本大震災直後の2011年3月21日から22日にかけて，スペインのバルセロナにおける臓器移植制度の実態調査で得られた成果をまとめたものである。大震災直後の余震が続く中，不安な気持ちで妻共々スペインに出かけたのを思い出す。世界で最も臓器移植数が多いスペインの実態はあまり正確に知られていないだけに，強い興味を惹かれていたが，社会的背景や文化の相違に加えて，バルセロナ市内のバイ・デ・ブロン大学病院（Hospital Vall d'Hebron）病院とカタルーニャ臓器移植機構（OCATT）を訪問して調査すると，バルセロナにおける臓器移植制度が予想以上に整備されていて，教育体制もレベルの高いものであることが理解できた。これもまた，協力していただいた関係者の方々に改めて謝意を表したい。

なお，この前後の時期に，九州大学病院の心臓移植外部評価委員会の委員を務めたことは，まさに生命を繋ぐ最前線とも言える日本の心臓臓器移植の

はしがき　ix

　第Ⅴ部「総括と展望」は、本書の全体をまとめ直して、今後の展望や課題を明示するものである。**終章「臓器移植問題の総括と今後の行方」**は、甲斐克則編『医事法講座第6巻　臓器移植と医事法』（2015年・信山社）に掲載した論文「臓器移植と医事法の関わり」を改題したものである。内容的に、これまでの叙述と重複するところもある点は、ご海容願いたい。しかし、全体をまとめ直すことにより、この25年間の総括はできたように思う。本来は、比較法的知見を加えてさらに論じたい部分もあったが、現在、早稲田大学法科大学院長の激職にあり、思うように時間の確保ができないことから、本書ではそれを断念した。それを補う意味で、第Ⅳ部でドイツとスイスの動向を伝える資料を加えた。

　第Ⅵ部「資料」の1は、ハンス-ゲオルク・コッホ（甲斐克則＝福山好典＝新谷一朗訳）「補充交換部品貯蔵庫および生体試料供給者としての人か？——ドイツにおける人の臓器および組織の採取と利用に関連する法的諸問題——」であり、比較法学43巻3号（2010年）に掲載したものである。詳細は、訳文の「訳者あとがき」に書いているので割愛するが、ドイツのフライブルクにあるマックス・プランク外国・国際刑法研究所の主任研究員を長年務められたハンス-ゲオルク・コッホ（Hans-Georg Koch）博士が、2009年3月16日に早稲田大学で講演された原稿を翻訳したものである。この講演内容は、本書での私の問題意識と共通する部分があり、しかも詳細な議論を展開されているので、本書に収めることにした。これにより、読者はドイツにおける臓器移植および人体の利用に関する議論状況をある程度理解することができるであろう。コッホ博士は、彼の師であるマックス・プランク外国・国際刑法研究所名誉所長のアルビン・エーザー（Albin Eser）博士と共に、私にとっては長年の医事法研究の友であり、同研究所に行く度に必ず私の質問に丁重に答えて下さり、参考文献等の貴重な情報を提供して下さった。ここに深甚なる謝意を表した

い。

　「**資料**」の2は，クリスチャン・シュワルツェネッガー（甲斐克則＝福山好典訳）「スイス臓器移植法」であり，比較法学44巻1号（2010年）に掲載したものである。これも，詳細は，訳文の「訳者あとがき」に書いているので割愛するが，スイスのチューリヒ大学法学部のクリスチャン・シュワルツェネッガー（Christian Schwarzenegger）教授が2009年7月21日に早稲田大学で講演された原稿を翻訳したものである。日本通でもあるシュワルツェネッガー教授と私は，1995年3月以来の親交があり，スイスの医事法の議論状況は大いに参考になり，しかも本稿は，臓器移植の問題について，スイスのみならず，ヨーロッパ全体にも言及した貴重な内容であることから，本書に収めることにした。

　上記2編の訳稿作成に関しては，当時早稲田大学大学院博士課程の学生であった共訳者の福山好典君（現・姫路獨協大学法学部准教授）と新谷一朗君（現・海上保安大学校准教授）の尽力に感謝したい。門下生である両君の今後の飛躍を祈念したい。

　なお，「**資料**」の3は，「臓器移植法新旧対照表」であり，本書の理解に必要な範囲で筆者が作成したものである。

　人体構成体の利用と臓器移植に関する以上の内容の本書は，25年間の拙い研究成果であるが，本書を恩師の1人である故・三島淑臣先生のご霊前に献じ，学恩の一端に報いることにしたい。三島先生の学恩は，実に深いものがあり，学問の真髄と厳しさを教えていただいた。また，前述のように，宇都木伸先生には，若い頃より唄孝一先生共々，いろいろと気にかけて下さり，医事法の研究にご支援いただき，同僚の岩志和一郎教授には，特に2004年に早稲田大学に移籍して，共に法科大学院での医事法および「生命科学と法」を担当するご縁で，様々な交流を続けていただき，特に人体構成体の利用および臓器移植の問題では，貴重なご意見をいただいた。さらに，ハンス－ゲオルク・コッホ博士には，前述のように，本書所収の講演原稿をはじめ，長年

にわたり医事法ないし医事刑法のアドバイスをいただいた。このような理由から，本書を謹んで宇都木伸先生，岩志和一郎教授，ハンス-ゲオルク・コッホ博士に献呈申し上げることにしたい。

　最後に，本書が刊行されるに際しては，成文堂の阿部成一社長と編集部の篠崎雄彦氏に大変お世話になった。記して感謝申し上げたい。特に篠崎氏は，出版の細部に亘るお世話をしていただいた。特記して謝意を表したい。また，早稲田大学法科大学院や法学部で医事法ないし医事刑法（講義とゼミを含む。）を受講してくれる多くの学生諸君（特に法学部の医事刑法は毎年450人から600人近くの受講者がいる。）には，いつもきわめて熱心な聴講態度に感謝したい。その熱意は研究を続けるうえで，実に心強い支えとなる。本書が，これまでの「医事刑法研究シリーズ」5冊と同様に，多くの人々に読まれることを期待したい。

2016年10月　広島カープ優勝の余韻に浸りつつ自宅の書斎にて

甲　斐　克　則

(初出一覧)

第Ⅰ部　基礎理論
序　章　人体構成体の取扱いと「人間の尊厳」
　　　　　法の理論26　（成文堂・2007年）
　　　　補論：「人間の尊厳」と生命倫理――批判へのコメント――
　　　　　法の理論27　（成文堂・2008年）
第1章　人体およびヒト組織等の利用をめぐる生命倫理と刑事規制
　　　　　湯沢雍彦＝宇都木伸編『唄孝一先生賀寿記念論集・人の法と医の倫理』
　　　　　（信山社・2004年）
第Ⅱ部　臓器移植法成立前
第2章　臓器移植法成立前の議論状況（改題）
　　　　初出①　法的観点からみた脳死問題
　　　　　広大フォーラム292号　（1991年）
　　　　初出②　臓器移植と検死――刑事法的観点から――
　　　　＊第77次日本法医学会総会シンポジウム報告　（於福岡市民会館）
　　　　　日本法医学雑誌第47巻補冊号6号　（1993年）
第3章　脳死移植立法の意義と問題点
　　　　　法律時報69巻8号　（日本評論社・1997年）
第Ⅲ部　臓器移植法成立とその後
第4章　臓器移植法――刑事法的観点から――
　　　　　年報医事法学13号　（日本評論社・1998年）
第5章　臓器移植法下における脳死移植
　　　　　年報医事法学15号（日本評論社・2000年）
第6章　人体の利用と刑法
　　　　　現代刑事法6巻2号，6巻7号，6巻8号　（イウス出版・2004年）
第7章　生体腎移植
　　　　　法学教室321号　（有斐閣・2007年）
第8章　生体移植をめぐる刑事法上の諸問題
　　　　　法律時報79巻10号　（日本評論社・2007年）
　　　　＊後に城下裕二編『生体移植と法』（日本評論社・2009年）に所収
第Ⅳ部　臓器移植法改正後の国内外の動向
第9章　改正臓器移植法の意義と課題
　　　　　法学教室351号　（有斐閣・2009年）
第10章　改正臓器移植法の施行とその後
　　　　　法学セミナー672号　（日本評論社・2010年）

第11章　ヨーロッパにおける臓器提供意思システム——ドイツ，スイス，イギリス，
　　　　オランダを中心に——
　　　　　　　Organ Biology Vol. 17. No. 1　（日本臓器保存生物医学会・2010年）
第12章　スペインにおける臓器移植——バルセロナでの調査から——
　　　　　　　比較法学46巻2号　（早稲田大学・2012年）
第Ⅴ部　総括と展望
終　章　臓器移植問題の総括と今後の行方（改題）
　　　　（初出題目：臓器移植と医事法の関わり）
　　　　　　　甲斐克則編『医事法講座第6巻　臓器移植と医事法』(信山社・2015年)
第Ⅵ部　資　料
1　ハンス-ゲオルク・コッホ（甲斐克則＝福山好典＝新谷一朗訳）「補充交換部品
　　貯蔵庫および生体試料供給者としての人か？——ドイツにおける人の臓器およ
　　び組織の採取と利用に関連する法的諸問題——」
　　　　　　　比較法学43巻3号　（早稲田大学・2010年）
2　クリスチャン・シュワルツェネッガー（甲斐克則＝福山好典訳）「スイス臓器移
　　植法」　比較法学44巻1号　（早稲田大学・2010年）
3　臓器移植法新旧対照表　（筆者作成）

目　次

はしがき

第Ⅰ部　基礎理論

序章　人体構成体の取扱いと「人間の尊厳」……3

1. 序──問題の所在──……3
2. 肉体の法的地位に関するジャン＝ピエール・ボーの問題提起……5
3. 身体および人体構成体と自己所有……11
4. 先端医療に伴う人体利用をめぐる生命倫理・法と「人間の尊厳」……18
5. 結　語……22
6. 補　論──「人間の尊厳」と生命倫理──……22

第1章　人体およびヒト組織等の利用をめぐる生命倫理と刑事規制……31

1. 序……31
2. 身体の法的地位……33
3. 身体から切り離された「身体の一部」および死体の法的地位……35
4. ヒト組織・ヒト由来物質の利用と刑事規制……44
5. 結　語……47

第Ⅱ部　臓器移植法成立前

第2章　臓器移植法成立前の議論状況……53

1. 問題状況……53

| 2 | 解決の方向性……………………………………………………………54
| 3 | 臓器移植と検死………………………………………………………56

第3章 脳死移植立法の意義と問題点…………………………………61

| 1 | はじめに………………………………………………………………61
| 2 | これまでの経緯と法案の意義………………………………………62
| 3 | 臓器移植法案の意義・骨子と問題点………………………………64
| 4 | おわりに………………………………………………………………69

第Ⅲ部　臓器移植法成立とその後

第4章 臓器移植法——刑事法的観点から——…………………………73

| 1 | はじめに——臓器移植法成立の経緯——……………………………73
| 2 | 臓器移植法の意義・骨子……………………………………………74
| 3 | 刑事法学的観点からみた臓器移植法の問題点……………………74
| 4 | おわりに………………………………………………………………77

第5章 臓器移植法下における脳死移植……………………………………79

| 1 | はじめに………………………………………………………………79
| 2 | 高知赤十字病院のケース……………………………………………79
| 3 | 慶應義塾大学病院のケース…………………………………………81
| 4 | 古川市立病院のケース………………………………………………82
| 5 | 千里救命救急センターのケース……………………………………83
| 6 | おわりに………………………………………………………………84

第6章 人体の利用と刑法
　　　——身体，身体から切り離された「身体の一部」および
　　　　死体・脳死体の法的位置づけ——…………………………………87

1	序……………………………………………………………………… *87*
2	身体および身体から切り離された「身体の一部」の法的地位……… *89*
3	死体の法的地位………………………………………………… *92*
4	脳死論議の経緯………………………………………………… *99*
5	刑法的観点から見た脳死体の法的地位……………………… *105*
6	結　語…………………………………………………………… *112*

第7章　生体腎移植 ……………………………………… *119*

1	はじめに………………………………………………………… *119*
2	法的状況………………………………………………………… *119*
3	臓器売買の問題………………………………………………… *120*
4	病気腎移植の問題……………………………………………… *122*
5	おわりに………………………………………………………… *124*

第8章　生体移植をめぐる刑事法上の諸問題 …………… *125*

1	序――問題の所在――……………………………………… *125*
2	生体移植の正当化根拠とその限界…………………………… *126*
3	臓器売買の処罰根拠と同罪の解釈論………………………… *130*
4	結　語…………………………………………………………… *133*

第Ⅳ部　臓器移植法改正後の国内外の動向

第9章　改正臓器移植法の意義と課題 …………………… *139*

1	序………………………………………………………………… *139*
2	臓器移植法改正の経緯と諸法案概観………………………… *140*
3	改正臓器移植法と脳死の法的意義…………………………… *143*
4	臓器提供意思システムの変更の意義と問題点……………… *146*
5	小児の臓器移植の問題………………………………………… *148*
6	結　語――残された課題――………………………………… *149*

xviii　目　次

第10章　改正臓器移植法の施行とその後……………………… *153*

1　序………………………………………………………………………… *153*
2　改正法のポイント……………………………………………………… *153*
3　改正法の施行は何をもたらしつつあるのか………………………… *155*
4　結　語…………………………………………………………………… *157*

第11章　ヨーロッパにおける臓器提供意思システム
　　　　　──ドイツ，スイス，イギリス，オランダを中心に──……… *159*

1　序………………………………………………………………………… *159*
2　ドイツ臓器移植法……………………………………………………… *159*
3　スイス臓器移植法……………………………………………………… *160*
4　イギリス人体組織法…………………………………………………… *161*
5　オランダ臓器提供法…………………………………………………… *162*
6　比較法的考察…………………………………………………………… *164*
7　結　語──日本の今後──……………………………………………… *166*

第12章　スペインにおける臓器移植
　　　　　──バルセロナでの調査から──……………………………… *171*

1　序………………………………………………………………………… *171*
2　スペイン（特にカタルーニャ地方）における臓器移植制度の背景…… *173*
3　スペインにおける臓器移植制度の現状……………………………… *176*
4　スペインにおける臓器移植の実態…………………………………… *182*
5　結　語…………………………………………………………………… *184*

第Ⅴ部　総括と展望

終章　臓器移植問題の総括と今後の行方………………………191

1. 序………………………………………………………………………191
2. 臓器移植法成立までの経緯と医事法の関わり………………192
3. 臓器移植法改正諸案の概要…………………………………………194
4. 改正臓器移植法の意義と課題……………………………………198
5. 医事法的観点から見た脳死臓器移植制度の行方……………203
6. 生体移植と医事法の関わり………………………………………206
7. 結語……………………………………………………………………212

第Ⅵ部　資料

1. ハンス・ゲオルク・コッホ「補充交換部品貯蔵庫および生体試料供給者としての人か？──ドイツにおける人の臓器および組織の採取と利用に関連する法的諸問題──」…………221

はしがき……………………………………………………………………221
Ⅰ．事例：特異な経歴………………………………………………221
Ⅱ．移植医療：臓器，臓器の一部および組織──採取と移植──……223
Ⅲ．狭義の組織の取扱い──「通常事例」に関する規制──…………231
Ⅳ．生殖医療：生殖細胞，前核段階および胚………………………233
Ⅴ．「損壊事例」：刑法上および民法上の視点からみた臓器および組織の毀滅または合意に反する利用………………………237
Ⅵ．総括と展望…………………………………………………………242

2 クリスチャン・シュワルツェネッガー「スイス臓器移植法」…255
 　1．移植医療の現状……………………………………………255
 　2．国際法上のルール…………………………………………260
 　3．スイス臓器移植関係法の法源……………………………264
 　4．結　語………………………………………………………278

3 臓器の移植に関する法律の一部を改正する法律（平成21年
 　7月17日法律第83号）による新旧対照表……………………281

第Ⅰ部

基礎理論

序章

人体構成体の取扱いと「人間の尊厳」

1　序——問題の所在——

　1　人体を構成する身体各部位およびそれに付随する血液ないし体液等を一括して人体構成体と呼ぶことができる。それらは，法律上どのような地位を与えられているのであろうか，あるいは与えられるべきであろうか。そして，それは，「人間の尊厳」とどのように関わるのであろうか。フランスの法制史学者ジャン＝ピエール・ボーは，『盗まれた手の事件』と題する興味深い書物の中で，切断された手を盗んだ場合の法的責任を素材としつつ肉体の法的意義について，法制史的観点から，ローマ法に由来する近代法が法的世界を「人か物か」に分ける二分法の問題性を剔出し，この点に関して重要な問題提起をしている[1]。本書は，かの有名な 1994 年のフランス生命倫理法が成立する前年に書かれたものであるだけに，当時のフランスの議論状況を反映している点でも興味深い。生命科学が進歩して様々な難問をわれわれに突きつけている現在，この問題は国境を越えて解決しなければならない，人類に向けられた重要課題である，と思われる。

　2　ところで，最近，日本においても，人体構成体の取扱いと「人間の尊厳」の問題について考えさせる契機となった事件がいくつかあった。とりわけ中絶胎児を「廃棄物」として処理した事例（横浜地判平成 17 年 5 月 12 日判例集未登載）[2]と宇和島市内で起きた臓器売買事件および病気腎移植事件[3]は，その代表的なものである。

前者は，あるクリニックの院長である医師が，中絶手術により掻爬した妊娠約10週の死胎をビニール袋に入れて一般ゴミとして捨てた事案について，廃棄物の処理及び清掃に関する法律（以下「廃棄物処理法」という。）6条の2第7項の政令で定める基準（同法施行令4条の4第2号，同法施行規則1条の19第1号・第2号）違反の罪に問われたものである。注目すべきは，「死胎」および「胎盤」が廃棄物処理法2条1項にいう「廃棄物」に当たるか，が主たる争点のひとつとなったことである。判決は，「『生活環境を清潔にすることにより，生活環境の保全及び公衆衛生の向上を図ること』という廃棄物処理法の目的に照らして考慮すると，胎児が人の萌芽であるとしても，掻爬された後の本件死胎等のうちの『死胎』と『胎盤』も，廃棄物処理法2条の『不要物』として同条の『廃棄物』に該当するというほかない。」と判示した。もちろん，当該事件を摘発するにはこの法律を使うほかなかったことは重々承知しているので，検察および裁判所がこのような判断を示したのは，本件ではやむをえなかった。私が問題にしたいのは，「人間の尊厳」との関係で，中絶胎児の法的地位は廃棄物処理法上の廃棄物と同程度にしか位置づけることのできない現行法体系の現状である。人間存在それ自体については，今日，「人間の尊厳」を考慮することを否定する者はいないであろう[4]。しかし，中絶胎児の法的地位が，「廃棄物」としての扱いしか受けないのは，「人間の尊厳」との関係で大きな違和感を覚える。

　同じことは，後者の事件のうち，臓器売買事件が投げかける問題にも当てはまる。確かに，臓器の移植に関する法律（以下「臓器移植法」という。）は，臓器売買を禁止する（同法11条，20条）。しかし，臓器自体の法的地位が明確である，とは言い難い。そもそも臓器売買についての禁止の根拠は何か，このことを深く探求する必要がある。最近，フィリピンでは，腎臓提供者に対する謝礼を公的に認める制度を確立しつつあるが［後にこれは否定された。］，一国の政策ないし文化論で実質的に臓器売買に当たるそのような制度が認められるのであろうか。さらに深く考えると，そもそも，自己の臓器が身体から切り離された場合，それは物になるのか，それとも人体構成体として何らか

の保護を受けるのか。

3　ローマ法に由来する近代法は，法的世界を「人か物か」に分けるという二分法（中間のカテゴリーはない。）で議論してきたが，いまや人体構成体については，人に近いが人そのものではなく，さればといって財物と同様の物として扱うことのできない独自のカテゴリーに位置づけるべきではないか。あるいは，それと連動する遺伝情報についても，そう考える必要があるのではないか。その際，「人間の尊厳」を根底に据えざるをえないのではないか。このような問題意識から，私自身，これまで若干の研究を試みてきたが[5]，本章では，ジャン＝ピエール・ボーの問題提起に触発されて，人体構成体の取扱いをめぐる議論を素材としつつ，そこに通底する「人間の尊厳」の問題について少し掘り下げて論じることにする。以下，まず，肉体の法的地位について問題提起をしているジャン＝ピエール・ボーの見解を取り上げ，つぎに，身体および人体構成体と自己所有をめぐる問題について論じ，最後に，基本ルール策定に向けて，先端医療に伴う人体利用をめぐる生命倫理・法と「人間の尊厳」の問題について論じることにする。

2　肉体の法的地位に関するジャン＝ピエール・ボーの問題提起

1　「身体は誰のものか。」と問われれば，多くの人々は，「当然，身体は私のものだ。」と答えるであろう。確かに，この回答は，ある意味で常識的な回答である。生命については，別途考察したところであるが，刑法202条が同意殺人罪を規定していることからも看取されるように，個人法益とはいえ，個であると同時に社会的存在でもある人間存在の根源であるその性格からして不可処分性が承認される[6]。これに対して，身体は，生命を支える基盤ないし基体となるものであるとはいえ，これも絶対不可侵なものであり自己処分はいっさい認めないと考える極端な見解を別とすれば，限界に争いがあるも

のの，一定の範囲での処分可能性を完全に否定する者はいないであろう。なぜなら，人間は，歴史的にみても，一定の範囲で自己の身体を自己表現ないし自己活動の一環として処分することを認めてきたし，今後もこれが変わることはないであろうからである。しかし，さらに続けて，「身体が『私のもの』とは，どのような意味か。そして，身体から切り離された一部についてはどのように考えるのか。」と問われると，やや答えに窮するのではないか。なぜなら，様々な回答が考えられるからである。例えば，「私のものである以上，他者に危害を及ぼさないかぎり，財産と同様，どのように処分しようと自由である。」という回答がありうる。あるいは，「私のものとはいえ，原則として自由な処分はできない。とりわけ身体（臓器を含む）を売買の対象にしてはならない。しかし，重大な危険性を伴わない範囲で他者を救うため善意かつ無償で身体の一部を提供することは許される。」という回答がありうる。以上のように回答が分かれうるということは，いかに身体の法的地位が不確定なものか，を示している。この問いに対して，いかなる根拠でどのような回答を導くべきであろうか。

　2　ジャン＝ピエール・ボーは，日曜大工の最中にチェーン・ソーの操作ミスによりある人の身体から切り離された身体の一部を他者が盗むという興味深い架空事例を設定して，この場合にどのような法的責任を負うであろうか，と問いかける[7]。そして，この問題について，第1に，切断を生じさせた犯罪（フランス刑法310条）とする解決，第2に，窃盗について有罪とする解決，第3に，無罪放免とする解決，以上の3つの解決可能性を示しつつ分析・検討を加え，フランスの定説によれば，第3の無罪放免説に帰着せざるをえない，と説く。なぜなら，第1の解決策では，「法理論的には，切断された手を盗んだことが単なる窃盗ではなく，肉体の侵害であると認めさせたいのなら，体から切り離されたとしても手の法的地位が変わっていないことを論証しなければならない」が，現実には判例上，切断された体の部分は「物」として扱われているので（収監中に自己の右手小指を切断した受刑者ジャネル・ダウー事件で

は、その小指が押収された。)、この考えを維持するのは困難であり、第2の解決策では、フランスの定説によれば、切り離された身体の一部を財物一般と同じように扱うことはできないがゆえに妥当でないからである[8]。しかし、ここで、ボーは、「これらはすべて、人間の尊厳の名のもとに、自分の肉体に対する所有権を人間に認めてはならないとする原理からきている」が、「こんなことが許されていいのだろうか。」と問い、「絶対にいいはずがない。」[9]と強調して、さらに考察を進める。

　この問題提起には引き込まれるものがある。それでは、ボーは、何を意図しているのであろうか。ボーの問題意識の根底には、法人格というローマ法の発明が人間の肉体を法から消し去り、20世紀半ばまで機能してきたのであり（契約の対象となる物を「取り引きされる物」と規定するフランス民法1128条も同様)、「法律家の思考論理のなかから肉体という具体的存在が消え、人格という象徴的存在がそれに代わって場を占めていた。そして、法はこの人格を保護したのであり、肉体はその恩恵にあずかって守られているにすぎなかった」[10]ことへの疑問が横たわっている。肉体は人格の「実体」であるという言い方は、ボーによれば、「人格と肉体の関係を説明できるものは所有権以外にはありえないという考えを拒否することである。」[11]。しかし、20世紀半ばの輸血に始まる「断層のひび割れ」以降、生命科学の急激な発展により、伝統的思考の再考が迫られることになる。フランスの定説では、「そうなるはずと期待していたものと、正反対の結果を生み出すまでになっている。」とボーは嘆く[12]。その契機として、ボーは、自己の細胞返還訴訟として有名な1988年7月31日のアメリカのジョン・ムーア事件カリフォルニア州控訴院判決を引合いに出し、「研究のためであれ商品開発のためであれ、患者の同意なしに細胞を取り出すことは肉体に対する侵犯行為であり、罰として巨額の損害賠償が命じられるだろう。しかし、細胞の商品化によってもたらされた利益の一部を参加分としてジョン・ムーアにあたえようとすれば、現在の支配的な学説を否定しなければならないのである。」[13]と説く。そして、死体についても、「死体の神聖さを意識すればするほど、それを『物』として扱うようになる。」[14]

とも説く。

　以上のようなボーの主張は，当然ながらフランスの伝統的支配的法哲学派であるミシェル・ヴィレーらとの「主観的法」を基調とする考えと対立する。ボーは言う。「ミシェル・ヴィレーの最大の誤りは，人格の観念を個人の観念と同一視したこと，人格の観念が抽象化によってつくられた構築物であり，事物の自然な秩序とは関係がないことを見抜けなかったことである。自然な秩序に従えば，それぞれの人間は何よりも魂を宿す体として認識されなければならず，それは人格の観念とは相容れない。人格という観念を考え出す知的操作は，間違いなく抽象化の作業である。そして，抽象化されたものとしては，感覚しうる現実から取りだされたものという語源的な意味のとおりに，人格とは，肉体によって人間存在が認識されるという現実から取りだされ，切り離された観念であった。」「またミシェル・ヴィレーの説には，人格の出現が法の非肉体化の産物であるという基本的事実を理解していない根本的な欠陥がある。」[15]と。

　3　確かに，肉体の物的性格を前面に出したボーの問題提起には鋭いものがある。特に2つの問題，すなわち，「体から離れた肉体の一部の法的地位は何か」という問題と「分離された肉体の一部の法的地位は，完全な状態での生体のそれと同じなのか」という問題の提起[16]は，かねてからの私の問題意識と共通のものがあるからである[17]。しかも，ボーは，「『人』と『物』の区別にもとづくすべての法体系は，死体が『物』であり，肉体から切り離された部分も『物』である以上，生きた人間の肉体がひとつの『物』であることを認めなければならない。」[18]という明確な立場を「人間の尊厳」と関連づけて論じているので，なおさらその問題提起を真摯に受け止めざるをえない。しかし，そこに問題はないであろうか，検討する必要がある。そこで，ボーが，どのような論理でこの命題を導くのかを，もう少し辿ってみよう。

　ボーによれば，フランス法を根底に据えると，「㈠人間の肉体は『物』である。㈡人間の肉体は商品でない『物』である。」という命題になるが，「人間

の肉体が『物』であるという『現実』から逃れるためには,『人』と『物』の間の中間的な法的カテゴリーが必要になる」が,「ローマ的シヴィテはそれを提供しなかった。」[19]そこで,人工補綴や障害者の必要用具の法的位置づけをめぐり,「用途による人格」という考えも出されたが,ボーは,この観念を実際に使うことはできず,それも含め,肉体から切り離された部分はやはり「物」として考えるべきだとして論を進め,次のように述べる。すなわち,「肉体を『物』のカテゴリーに入れることに実際的な意味があるのは,死体の法的地位を明確にするとか,肉体の一部の所有権を譲渡するとかの場合に限られる。それ以外の場合には,肉体を人格と同一のものとして扱えばすべてがすんでしまう。肉体が『物』であるという『現実』は,とりたてていうまでもない事実にすぎない。しかし,肉体の提供,あるいはいくつかの国では臓器売買に直面したときに,その事実を認識する必要に迫られる。」[20]と。この点についてフランス民法1128条は「契約の対象になる物は,取り引きされる物だけである。」としか規定していないので,定説によれば,死体や臓器は,その逆,すなわち「取り引きされない物」としての「神聖な物」という範疇に位置づけられる[21],とボーは説く。しかし,同時に,「肉体の神聖さをもちださなくても,人間の尊厳という観念が十分にその代わりを務めることができる。」[22]とも説き,さらに,「肉体は,近代における『神聖な物』であると同時,『共有の物』にもなろうとしており,この点で,まさに『取り引きされない物』の典型であると結論づけることができる。」[23]とも説いている。

4 重要なのは,ボーがここまで「肉体の物化」に固執する真の理由である。すなわち,肉体の所有権を認めることにより,「生体,あるいは死体,そしてその各部分を法的に安定させるという実に大きな実際的利点がある」し,「自分の肉体に対して人が願っている完全性を十分に保証することができる」し,「それから生み出されたものを商品化しようとする者に対して(ムーア事件のように),肉体を守る最良の方法になる。」[24]ということのほか,「自由に関する哲学的で政治的な観念に実際的な有効性をあたえるという利点がある。

ただし，逆の結果を生み出す場合もあるということを指摘しておきたい。自由という観念は，非肉体化された法のもとでは，人間の尊厳へのもっとも恐るべき攻撃を正当化することもあった。」[25]と説く。さらには，以上のことにより，「人間の尊厳という観念は，肉体の神聖さを近代的に言いかえたものにほかならない」ことを確認し，「肉体が所有された『物』であることを否定すると，それは人間の尊厳にとって脅威になる」ことを強調する[26]。そこには，非肉体化された法のもとでの「人間の尊厳」へのある種の警戒感がある。

　確かに，身体から切り離された肉体を含め，「肉体と人格を同一視することは，どこまでも危険な考えである」[27]とする点は，理解可能な部分がある。過度の人格性の強調は，弊害がありうる。しかし，「人間の尊厳という観念は，肉体の神聖さを近代的に言いかえたものにほかならない」のであろうか。ボーは，非肉体化された人間が生み出された背景を丹念に分析し，「肉体は存在するが，名ばかりの外形になり，これもまた非肉体的な観念である自由に奉仕するにすぎないものになった」結果，奴隷制が正当化されたとして，「人間の尊厳という名によって肉体の『現実』に対しておおげさに反駁することに，何かうさん臭いものを感じとることはあながち間違ってはいない。」[28]と確信している。確かに，ボーが指摘するように，「人間の尊厳」を安易に用いると，それが逆の結果（例えば，「人間の尊厳がない」とレッテルを貼られた人を切り捨てる等）とも言うべき事態を引き起こす懸念がある。ボーによれば，「そもそも切断された手が盗まれるという事件を私が考えてみたのは，もっとも基本的な権利が，人間の尊厳という名において，いかに嘲弄されるかを実証する判例を知らなかったからであった」が，その後，前述のアメリカのムーア事件でカリフォルニア州最高裁判決（1990年7月9日）が控訴審判決を覆してムーアに細胞の所有権を否定するに及び，そのことが実証された，とする[29]。すなわち，「人間の尊厳の名において，ジョン・ムーアは自分の肉体の所有者ではない。」「人間の尊厳の名において，ジョン・ムーアの（生きている）肉体から採取された細胞は，その商品価値を生み出した者の財産である。」「人間の尊厳の名において，この細胞に関する特許を登録し，その商品開発を行うことは

許される。」[30]という判決の論理がそれである。この判決が説く「人間の尊厳」論には，違和感を覚えざるをえない。このような論理で「人間の尊厳」を持ち出すとすれば，むしろ弊害の方が大きいかもしれない。それゆえに，ボーの問題提起には鋭いものがある。しかもボーは，『盗まれた手の事件』の刊行の翌年（1994年）に成立した注目すべきフランス生命倫理法について，「日本語版へのあとがき」の中で，民法典に「肉体」という語が入った点に注目しつつも，その第２章「人体の尊重について」の16条（「人格の優位性は法律によって保証され，人格の尊厳に対するいかなる攻撃も法律によって禁止される。」）および16条１項（「各人の肉体は尊重されなければならない。」「人体は不可侵である。」「人体，人体の各部，人体からの産物，それらは財産権の対象になりえない。」）に規定された「優位性」，「尊厳」，「尊重」という語に対しても「何が言いたいのか，読む者に対して説明しなければならない言葉が多すぎる。」として，やや懐疑的である[31]。

かくして，ボーは，次のように結論づける。「人間が自分の肉体を所有し，その権利主体であるという考え方は，人間を商品棚の上に並べようとしているのでは決してない。肉体の尊重と人間の尊厳のための防壁を作ること，それも，悪知恵の働く者がかくもさまざまな抜け道を考えだす儀礼的なあいまいさとは無縁の防壁をつくろうというのである。最後には，この防壁によって，肉体の尊重と人間の尊厳は法的にいっそう確実に保護されたものになる。これが本書に込めた私の主張である。」[32]この最後の一節は，きわめて迫力がある。しかし，ボーのように身体・肉体を「物化」する論理に問題はないであろうか。

3 身体および人体構成体と自己所有

1　前述のジャン＝ピエール・ボーの問題提起を受けて，身体および人体構成体と自己所有の問題を検討してみよう。第１に，ボーは，人間を「個」として孤立的に捉えているように思われるが，そこに問題点がある。肉体の「物化」を貫徹するボーの見解は，あたかも同じフランスのド・ラ・メトリが

18世紀に説いた「人間機械論」[33]を彷彿させるものがあるが，もちろん，必ずしもそこまでの主張をしているとは思われない。あるいは，デカルト的二元論に依拠しているのかもしれない。しかし，ボーの見解が身体の自己所有(権)を強調する考えであることは間違いない。身体の自己所有(権)を徹底する立場は，ジョン・ロックの考えに由来する，と言われる。すなわち，ロックは，すでに17世紀末に，「たとえ地とすべての下級の被造物が万人の共有のものであっても，しかも人は誰でも自分自身の一身については所有権をもっている。これには彼以外の何人も，なんらの権利を有しないものである。彼の身体の労働，彼の手の働きは，まさしく彼のものであるといってよい。」[34]と述べている。このロックの思想が近現代まで脈々と継受されている。しかし，すでに三島淑臣教授は，早くよりその問題性を次のように指摘しておられる。すなわち，「ロックの思想の基本にある『創造主体的個人主義』は，『自己所有』の観念と共に，我々現代人の受け入れ得るところではない。世界内存在(偶発的な1個の物)たることを忘れて世界を客体化し，自分の身体の所有者であることを僭称する，そのような主体(私)からの出発こそ，現代の人類の惨禍を招いた当の主役なのである。私が私の身体の所有者であるというよりは，むしろ私の身体との相互依存において始めて私がある，というべきではないか。」[35]と。むしろこの指摘こそは，本題を考えるうえで根底に据えるべき基本的視座ではなかろうか。

2　ところが，ロックの考えは，現在では，いわゆるリバタリアンに受け継がれている。ボーの考えがリバタリアンと同一のものであるかは断言できないが，ある種の共通点もあるように思われる。リバタリアニズムも多様であるが，その立場の日本での旗手である森村進教授は，「自分の人身(身体)への所有権として理解された自己所有権を『狭義の身体の自己所有権』と呼び，自分の労働の産物とその代価としての財産の権利も含めて『広義の身体の自己所有権』と呼ぶことにする。」[36]と説かれる。前述のロックの考えの前半部分と後半部分にそれぞれ対応するものと思われる。森村教授によれば，まず，

「狭義の身体の自己所有権は，犯罪に対する刑罰は例外として認めるが，人身の自由に対する自らの同意のない強制を許さない。」[37]そして，「人身所有権の第2の意義は，信教の自由や居住移転の自由，表現の自由や集会の自由など，基本的人権に含まれるさまざまの自由が決してばらばらの異質な概念のよせ集めではなく，自分の人身への支配権という基本的な自由の具体化（派生的でなくても）だということを示している点にある。リバタリアンは，自己所有権という権利の中に無数の自由権が含まれていると考える。」[38]

しかし，宗岡嗣郎教授は，この主張の説得的な一面を認めつつも，次のように本質的問題点を指摘される。すなわち，「リバタリアニズムの原理主義的な『自由』を支える『自己所有』はデカルト的なコギトの構造的な支配のもとにあることを暴露するものであった。ところが，現実の人間は，コギトにおいて『ある』ことが一面の事実であるとしても，コギトによって『ある』わけではない。コギトは人間の存在態様の1つにすぎない。そうであるとすれば，人間が『その能力が自分の好きなように用いる』ことを道徳的な『自由』だと主張するリバタリアニズムには，人間の理性的な一面だけを極端に強調するという点で，看過しえない問題点があるということになる。」[39]と。この指摘は，正鵠を射ているように思われる。人間を個として孤立的に捉えるのではなく，本質的に共生の中で捉えるべきであり，生命はもとより，身体や自由についても，その観点から捉えるべきである[40]。そして，「人間の尊厳」も，その脈絡から理解すべきである[41]。

3　もちろん，森村教授も，「リバタリアニズムの立場からも，自己所有権だけですべての基本的な権利義務を正当化しようとするのは強引である。」[42]として，自己奴隷化と臓器売買の自由の問題について慎重に論じ，「自己決定の尊重を説く自由主義者たちも，たいていの場合，そこまでは自己決定を認めようとしない。しかし，個人の自由を尊重するならなぜ，自己奴隷化や臓器売買を禁止できるのかは，簡単に説明できない。」との問題設定から，「私は長期にわたる自己奴隷化や生命を奪うような臓器売買は，禁止できると考

えている。契約時の当事者と，将来の当事者とは重要な意味において別人といえる，というのがその論拠である。一方，年期契約奉公や腎臓の売買は，禁止してはならないと考えている。私も自己奴隷化や臓器売買に対しては嫌悪感を抱いているが，しかしその直感だけでは他の人々の行動を禁止する理由にはならないだろう。」[43]と説かれる。そして，「自己所有権の批判者は，われわれが自分自身の身体に対して持っている権限は，『自己所有権』ではなく『自己決定権』とか『自律』とでも呼ぶべき非財産的権利であり，その中に自己の身体や生命を譲渡する権限までは含まれない，と主張するかもしれない」が，「この主張はまずいくつかの点で限定する必要がある。」として，第1に，身体の一部の無償譲渡ならば許されている場合があり（例えば，血液，骨髄，腎臓），第2に，「身体の全面的な譲渡は許されなくても，一時的あるいは部分的な譲渡なら許される。」（例えば，半年間，週に40時間ずつ他人の命令の下で働くという契約，毛髪の売買），と例を示し，特に第1の点について，「ある財の有償の売買の許可自体は，それを『商品化』するわけではなく，その商品化を可能にしているにすぎない」のであり，「臓器売買が許可されても，万人の臓器が商品になるのではない。自分の臓器を売りたい人が売りに出す臓器だけが商品になるのである。」[44]と強調される。しかし，この種の問題は，個人の選択に任せてよい類のものであろうか。

　森村教授は，さらに進んで，こう説かれる。すなわち，「私が臓器売買に嫌悪感を抱くのは，私が自分の臓器を金銭に替えられないほど大切なものだと考えているからである。本人が臓器を売ろうとするのは，自分の臓器よりも代価の方が価値があると考えるからである。〔原文改行〕その際，臓器売買の禁止は当事者に対してわれわれの幸福感や人生観を押しつけ，彼らが臓器売買を通じてより良い生活の機会を得ようとする自由を禁止することになる。赤の他人にすぎないわれわれが，どうして当事者に代わって，その意思に反してまで，彼らの行動を決定すべきなのか？　契約の履行から生ずるさまざまの利害得失に関する彼らの評価——それはしばしば言語化もされないし，特に意識されていないことさえ多い——を他の誰よりもよく知っているの

は，当事者自身である。彼らの選択の利益を受け，コストを負うのも，彼ら自身である。これらの考慮は臓器売買を禁止すべきでない根拠になる。」[45]と。ここに，リバタリアニズムの自己所有論の真髄が如実に表れている。しかし，このように身体を対象化し，臓器売買に対しても寛容なこの論理は，前述のジャン＝ピエール・ボーの主張にも見られなかったものである。これは，身体の「物化」論，さらには身体の自己所有論を採る以上，避けがたい帰結であろう。人体の商品化は，この論理では回避し難いように思われる。ボーは，身体を「物化」した方が「人間の尊厳」をより保護できる，と言うが，それは著しく困難だと言わなければならない。

4　これに対して，アメリカの法哲学者マーガレット・ジェイン・レイディンは，所有（property）を人格性（personhood）と結び付けた第3の潮流ともいうべき新たな所有論を提唱する[46]。レイディンは，自ら「ひとつの直感的見解（an intuitive view）」と呼ぶ「人格性を志向した所有（property for personhood）」論を，ほとんどの人々が自己の一部と感じる対象物が，「この世における人格体を継続するものとして構成する方法の一部であるがゆえに人格性に緊密に拘束されている」という観点から展開し，「人は，その喪失によって生じる類の苦痛によって対象物とその人との関係の強さないし意味を測定することができる。」と説く[47]。そして，「人格性を志向した所有」は，純粋に手段として使用される交換可能な財（fungible property）を意味せず，むしろ人格的所有（personal property）は，人格的自律ないし自由を志向し，それがなければ人格に対して自律とか自由の発展を阻害することになるものである[48]。かくして，レイディンは，外部の物に対する支配意思主体たる自己の人格が外部の物にも拡張するという論理を展開する[49]。詳細は割愛するが，その主張は，ヘーゲルの人格概念に依拠している[50]。

では，この考えが，本題とどう関わってくるであろうか。すでに指摘されているように[51]，レイディンは，人格性の3つの側面，すなわち，自由（freedom：物や他者との関わりにおいて自由意思で振る舞うこと），アイデンティ

ティー (identity：自己の統一性および連続性)，および関係性 (contextuality：物や他者との関係において自己構成 (self-constitution)：識別された人格 (differentiated human persons)，ユニークな個人であることの必要性を要求する。) に着眼し[52]，市場不可譲性 (market-inalienability) との関連性から，臓器売買の問題について論じる。すなわち，可譲性とは，分離が任意的または非任意的になされるものだが，これに対して，市場不可譲性とは，分離の可能性を否定し，自己から権限，権利および属性が喪失しえないとするものであり，「非任意的な喪失に焦点を当てるならば，不可譲 (inalienable) とは，喪失不可能なもの (nonforfeitable) を意味する。」[53]「市場不可譲性は，しばしば，非商品化 (noncommodification) への強い願望を表明している。何かを販売不可能 (nonsalable) にすることによって，われわれは，それが商品として知覚され，あるいは取り扱われるべきでない，と宣言する。……[原文改行] 市場不可譲性は，ある物が完全に市場の内側にあるべきものか，それとも外側にあるべきものか，また，完全に商品化されるべきものか，それとも完全に非商品化されるべきものか，という2項選択以上のものをわれわれに問題提起している。ある物は，完全に商品化される——レッセフェール市場における取引に適しているように思われる。他の物は，完全に非商品化される——市場から共に取り除かれる。しかし，多くの物は，不完全に商品化されるもの——完全に商品化されもしないし完全に市場から取り除かれもしないもの——として記述されうる。かくして，われわれは，ある物が一定程度でのみ，もしくはいくつかの側面でのみ市場不可譲 (market-inalienable) となるべきである，と決定することが許される。」[54] 結局，最後の中間領域に臓器の扱いが位置づけられるが，「人の臓器の市場不可譲性は，ある者から他の者への贈与による移植を排除しない——そして実際，それを促進するよう求めるかもしれない。」[55]とも説く。さらに，レイディンは，次のように贈与を位置づけている。「最悪の場合には，——汎商品化 (universal commodification) においては——贈与 (gift) は，バーゲンとして知覚される。贈与をバーゲンとして知覚することは，人格的なものを交換可能なものとして感知するのみならず，人格の像を，利潤を最大化する者 (profit-maximizers）として是認することにもなる。［しかし，］人格性のより良い見方からすると，贈与は，偽装された売買（disguised sales）としてではなく，むしろ，自己と他者との間の相互関係（interrelationships）の表明として考えるべきである。贈与によって何かを他の誰かに手放すことは，自己自身を提供することである。そのような贈与は，レシピエントとの人格的関係の中で行われるか，さもなくば，そのような贈与がそのような関係を創出する。」[56]と。

5　市場不可譲性を自己と他者の相互関係の中で捉えてその根拠を入念に検討したレイディンの主張は，確かに，魅力的であるし，実際，このような観点から日本の臓器提供も実施されているように思われる。しかし，そこで説かれているのは，前述のジャン＝ピエール・ボーが批判したところの，肉体や死体を「取り引きされない物」＝神聖な物として扱ってきたフランスのかつての伝統的な見解と結論において大差がないように思われる。気になる点は，人体から切り離された身体（肉体）にまで人格性を拡大する点である。これを支持する見解もあるが[57]，それは，「人格性の尊重」と「人間の尊厳」とをある意味で混同したものではなかろうか。あるいは，むしろレイディンの主張は，ボーが十分には批判しきれてはいないフランス生命倫理法の受肉思想，すなわち，「人体は人格が受肉したもので，人間の本質の一部であり，それにふさわしい尊重を受けなければならない。」[58]という考えを先取りしたものかもしれない。しかし，「人格性（personhood）」は，個人の人格性を想定しているのだろうか，それとも個人を超えた人間一般の意味での人格性を想定しているのだろうか。もし後者であれば，むしろ「人間の尊厳」と符合するので妥当と思われるが，前者であれば，個人レベルの問題となり，自己所有論と近接するようにも思われる。この点は今後さらに検討したい。また，現在では，人体から切り離された身体（肉体）から遺伝情報を読み取ることができるので[59]，そのかぎりでそこに人格性を見いだそうとする論理も成り立ちうる。しかし，それを持ち出すと，古い遺骨でさえ人格性ないし人格権と直接結び付くことになるが，それは行きすぎであろう。かくして，われわれ

は，これらを参考にしつつも，レイディンの説く人格性をむしろ「人間の尊厳」に置き換えて考える方向を目指さなければならない。

4 先端医療に伴う人体利用をめぐる生命倫理・法と「人間の尊厳」

1　先端医療をめぐる生命倫理および法に関する議論において，「人間の尊厳」は抽象的概念であるから，規制根拠にするには適しないとか，それを持ち出すべきではない，という批判的見解もしばしば出される。だが，そこには，誤解や理解の不十分さがある場合も散見される。確かに，安易にこの言葉を用いると，新たな技術の応用にストップをかけるための「呪文」のような印象を与えかねないし，そこに過度な規範性を盛り込むと，人間が「人間の尊厳がある人」と「人間の尊厳がない人」に分類されかねない[60]。しかし，「人間の尊厳」は，決して単なる抽象的概念ではなく，人間各人に生来的に備わっているもので，日常的にも，「人間の尊厳」を奪う行為は犯罪行為として処罰されることが多いし，人権侵害と言われる場合の多くは「人間の尊厳」を侵している，と言える。「人間の尊厳」は，単に「概念」の問題ではなく，「凡そ人類がこの地上に出現したその時から各個の人間の実存に固有に存した現実在であり」[61]，人間存在そのものの在り方の問題でもある。そして，「人間の尊厳」は，人間存在にとり本質的なものでありながら日常生活に内在する具体性を持った実在的なものであり，決して抽象概念ではないし，特定の宗教的概念だけのものではない，と思われる[62]。そして，「人間の尊厳」は，その実存形式は多様であっても，存在の本質においては同一である[63]。日常生活では，その内容を言語化しにくいだけである。その分だけ，人により理解が異なる場合が見受けられる。「人間の尊厳」は，一定の行為に対して規制を加える根拠としては正当であるが，われわれは，その内実を具現化し，批判的見解が示している誤解を解く必要がある。

序章　人体構成体の取扱いと「人間の尊厳」　19

2　そこで，最後に，先端医療に伴う人体利用と「人間の尊厳」について考えてみよう。医療という場面でも，患者の身体を医療関係者が一方的に扱うことはできず，インフォームド・コンセントおよび自己決定権が重要な役割を演じることになるが，その意味では，いわゆるデカルト的心身二元論は妥当でなく，むしろ存在論的観点からすれば，身体と意思は分離しえない統合体として捉えるべきである。そのかぎりでは，「人格（権）の尊重」と「人間の尊厳」とは符合する，と言える。「『人間』の尊厳を担保するもの（手段）として『人体の尊厳』という概念を措定することはむしろ必要とされる。」という見解[64]も，同一の方向を示すものと考えられる。なお，自己決定権は万能とはいえず，「医療」という枠の中で内在的制約に服することがあることにも留意する必要がある。ホセ・ヨンパルト博士が早くから指摘しておられるように[65]，「人間の尊厳」と「個人の尊重」との区別は自覚しておく必要がある。

問題は，臓器移植等でみられるように，患者の身体の一部が切り離された場合である。フランス「生命倫理法が身体の社会化や受肉としての自己所有を根拠にして，人間の尊厳の保護という構えを貫徹しようとすれば，必然的に，尊厳を持つ人間身体とはどこまでを指すのかという問題に直面せざるを得ない」し，「臓器や細胞，産物までもが人格が受肉したものであると言い切ることは，やはり困難であろう」という指摘[66]にどのように対応すべきか，が課題となる。刑法上，生体であれば当然ながら殺人罪による保護を受け，その身体も傷害罪による保護を受ける。したがって，例えば，生体部分肝移植のような場合の身体の一部は，直接的に人格権の一部として保護を受けるとになる。ここでも，「個人の尊重」ないし「人格（権）の尊重」と「人間の尊厳」は符合すると思われる。そして，臓器売買禁止の根拠も，一応そこに求めることができる。「一応」というのは，後述のように，臓器よりも小さい身体の（切り離された）一部や細胞等も同様の扱いになるか，という問題があるからである。

3 ところが，死体になれば，刑法上は死体損壊罪（刑法190条）で保護されるにとどまり，死体の一部の取扱いについては明文の禁止規定がない。しかし，世界の一部では臓器売買が行われている実態があるとはいえ，やはりこの場合も売買等の商業主義的扱いを禁止するのが一般的である。その根拠は必ずしも明確でなく，見解は分かれる。前述のジャン＝ピエール・ボーのように，死体を物として理解したうえで自己所有という観点から売買禁止とする考え，あるいはドイツ法のように死後といえどもなお人格権の一部が残存するという考え，あるいは前述のレイディンのように人格性を拡大する考え，さらには死者に対する遺族の敬虔感情の保護という考えがありうる。私自身は，存在論的観点から，自己所有や単なる敬虔感情を超えて，死者ないし死体にも生者に準じた固有の（社会的レベルでの）「死者の尊厳」ないし「死体の尊厳」があるのではないか，と考えている。人類は長年，死者ないし死体を物とは異なるものとして扱ってきた。まさにそこには，死者にも生者に準じた固有の（社会的レベルでの）「死者の尊厳」ないし「死体の尊厳」があると思われるのである。それは，「人間の尊厳」に由来するものである。死者から摘出した臓器売買の禁止の根拠も，そこから導き出せるのではなかろうか。ましてや脳死体の場合，まだ社会的に十分に死体として受け止められていない部分もあり，少なくとも現段階で死体は生体に準じた扱いをすべきであろう。臓器移植法8条が脳死体を丁重に扱うことを要求しているのは，この意味で理解すべきである。少なくとも，摘出臓器を財産と同様に扱うことは，前述のように，法的に禁止すべきものと考える。また，そのように考えると，臓器提供の意思は，やはり本人のみが原則として表示できると解するほかない。したがって，家族に臓器提供を全面的に委ねることには問題がある。ましてや，本人および家族の意思を無視して臓器摘出をすることは許されない，と言わねばならない。

その他，臓器以外の各種組織・細胞についても，基本的に同様に考えるべきだと思われるが，現状は，徐々にその「商品化」が進む懸念を抱かせる兆候がある[67]。血液のように身体そのものというよりもむしろ身体の成分とな

るものと,血管のように身体の一部を構成するものとでは扱いが異なるのか,あるいは「身体の有効利用」という功利主義が医療とどのように調和するのか,という点も含めて,「商品化」禁止の明確な法的根拠および枠組みを呈示すべき時期に来ている。さらに,これと関連して,病理解剖で用いた死体の一部(「ヒト由来物質」)の研究利用についても,一定の法的ルールを作るべきである[68]。

4 その規範的根拠は,いずれも「人間の尊厳」に求めるほかないように思われる。しかし,それは,生命それ自体とか生体の一部を構成している身体と同等とはいかない。さればといって,物とも異なる存在である。敢えて言えば,例えば,水の本質的構成要素である H_2O が,あるときには川になったり沼になったり湖になったり海になったり,またあるときには雨になったり霧になったり雲になったり雪になったり氷になったりするように,「人間の尊厳」は,本質的なものとして根底にありながら,それぞれの段階において姿を変えてそれぞれの存在態様として表出しているのではないか,と考える。法解釈論としては,生命については,当然に殺人罪の規定が生命という法益保護を通じて直接「人間の尊厳」を保護すべく存在しているし,生命を支える基体としての身体については,傷害罪の規定が生命よりもやや縮小した形で(本人の自己処分を一定程度尊重するという意味で)生理的機能と身体の外形の保護を含めた身体の統合性という法益保護を通じて「人間の尊厳」を保護すべく存在しているし,身体から切り離された人体構成体についても,これに準じて考えることができ(ただし,これは「再生容易なもの」と「再生困難なもの」に分かれ,後者は利用形態による規則を受けるにとどまる。),胎児については,堕胎罪の規定が「生成中の人」として既生の生命よりやや縮小した形で「人間の尊厳」を保護すべく存在している。また,ヒト受精胚については,日本では直接の保護規定は現在のところなく,関連法として「ヒト・クローン技術等規制法」があるにすぎないものの,その存在は,胎児と同等とはいかないにせよ,やはり「人間の尊厳」と連動する存在としてその保護を要求するもの

である。その保護立法が望まれる。さらに，死体やヒト由来物質も，人でもないし物でもない存在でありながら，その根底や背後にいつも「人間の尊厳」が控えて存在するものであり，独自の保護を要求するものである。これは，新たな保護体系に位置づけるべきである[69]。

5 結　語

　以上，人体構成体の取扱いに関する基礎理論的考察に重点を置いて「人間の尊厳」の問題を考察してきた。「人間の尊厳」は，生命倫理・医事法の領域において，いまや確固たる基盤を有している，と言えるが，今後は，その内実をより具現化していくことが，生命倫理ないし医事法学の重要な課題と言える。そして，この種の問題が国際的問題となりつつある現在，これを人類共通の課題として捉え，「人間の尊厳」を基軸とした国際的観点からのルールを構築すべき時期に来ている[70]。

6 補　論──「人間の尊厳」と生命倫理──

　1　『法の理論26』（2007年）の「特集：人間の尊厳と生命倫理」に対して『法の理論27』（2008年）において2人の学者から実に興味深い批判ないしコメント［奥田太郎「特集『人間の尊厳と生命倫理』へのコメント──あるいは，印籠としての人間の尊厳──」『法の理論27』（2008・成文堂）127頁以下，特に129頁以下，森村進『人間の尊厳と生命倫理』を読んで尊厳観念への違和感を考える」同書145頁以下］が寄せられたことは，同誌の編集企画が成功したと思われると同時に，この課題が本質的にいかに重要な問題性（Problematik）を内在しているかを示しているように思われる。何よりも，相互批判を通じて「対話」が生まれることは，相互の誤解を解消し，問題の所在を鮮明にする点で，実に貴重なものと考える。かつて，恩師の1人である三島淑臣教授［『法の理論』の編者の1人］は，その著『法思想史』の初版（1980年・

青林書院新社）の最後のパラグラフ（352頁）で，次のように説かれた。

「近代社会＝法秩序の根底を支えてきた諸原理（例えば，経済的個人主義，政治的自由主義，公法と私法の峻別及び前者に対する後者の優位，法治国家の理念，法的規制における法律の優位，等々）は，いずれも現在根本的な構造転換をせまられており，しかも新しい原理は未だ確立されていない。このような状況の中では，単なる小手先の技術論ではなく，『社会の根源からの把握』が再び要請されざるをえないのである。［原文改行］しかし，もし私たちが先述したような『言論ぎらい』の現状を顧慮するならば，右の『社会の根源的把握』からさらに竿頭一歩を進めて，〈人間（自己）そのものの根源からの把握〉へと思惟を深化させなければならないだろう。何故なら，人間（自己）とはそもそも何ものか，その存在の根基と目標は何か，それは何処からきて何処へ行くのか，この世界内に投げ出された徹底的に偶然的な1個の物にすぎぬものでありながら，世界全体よりも重い尊厳性をもつといわれる人間のその尊厳性は何処から由来するのか，といった肝心要めの1点が厳密につきつめられず，あたかも自明なことのように素通りされている事態の中にこそ，絢爛たる諸社会理論・法理論の競合にもかかわらず，否そうした競合のゆえに，かの『言論ぎらい』，思想や理論への不信が現在ますます拡張しつつあることの究極的原因が存すると思われるからである。」

この指摘は，20年以上経った現在でも［本書が刊行される2016年現在でも］，なおわれわれを惹きつけるものがある。ここでは，私見を含めて『法の理論26』に寄稿した各論者に対して出された森村進氏と奥田太郎氏の批判のうち，紙数の関係で筆者に対する共通の核心部分に答えておきたい。

2　「人間の尊厳」の曖昧さに対する指摘は，当然に予測されたところである。いかに定義しようとも，この種の批判は，今後も続くであろう。これは，例えば，「責任なければ刑罰なし（nulla poena sine culpa）」として論じられる刑法における責任原理（Schuldprinzip）をめぐる議論でも出て来る。責任原理を積極的に明確に定義しようとすればするほど，それは，「責任あれば刑罰あり」

という積極的責任主義に転化する方向へ行く懸念を内在している。したがって，20世紀を代表する刑法学者でもあり法哲学者でもあったアルトゥール・カウフマンが説いたように，「責任原理は，本質存在上，規制的ないし消極的機能を有するにすぎないように思われる。というのは，その手を借りることによって，決して責任とは呼べないものが，最初から責任帰属の領域から排除されるからである。」（アルトゥール・カウフマン（甲斐克則訳）『責任原理——刑法的・法哲学的研究——』（2000・九州大学出版会）8頁）。「人間の尊厳」も，この存在の類比（analogia entis）から考えることができる。「人間の尊厳」を積極的に明確に定義づければ定義づけるほど，規範的にみて「人間の尊厳」を有する存在とこれを有さない存在とに積極的に分けることになり，後者を排除するという結果を招来し，むしろ弊害の方が多くなる懸念がある。そのような事態を許さないためには，人間存在それ自体にとり不可分・不可譲のものとして「人間の尊厳」を把握する必要がある。しかも，「人間の尊厳」は，根底にずっしりと控えているものである。私が人体構成体の問題について水の本質である H_2O を例に出して説明しようとしたのは，そのためである。その例が妥当か否かは，読者に委ねる。森村氏の批判も奥田氏の批判も，両者の立場は異なるとはいえ，そのかぎりでは想定内である。

3 いずれにせよ，「人間の尊厳」は，それが侵されそうになると，叫び声を上げる源泉となるべきものである。それがどのような場合であるかは，例えば，ナチス等による人体実験だとか戦争犯罪に見られるように，歴史的・経験的に判断可能であるし（ホセ・ヨンパルト教授の命題の分析も含めて，甲斐克則『被験者保護と刑法』（2005・成文堂）1頁以下，11頁以下参照），そしてある場合には存在の類比から先験的に判断せざるをえないこともあろう。「人間を単に手段としてのみ用いることなかれ」というカントの命題がドイツ等で長年にわたり「人間の尊厳」の位相として支持され，また世界人権宣言やユネスコ宣言においても，宗教および国家を超えて，「人間の尊厳」がこれほど支持されている理由は，「凡そ人類がこの地上に出現したその時から各個の人間の実

存に固有に存した現実在であり，人類は永くまずはそれを第一次的・本源的に本性適合的洞見によって知ってきた」（水波朗『自然法と洞見知——トマス主義法哲学・国法学遺稿集——』（2005・創文社）568頁）からではなかろうか。それが，現代社会において自覚されつつあるのである。もはやこの流れを止めることはできないであろう。

4 なお，自己所有論および人体の商品化禁止の問題等への批判については，また別の機会に論及したい。貴重な批判をいただいた両氏に謝意を表したい。

1) ジャン＝ピエール・ボー（野上博義訳）『盗まれた手の事件——肉体の法制史——』（2004・法政大学出版局）。本書の原題は，Jean-Pierre Baud, L'affaire de la main volée. Une histoire juridique du corps, Paris, Édition du Seuil, 1993）である。この訳書は優れた邦訳である。
2) この詳細については，広瀬美佳「中絶胎児を『廃棄物』として処理した事例」宇都木伸＝町野朔＝平林勝政＝甲斐克則編『医事法判例百選』（2006・有斐閣）102頁以下［佐藤雄一郎「中絶胎児を『廃棄物』として処理した事例」甲斐克則＝手嶋豊編『医事法判例百選［第2版］』（2014・有斐閣）206-207頁］参照。なお，関連論稿として，小門穂「死亡胎児の法的な取り扱いについて——遺体としての尊厳と感染性廃棄物との間で——」助産雑誌60巻2号（2006）172頁以下参照。私自身も別途検討を加える予定である。
3) 詳細については，甲斐克則「生体腎移植」法学教室321号（2007）2頁以下［本書第7章］および同「生体移植をめぐる刑事法上の諸問題」法律時報79巻10号（2007）37頁以下［城下裕二編『生体移植と法』（2009・日本評論社）97頁以下に所収後，本書第8章に所収］参照。後者の掲載誌［城下編・同書所収］は「生体移植」の特集であり，他の論文も併せて参照されたい。
4) もちろん，人体実験等の問題で，「人間の尊厳」が侵害されたケースは多々ある。この点については，筆者の「人間の尊厳」の理解も含め，甲斐克則『被験者保護と刑法』（2005・成文堂）において詳論しているので，参照されたい。また，いわゆる悪質な人身犯罪が「人間の尊厳」を侵害するものであることを否定する者はいないであろう。
5) 甲斐克則「ヒト受精胚・ES細胞・ヒト細胞の取扱いと刑法——生命倫理の動向を考慮しつつ——」現代刑事法4巻10号（2002）60頁以下［甲斐克則『生殖医療と刑法［医事刑法研究第4巻］』（2010・成文堂）225頁以下所収］，同「刑事法学の視点から——人体・ヒト組織・ヒト由来物質の利用と刑事規

26　第Ⅰ部　基礎理論

制をめぐる序論的考察」「人倫研」プロジェクト「『人間の尊厳』と身体・生命の倫理的法的位置づけ㈠――先端医療技術の提起する諸問題を中心として――」北大法学論集54巻6号（2004）156頁以下、同「人体の利用と刑法・その1――身体，身体から切り離された『身体の一部』および死体の法的位置づけ――」現代刑事法6巻2号（2004）111頁以下［本書第6章］、同「人体およびヒト組織等の利用をめぐる生命倫理と刑事規制」湯沢雍彦＝宇都木伸編『唄孝一先生賀寿祝賀論集・人の法と医の倫理』（2004・信山社）483頁以下［本章第1章］、同「人体・ヒト組織・ヒト由来物質の利用をめぐる生命倫理と刑事規制」刑法雑誌44巻1号（2004）101頁以下、同「先端医療技術をめぐる生命倫理・法と『人間の尊厳』――生命の発生の周辺を中心として――」社会と倫理17号（2004・南山大学）1頁以下［甲斐・前出『生殖医療と刑法』1頁以下所収］。また、遺伝情報との関係では、甲斐克則「ドイツにおける遺伝情報の法的保護――『連邦議会審議会答申』を中心に――」甲斐克則編『遺伝情報と法政策』（2007・成文堂）199頁以下［その後の論文として、甲斐克則「ドイツにおける遺伝情報の法制度」早稲田法学88巻1号（2013）1頁以下］がある。これらの論文において，ある程度の方向性は出しているので，本章では基礎理論に重点を置くことにする。
6)　嘱託・同意殺の可罰性の根拠については、甲斐克則『安楽死と刑法［医事刑法研究第1巻］』（2003・成文堂）21頁以下参照。
7)　ジャン＝ピエール・ボー（野上訳）・前出注(1)3頁以下。
8)　ジャン＝ピエール・ボー（野上訳）・前出注(1)5頁以下。
9)　ジャン＝ピエール・ボー（野上訳）・前出注(1)12頁。
10)　ジャン＝ピエール・ボー（野上訳）・前出注(1)14頁。
11)　ジャン＝ピエール・ボー（野上訳）・前出注(1)18頁。
12)　ジャン＝ピエール・ボー（野上訳）・前出注(1)19頁。
13)　ジャン＝ピエール・ボー（野上訳）・前出注(1)20-21頁。ボーが引き合いに出しているのは、カリフォルニア州控訴院判決（Moore v. Regents of the University of California（249 Cal. Rptr. 494（Cal. App. 2 Dist. 1988））である。その後、本件は、同州最高裁判所まで争われるが（271 Cal. Rptr. 146, 793 P 2d 479,（1990），111S Ct. 1388（1991）），同州最高裁の判例については、ボーも後で取り上げることになる（279頁）。
14)　ジャン＝ピエール・ボー（野上訳）・前出注(1)34頁。「実のところ、他人の死体によって自分の体を治療するという発想の原点にあるものが，まさに人肉食であった」し（同頁），さらに，「聖遺物に触れることには治療効果があるという信仰が最初に根拠としたものは，まさに互換性にもとづく移植理論にほかならなかった。」とも述べる（36頁）。
15)　ジャン＝ピエール・ボー（野上訳）・前出注(1)74頁。なお、ミシェル・ヴィレーの法思想の詳細および問題点については、水波朗「ミシェル・ヴィレイの法思想㈠㈡」法政研究44巻2号（1977）1頁以下、44巻3号（1977）29頁

以下参照。
16) ジャン＝ピエール・ボー（野上訳）・前出注(1)231 頁。
17) 甲斐・前出注(5)の諸文献参照。
18) ジャン＝ピエール・ボー（野上訳）・前出注(1)265 頁。
19) ジャン＝ピエール・ボー（野上訳）・前出注(1)266 頁。
20) ジャン＝ピエール・ボー（野上訳）・前出注(1)269 頁。
21) ジャン＝ピエール・ボー（野上訳）・前出注(1)266 頁以下。
22) ジャン＝ピエール・ボー（野上訳）・前出注(1)272 頁。
23) ジャン＝ピエール・ボー（野上訳）・前出注(1)272 頁。
24) ジャン＝ピエール・ボー（野上訳）・前出注(1)274-275 頁。
25) ジャン＝ピエール・ボー（野上訳）・前出注(1)276 頁。
26) ジャン＝ピエール・ボー（野上訳）・前出注(1)276 頁。
27) ジャン＝ピエール・ボー（野上訳）・前出注(1)276 頁。
28) ジャン＝ピエール・ボー（野上訳）・前出注(1)278 頁。
29) ジャン＝ピエール・ボー（野上訳）・前出注(1)279 頁。
30) ジャン＝ピエール・ボー（野上訳）・前出注(1)279 頁。
31) ジャン＝ピエール・ボー（野上訳）・前出注(1)「日本語版へのあとがき」284-285 頁。なお，フランス生命倫理法は，2004 年に一部緩和の方向で改正された。詳細については，本田まり「フランス生命倫理法の改正――出生前診断，生殖補助医療および受精卵着床前診断における要件の緩和――」比較生命倫理法研究会「共同研究・生命倫理法の展開(一)」上智法学 48 巻 3 号（2006）227 頁以下参照。
32) ジャン＝ピエール・ボー（野上訳）・前出注(1)「日本語版へのあとがき」289 頁。
33) ド・ラ・メトリ（杉捷夫訳）『人間機械論』（1932・岩波文庫）参照。
34) ロック著（鵜飼信成訳）『市民政府論』（岩波文庫）32-33 頁。
35) 三島淑臣「近代の哲学的所有理論――ロックとカントを中心に――」日本法哲学会編「現代所有論」法哲学年報 1991 年 21 頁以下（同著『理性法思想の成立』（1998・成文堂）267-268 頁）。
36) この点については，森村進『自由はどこまで自由か――リバタリアニズム入門――』（2001・講談社）34 頁。リバタリアニズムの詳細については，同書参照。なお，「自己所有権」とは，「排他的コントロールの権限を示すものと理解すればよく，民法でいう専門的な意味での『所有権』と必ずしも同一視しなくてもよい。」とされている。森村進「自己所有権」森村進編『リバタリアニズム読本』（2005・勁草書房）26 頁以下，28 頁。日本におけるリバタリアニズムをめぐる議論状況については，日本法哲学会編『リバタリアニズムと法理論』（2005・有斐閣）所収の諸論文参照。
37) 森村・前出注(36)『自由はどこまで自由か』37 頁。
38) 森村・前出注(36)『自由はどこまで自由か』39-40 頁。

39) 宗岡嗣郎「自由の法理——共生の現実の中で——」三島淑臣教授古稀祝賀『自由と正義の法理念』(2003・成文堂) 45 頁。なお, 同『犯罪論と法哲学』(2007・成文堂) 137-138 頁。
40) 宗岡・前出注(39)「自由の法理」47-52 頁参照。なお, 本章では十分に触れることはできなかったが, 河見誠教授も, リバタリアニズムと自己所有権テーゼに批判的立場を採られる。河見誠『現代社会と法原理——自由, 生命, 福祉, 平等, 平和のゆくえ——』(2002・成文堂) 26 頁以下参照。
41) 水波朗「人間の尊厳と基本的人権」同著『自然法と洞見知——トマス主義法哲学・国法学遺稿集——』(2005・創文社) 567 頁以下, 特に 586 頁以下参照。なお, 甲斐・前出注(4)『被験者保護と刑法』11 頁以下参照。
42) 森村・前出注(36)『自由はどこまで自由か』47 頁。
43) 森村・前出注(36)『自由はどこまで自由か』54-55 頁。
44) 森村・前出注(36)『自由はどこまで自由か』56-57 頁。
45) 森村・前出注(36)『自由はどこまで自由か』63-64 頁。
46) Margaret Jane Radin, Property and Personhood, Stanford Law Review, Vol. 34, (1982) pp. 957-1015. この論文をはじめとするレイディンの見解の詳細については, 神坂亮一「人由来物質の法的性格付けに関する一試論——レイディン教授の property 理論を導きの糸として——」東海法学 32 号 (2004) 1 頁以下が詳細に紹介している。本章も, 同論文に示唆を受けた。See also Margaret Jane Radin, Mraket-Inalienability, Harvard Law Review, Vol. 100 (1987), pp. 1849-1937.
47) Radin, supra note (46), Property and Personhood, p. 959.
48) Radin, supra note (46), Property and Personhood, p. 960.
49) Radin, supra note (46), Property and Personhood, p. 961.
50) Radin, supra note (46), Property and Personhood, p. 971ff. 詳細については, 神坂・前出注(46) 5 頁以下参照。
51) 神坂・前出注(46) 11 頁以下参照。
52) Radin, supra note (46), Mraket-Inalienability, pp. 1903-1906.
53) Radin, supra note (46), Mraket-Inalienability, pp. 1852-1853.
54) Radin, supra note (46), Mraket-Inalienability, p. 1855.
55) Radin, supra note (46), Mraket-Inalienability, pp. 1854-1855.
56) Radin, supra note (46), Mraket-Inalienability, p. 1907.
57) 神坂・前出注(46) 20 頁。なお, 日本の議論の整理を行うものとして, 寺沢知子「医的資源としての人体の『提供』の法的意味——民法の視点から見るわが国の問題状況——」摂南法学 29 号 (2003) 33 頁以下がある。
58) 橳島次郎「フランスにおける生命倫理の法制化」Studies, No.1 (1993) 3 頁。なお, 奈良雅俊「人間の尊厳とフランス生命倫理法」理想 668 号 (2002) 71 頁以下参照。特に 77 頁では, フランス生命倫理法が「研究利用のための人体組織等の供給源の確保が医師や研究者の裁量に委ねられているということ

は，社会の意思が医科学の進歩とその公益性を優先しているものと見ることができるだろう。しかし，ここには，生命倫理法に内在する深刻な自己矛盾が現れている［と］も言える。なぜなら，生命倫理法が身体の社会化や受肉としての自己所有を根拠にして，人間の尊厳の保護という構えを貫徹しようとすれば，必然的に，尊厳を持つ人間身体とはどこまでを指すのかという問題に直面せざるを得ないからである。臓器や細胞，産物までもが人格が受肉したものであると言い切ることは，やはり困難であろう。」と指摘する。

59) 遺伝情報の問題については，甲斐編・前出注(5)『遺伝情報と法政策』参照。
60) この点に関連して，クルツ・バイエルツ「人間尊厳の理念——問題とパラドックス——」L・ジープ＝K・バイエルツ＝M・クヴァンテ（L・ジープ＝山内廣隆＝松井富美男編・監訳）『ドイツ応用倫理学の現在』（2002・ナカニシヤ出版）150頁以下参照。
61) 水波・前出注(41) 568頁。
62) 甲斐・前出注(4)『被験者保護と刑法』1頁以下および11頁以下，ならびに同・前出注(5)の諸文献参照。
63) Arthur Kaufmann, Das Schuldprinzip. Eine strafrechtlich-rechtphilosophische Untersuchung. 2. Aufl. 1976, S. 90ff. アルトゥール・カウフマン（甲斐克則訳）『責任原理——刑法的・法哲学的研究——』（2000・九州大学出版会）127頁以下参照。
64) 粟屋剛『人体部品ビジネス——『臓器』商品化時代の現実——』（1999・講談社）81頁。
65) ホセ・ヨンパルト『人間の尊厳と国家の権力』（1990・成文堂）68-69頁。なお，同「再び，『個人の尊重』と『人間の尊厳』は同じか」法の理論19（2002）103頁以下，青柳幸一『個人の尊重と人間の尊厳』（1996・尚学社）5頁以下，同『人権・社会・国家』（2002・尚学社）61頁以下参照。また，「人間の尊厳」と生命倫理・法全般について論じた最近の本格的著作として，ホセ・ヨンパルト＝秋葉悦子『人間の尊厳と生命倫理・生命法』（2006・成文堂）がある。［その後のものとして，西野基継『人間の尊厳と人間の生命』（2016・成文堂）がある。］
66) 奈良・前出注(58) 77頁。
67) 周知のように，アメリカでは，人体組織が商品化しているという。粟屋・前出注(64)のほか，L・アンドルーズ＝D・ネルキン（野田亮＝野田洋子訳）『人体市場——商品化される臓器・細胞・DNA——』（2002・岩波書店）および瀧井宏臣『人体ビジネス——臓器製造・新薬開発の近未来——』（2005・岩波書店）参照。
68) 以上の点については，甲斐・前出注(5)の諸文献において指摘したところである。
69) 以上の点についても，甲斐・前出注(5)の諸文献において指摘したところであるが，少し補足を加えた。なお，本章では十分に扱えなかったが，ヨンパ

ルト＝秋葉・前出注(65)『人間の尊厳と生命倫理・生命法』は，本題と関連する問題についての必読文献である。[その後の重要文献として，甲斐克則編『医事法講座第 1 巻 ポストゲノム社会と医事法』（2009・信山社）所収のジョージ・ムスラーキス（一家綱邦＝福山好典＝甲斐克則訳）「人格性と人体の商品化：哲学的および法論理学的パースペクティブ」111 頁以下および岩志和一郎「日本法における人体・臓器移植の法的位置づけ」129 頁以下がある。]

70) この方向性を模索するものとして，位田隆一「国際法と生命倫理——国際生命倫理法の構築に向けて——」法学論叢 156 巻 3 = 4 号（2005）65 頁以下がある。

第1章

人体およびヒト組織等の利用をめぐる生命倫理と刑事規制

1 序

　1　医事法学を開拓された唄孝一教授は、患者の自己決定権を過度に振り回すことなく、生命それ自体あるいは身体それ自体の権利性を強く意識して医事法の理論を展開された。例えば、インフォームド・コンセントの法理に関して、「承諾の必要［性］の中に、自己決定権とともに肉体的完全性への権利という、重大な人権侵害が潜んでいることを理解」すべきであり、この法理の「本来的価値」は、「人間は人間としてのひとかたまりの肉体がここにあるというそのことだけで、その存在を権利として主張できる。しかも、それは精神と全く別のものではなく、精神もそこにくっついているいわば実存につながる」もの、すなわち、自由権とも社会権とも異なる「存在権」とでも言うべきところにある[1]、と。この指摘は、生命倫理ないし医事法の問題が多様化した現在でも、いや、そうであるがゆえに、その諸問題を考えるうえで根底に置かれるべき視座である、と思われる。とりわけ新規医療をめぐる問題では、なおさら、これと連動する「人間の尊厳」という原点に立ち返った本質的考察が要求されるが、もちろん、「人間の尊厳」や「人格の尊厳」、さらには「生命の尊厳」という言葉を無造作に「濫用」してはならず、繊細な議論が必要である[2]。

　2　ところで、ゲノム解析完了宣言とポスト・ゲノム時代の到来と言われ

る時代を迎えた今日，人体・ヒト組織・ヒト由来物質の利用の多様化が進み，これが新たな問題を引き起こしている。人体利用と言えば，従来，臓器移植の問題が中心であった。しかし，今日，それを超える諸問題が続々と登場している。

　最も極端なものは，アメリカの人体の商品化傾向であろう。ロリー・アンドリュースとドロシー・ネルキンは，『人体市場（BODY BAZAAR）』というショッキングな題目の書物の中で，アメリカにおける様々な生体部品売買や人体犯罪の実態の詳細を報告している[3]。また，宇都木伸教授の研究[4]によれば，イギリスでは，1988年から1995年までの間，子ども病院 Alder Hey（正式名称は Royal Liverpool Children's Hospital NHS Trust）において，死後検査の際に原則として全臓器を採取していたことから，それらが大量に地下室に劣悪な状態で保存されていた，という（Alder Hey 事件）。これが公になるや，調査委員会が設置され，勧告が出されている。さらに，ドイツでは，マンハイムの国立技術産業博物館において1997年10月30日から1998年3月1日まで，「人体の世界」展覧会が開催され，200点の人体パーツおよび等身大の人体が展示された。延べ77万8,087人が訪れたほど盛況であった一方で，それらの展示品は，医師であり解剖学者でもあり，しかも造形芸術家のギュンター・フォン・ハーゲンス氏がプラスティネーションと呼ばれる防腐処理を施して，保存・作成したものであったことから，一部で宗教関係者を中心に反論の声もあった，という[5]。

　3　他方，医学研究ないし医療との関係においても，難問が出始めている。日本では，後述のように，死体解剖保存法に関わる2つの自治医大病院事件判決（東京地判平成12・11・24判時1738号80頁，東京地判平成14・8・30判時1797号68頁）が，解剖死体の法的地位と扱いをめぐり重要な問題を提起している。とりわけ従来ルールのなかった病理解剖死体の扱いについては，近年，遺伝子検査に伴う遺伝情報の問題とも関係して，医事法的観点からも看過できない問題が生じている。少なくとも，「人は死ねばゴミになる」[6]というどころ

ではない時代になっている。また，細胞検査やヒト組織の利用（医療目的および研究目的），ヒト由来物質の利用（医療目的および研究目的）の問題も，とりわけ倫理的規制から法的規制へと議論が及ぶに連れて，医事法との関わりが深くなっている[7]。その中で，刑事規制の役割も重要視されつつある。しかし，「最後の手段（ultima ratio）」としての刑事規制については，その投入に慎重でなければならない。

　刑事規制の根拠としては，前述のように，「人間の尊厳」を根底に据えて考えなければならない。「人間の尊厳」は，生命倫理・医事法の領域において，いまや確固たる基盤を有している，と言える。そして，「人間の尊厳」は，人間存在にとり本質的なものでありながら日常生活に内在する具体性を持った実在的なもの（「自分を人間として扱ってくれ」という叫びの源泉）であり，決して抽象的概念ではないし，特定の宗教的概念だけのものではない，と思われる。日常生活では，その内容を言語化しにくいだけである。その分だけ，人により理解が異なる場合が見受けられる。したがって，その内実を具現化していくことが，生命倫理ないし医事法学の重要な課題と言える[8]。「人間の尊厳」について一言すれば，アルトゥール・カウフマンが説くように[9]，その実存形式は多様であっても，存在の本質においては同一である。しかも，消極的定義という方法でしかそれを定義できない性質のものでもある。

　このことを念頭に置いて，以下，人体およびヒト組織等（ヒト由来物質を含む。）の利用をめぐる生命倫理と刑事規制の具体的問題に即して検討してみよう。

2　身体の法的地位

　1　本題を検討する前に，まず，総論的問題として，現行法が人の「身体」をどのように位置づけているかを確認しておこう。身体を法的に考察する場合，言うまでもなく，その保護が中心となるが，同時にその処分権も問題となる。ドイツ憲法と異なり，日本では，憲法上「身体」について必ずしも明確な位置づけを与えていないが，身体は，先に引用した唄教授の言葉，すな

わち,「人間は人間としてのひとかたまりの肉体がここにあるというそのことだけで, その存在を権利として主張できる。しかも, それは精神と全く別のものではなく, 精神もそこにくっついているいわば実存につながる」もの, すなわち, 自由権とも社会権とも異なる「存在権」とでもいうべきものの根幹をなすもの[10], と考えられる。実体法的にみると, ある程度これを明確化しているのは, 刑法204条の傷害罪の規定（「人の身体を傷害した者は, 10年以下の懲役又は30万円以下の罰金若しくは科料 [現在では15年以下の懲役又は50万円以下の罰金] に処する。」）である。しかし, それ以上の内容は, この規定からは読みとれない。また, 民法も, 身体への不法な攻撃に対して不法行為責任（民法709条）で対応することにより身体の保護を図っているが, それ以上の具現化はみられない。これをさらに掘り下げる必要がある。

2　ここでいう「身体」の内容としては, 一般に身体の完全性ないし統合性と生理的機能というものが考えられている。しかし, 生命については, 人間存在が個であると同時に社会的存在でもあるという特殊性および根源性に鑑み, その処分権が刑法202条の同意殺人罪の規定で制限されている[11]のに対して, 身体の処分権については規定もなく, ドイツ刑法228条のように公序良俗違反による同意傷害の制限規定もなく, これらは解釈に委ねられている。行為態様や目的の「公序良俗違反」を根拠として制限を設けるか（通説・判例（最決昭和55年11月13日刑集34巻6号396頁）), あるいはパターナリズムを極力排して「生命の危険性」を基準として制限を設ける[12]か, については争いがある。前者は, 基準の情緒性・流動性からして問題がある。しかし, 後者も,「生命の危険性」というだけでは基準として大雑把である。身体の自己所有性, したがって自己処分権を認めるにしても, 憲法上の基本的人権の尊重（とりわけ憲法13条の個人の尊重・幸福追求権）の趣旨からして, 身体は「存在権」とでも言うべき人格権の重要基幹部分として位置づけられるべきであり, そうだとすれば, むしろ「人格の同一性の著しい変更」という点に限界基準を設定すべきものと考える（例えば, 大脳の重要部分の切除等）。

3 かくして，いずれにせよ「医療」ないし「医学研究」という場面でも，患者の身体を医療関係者ないし医学研究者が一方的に扱うことはできず，インフォームド・コンセントおよび自己決定権が重要な役割を演じることになるが，それは，自ずと内在的制限に服する部分もある。その意味では，身体と意思を分離する，いわゆる「デカルト的心身二元論」は妥当でなく，むしろ私が立脚する存在論的観点からすれば，身体と意思は分離しえない統合体として捉えるべきである。そのかぎりでは，「人格（権）の尊重」と「人間の尊厳」とは符合する，と言える。しかし，自己決定権は万能とは言えず，「医療」ないし「医学研究」という枠の中でも内在的制約に服することがある点にも留意しつつ，適法性の限界を究明する必要がある。

3 身体から切り離された「身体の一部」および死体の法的地位

1 問題となるのは，臓器移植等でみられるように，患者の身体の一部が切り離された場合である。刑法上，生体であれば当然ながら殺人罪による保護を受け，その身体も，前述のような保護を受ける。したがって，例えば，部分生体肝移植のような場合の，ドナーから摘出された肝臓の一部は，それ自体の生存力をまだ維持しており，しかもレシピエントに生着する予定のものなるがゆえに，適用条文について曖昧さを残すものの，直接的に人格権の一部として保護を受けることになる。ここでも，「人格（権）の尊重」と「人間の尊厳」は符合すると思われる。あるいは，脳死体から摘出された心臓等の臓器も，直接的に人格権を持ち出せるかについては，なお検討を要するものの，基本的に同様に考えることができる。そして，臓器売買禁止の根拠も，一応そこに求めることができる。「一応」というのは，後述のように，臓器よりも小さい身体の（切り離された）一部や細胞等も同様の扱いになるか，という問題があるからである。臓器売買禁止の根拠については，その保護法益を制度的側面に着眼して「移植医療の社会的正義」[13]あるいは「公的な仲介制度

の維持を含めた，臓器移植に対する信頼確保」[14]に求める見解があるが，臓器移植が制度として確立していると否とにかかわらず，本質的観点から捉えていない点で不十分である。その意味では，これらの見解が「実際には未だ存在していない"自由・平等・公正・公平等の『実現』"あるいは"一般の信頼と支持の『確保』"」，すなわち「現在的な（因果的に変更可能な）存在としての法益の保護ではなく，将来的な好ましい状態の達成」を目指すものであるという鋭い批判[15]は，正鵠を射ている。これに対して，「臓器売買の禁止は，単に人体の商業化禁止という倫理を守るものではなく，広い意味で『公衆の健康』を保護するものである。」[16]という見解は，この批判を克服する方向性を示しているようにも思えるが，この見解に対しても，「謂わば余りに政策論的なものといわざるを得ない。」[17]との批判が出されている。この批判を認めたとしても，だからといって，「現時点において先ず必要なのは，潜在的な利用可能な人臓器・組織等々のリソースを社会構成員がともかく自発的に提供するよう促進・鼓舞する社会行為規範の形成であり，そのインセンティヴとして金銭的利益を使うことは合理的であるし，自由・平等・公平・公正等々の阻害の虞は非刑罰システムでも十分除去可能である。」[18]とするのも，人体の商品化に途を譲ることになり，妥当とは思われない。個的存在であると同時に類的存在でもある人間存在の本質に遡って考え，自由の意味を再考すると，臓器それ自体の中に間主観性を排除し，人間の生命の根幹をなす臓器を商品化の対象となしえない本質的要素が含まれていると考えざるをえない[19]。唄教授の先の見解も，この脈絡で理解すべきである。

　しかし，例えば，臓器移植のために生体から摘出された腎臓を第三者が持ち逃げしたり破損した場合，どのような刑事法的効果を伴うのであろうか。この点は，現行法上，必ずしも明確ではない。民法上は，少なくとも不法行為（民法709条）が成立すると思われるが，刑法上は，臓器が財物でない以上，窃盗罪（刑法235条）や器物損壊罪（同261条）が成立するというわけにはいかない。もちろん，死体損壊罪（同190条）が成立するわけでもない。刑法上，他に適用条文がないのである。この場合は，新たな立法手当が必要である。

臓器それ自体が「生きており」，レシピエントに移植予定であるとすれば，物とは異なる，しかも傷害罪の保護対象とも異なる法的地位を有する「人体構成体」として新たな法的地位および保護を賦与すべきものと考える。

2 ところが，死体になれば，刑法上は死体損壊罪（190条）で保護されるにとどまり，死体の一部の扱いについては明文の禁止規定がない。刑法190条は，「死体，遺骨，遺髪又は棺に納めてある物を損壊し，遺棄し，又は領得した者は，3年以下の懲役に処する。」と規定するにすぎない。そもそも死亡直後の死体の一部をなお「身体」と呼ぶのか，必ずしも明確でない。解釈論としては，おそらくそれは困難であろう。また，死体から腎臓を勝手に摘出すれば，「損壊」となるであろうが，その腎臓を他者に売却した場合はどうであろうか。かつて大審院は，他人の墳墓を発掘して（刑法189条），死体を領得し，その死体の肝臓および脾臓を別の人物に売った事案について，贓物故買罪（刑法256条2項）の成立を認めた原審判断を破棄し，次のように述べた（大判大正4・6・24刑録21輯886頁。ただし，漢字は一部現代表記とした。―筆者）。すなわち，「刑法第一九〇条及第一九一条ニ所謂死体トハ死者ノ祭祀若クハ紀念ノ為メ墳墓ニ埋葬シ又ハ埋葬スヘキ死体ヲ云ヒ之ヲ損壊遺棄又ハ領得スルコトハ公ノ秩序及善良ノ風俗ニ害アルヲ以テ法律ハ礼拝所及墳墓ニ関スル罪ト題スル章下ニ右二条ノ規定ヲ設ケ社会共同ノ利益ヲ保護スル為メ之ヲ禁シタルモノニシテ死体ヲ私権ノ目的タル一般ノ物ト同視シ財産上権利ニ関スル一個人ノ利益ヲ保護スル為メ之ヲ禁シタルモノニアラサレハ右二条ノ規定ニ背キ領得シタル死体ハ他人ノ財産権ヲ侵害スル不法行為ニ因テ得タル贓物ナリト云フヲ得ス」，と。もちろん，当時，現在のような問題状況にはなかったが，死体について財物性を否定したこの判断は，現在の解釈論からしても，正当と思われる[20]。

ところが，学説の中には，次のような見解もある。すなわち，「死体の全部または一部に対する使用・収益・処分の可能性についてみると，例えば，火葬後の残留骨片は肥料等の原料となり得るし，頭髪は鬘の材料となり得る。

さらに、骨格標本(本物の人骨)は現に商品として売買される例があるし、古代人の骨やミイラ等が考古資料として研究や展示の対象とされることも多い。また、死体解剖実習は死体を教材として使用・収益するものに他ならない。死体からの臓器移植も(生体からも同一であろうが)法的には誰かの所有権の客体として他人に譲渡されるものと評価されざるを得ないであろう。このように、死体も適法に客観的価値を担い得る性質を有しているのであるから、その限りにおいて死体の客観的価値を全面的に否定することは不可能であり、これを以って財産的価値があると認め得るならば、死体は常に財産的価値を有することになり、財物と言える死体とそうでない死体との区別はあり得ないことになる。」[21]と。さらに、「死体については、生者のための使用・収益・処分が可能であっても一般的には予定されていないからこそ、棺の内外を問わず同一の取扱を受けることになるのであって、前述のように死体(の全部または一部)を生者のために使用・収益・処分するのは、当該死体について例外的に埋葬が放棄され、または留保された場合のみに限定されるのである。よって、葬祭対象とすることが完全に放棄され、もっぱら生者のための使用・収益・処分のみが予定されている死体(標本等)は、当然に190条の客体から排除され、客観的価値のみを以って評価されなければならないが、生者のための使用・収益・処分の後に葬祭を行うことが予定されている死体(解剖実習のための献体等)は、狭義の財産犯罪の客体であると同時に葬祭対象でもあると理解すべきである。」[22]と。しかし、このように死体それ自体を財産罪の客体としてしまうことは、人体の商品化の突破口となりうる懸念があり、賛同しがたい。

3 もっとも、最近起きた死体解剖保存法に関わる2つの自治医大病院事件では、民事事件ながら、この点を再考せしめる重要なものが含まれている。
まず、東京地判平成12・11・24(判時1738号80頁)では、Xの母親Aが大学病院に入院して後に呼吸不全で死亡したが、XおよびB(Xの父)は主治医から死体解剖保存法に基づくAの遺体の解剖および内臓・脳の保存につい

て承諾を求められ承諾したが，病院は椎体骨2本を採取したり内臓等の組織を切り出しパラフィンの中に埋め込んだパラフィンブロック，プレパラート等を標本にして保存していたため，「手厚く祭るため」に標本等の返還を求めた事案について，次のように判示した。

① 「本件承諾は，保存法に基づく解剖を行うための要件である遺族の承諾（保存法7条）としての性質とともに，原告らが，被告病院の長に対し，解剖後のAの脳及び内臓について，公衆衛生の向上を図り医学の教育又は研究に資するという保存法の目的（保存法1条）に従った保存の権限を与える承諾（保存法17条）としての性質をも有するものと認められる。もっとも，右承諾は，死体の全部又は一部の保存との関係では，被告病院の機関である長による保存を保存法や他の公法的規制との関係で正当化するものにすぎず，死体の所有者との関係では，法人格を有する被告と承諾者との間の寄付（贈与），使用貸借等の私法上の契約に基づいてされるものと解すべきである。」

② 「遺体の解剖・保存に対する遺族の承諾は，公衆衛生の向上，医学教育・研究という解剖・保存の目的の公共性，重要性に鑑み，これを遺体に対する自らの尊崇の念に優先させて，経済的な対価や見返りなくなされるものであるから，右承諾の基礎には，解剖・保存を実施する側と遺族との間に，互いの目的と感情を尊重し合うという高度の信頼関係が存在することが不可欠である。」

③ 「しかし，本件においては，……原告らの意思に反して椎体骨が採取されたという事実があり，しかも，右事実は，被告側の責めに帰すべき事情に起因するものであることは明らかである。[原文改行]そうすると，本件においては，本件標本の保存の前提である剖検に際して，遺体の解剖・保存に対する遺族の承諾に不可欠な，原告らと被告の間の高度の信頼関係を失わせる事情が存在したことになる。」

④ 「したがって，本件においては，本件承諾の基礎にある高度の信頼関係が剖検時における被告側の事情により破壊されたものと認められるから，原告は，本件承諾と同時にされた寄付（贈与）又は使用貸借契約を将来に向かっ

て取り消すことができるというべきである。」

　つぎに、東京地判平成 14・8・30（判時 1797 号 68 頁）では、被告大学は、(a)剖検に際し、原告らの承諾を得ることなく、椎体骨と胸骨を無断で採取した、(b)原告に対し、剖検について、保存臓器等の明細書を交付しなかった、(c)原告が、肉眼標本及び顕微鏡標本のすべての返還を求めたのに直ちに返還しなかった、(d)保管中の下垂体のプレパラート 1 枚を破損し又は紛失して、原告への返還を不能にした、として使用貸借類似の債務不履行または不法行為に基づき、精神的慰藉料等の損害賠償を請求した事案について、次のように判示した。

　①「一般人においては、骨及び骨髄は、内蔵に含まれるとは理解されておらず、また、死体の解剖は、遺体にメスを入れ、この一部を採取して病理組織学的検索を行うという点において、遺族の故人に対する思いや宗教的感情に対し、十分な配慮を行う必要があるという点にかんがみると、剖検の承諾を得る医師においては、遺族に対し、剖検の方法、すなわち、着衣すれば傷が隠れる部分については、脳を除いてすべての内臓を採取すること、内臓には骨及び骨髄も含まれること、着衣しても傷が隠れない部分や脳を採取する場合には身体の個別の部位について承諾を得ていること、採取した内臓等については固定用ホルマリン溶液の入ったプラスチック容器に保存し、その一部又は全部を切り取って水と脂を抜き、その部分にパラフィンを埋め込んでパラフィンブロックを作成し、パラフィンブロックを薄切り、染色して顕微鏡標本のプレパラートを作成することなどをていねいに説明した上で、剖検についての承諾を求めるべきであったということはできる。」

　②「しかし、……病理解剖においては、医師の間では、骨髄は血液を作る重要な臓器として、内臓に含まれると理解されており、被告大学のみならず、一般的に、剖検に際し、骨や骨髄の採取の承諾を特別に求めていなかったこと、T において、本件剖検が行われた昭和 63 年当時はもとより、本件係属中の平成 14 年に至るまで、骨は取らないでほしいと言われたことはないことが認められ、これらの実情に併せて、病理解剖という言葉の意味からして、

一般人においても死体から内臓等を採取して病理組織学的観察を行い，死因等について考察を行うということはある程度理解が可能であること，遺族に対し，着衣しても隠れない部分及び脳についてのみ，特別に解剖の承諾を求めるという対応は，我が国における死者の葬式や埋葬の方法を考えた場合，一応の合理性が認められること，さらには，昭和63年当時，死者の病理解剖についての遺族に対するインフォームドコンセント自体，観念されていなかったと考えられることなどの事情を総合考慮すると，被告病院担当医師において，本件剖検に際し，骨及び骨髄を採取するについて，原告らの個別の承諾を求めずに，内臓に対する承諾のみをもって，当然に内臓に含まれるものと理解されていた骨及び骨髄を採取した行為を，違法であるということはできない。」

③ 「本件においては，……被告大学は，医学に関する大学であり，被告病院は，その附属病院なのであるから，死体解剖保存法17条が適用されるものである。［原文改行］そして，同法17条には，同法18条のように，遺族から引渡しの要求があった場合に死体を標本として保存することができないとの規定がないから，死体解剖保存法上，遺族から引渡しの要求があったとしても，これを返還する義務はないと解される。［原文改行］かかる公法である死体解剖保存法17条の解釈を前提にして，遺族と大学との間の私法上の関係を考えると，遺族において，剖検及び死体の保存について承諾することは，解剖に付され採取された死体の臓器等の所有権について，遺族は大学に対して譲渡するという贈与契約を締結したものと解するのが相当である。」

④ 「旧厚生省において取りまとめた病理解剖指針においては，病理解剖医の責務として，死体を保存する主体が誰であるかを特に区別することなく，同法18条ただし書に基づき，標本について遺族から引渡しの要求があったときは，遅滞なく遺族に引き渡さなければならないことが定められていることが認められる。［原文改行］上記指針によれば，死体を標本として保存する主体にかかわらず，遺族から引渡しの要求があったときには，遅滞なく死体の標本を遺族に引き渡さなければならないところ，病理解剖について所轄す

る行政庁において，病理解剖の円滑な実施を図るために，行政指導としてこのように定めることは，合理性を有するものであり，これに沿って運用することが望ましいといえる。[原文改行]しかしながら，……死体解剖保存法が，死体を保存する主体によって，保存を許す要件を異にして定めていることにかんがみれば，前記イ[前記③——筆者]のとおり解釈するべきものであって，上記指針に反した取扱いをしたことをもって，損害賠償請求権を生じさせるような違法行為であるということはできない。」

⑤ 「旧厚生省において，行政指導として定めた病理解剖指針において，遺族からの引渡しの要求があったときに遅滞なく引き渡さなければならないと定めた死体の標本に，採取した臓器等のみならず，パラフィンブロックや顕微鏡標本であるプレパラートも，含まれるかという困難な解釈問題があるといわなければならず，臓器の一部を切り取って，水と脂を抜き，その部分にパラフィンというろうの一種を入れて作成するパラフィンブロックや顕微鏡で観察するために，パラフィンブロックを3ないし4ミクロンの厚さに切ってガラス容器で密封したプレパラートは含まれないとの見解も一概には否定できないところであると考えられる。」

⑥ 「以上のとおり，原告からのパラフィンブロックやプレパラートの引渡し要求については，死体解剖保存法17条によれば，医学に関する大学である被告大学としてはこれらを返還する必要がないと解釈されるし，旧厚生省の病理解剖指針に従ったとしても，パラフィンブロックやプレパラートは含まれないとの見解も一概に否定できないのであり，このような場合において，別訴の判決により，原告と被告大学との間の信頼関係が破壊されたために，贈与契約が将来に向かって取り消されたという判断が示されて初めて，被告大学にとって，パラフィンブロックやプレパラートの返還義務が明らかになったといえるのであるから，別訴の判決までパラフィンブロックやプレパラートを返還しなかった被告の対応をもって，原告に対し損害賠償義務を発生させるほどに違法であるということはできない。[原文改行]また，被告大学と原告との間の契約は，贈与契約と解されるが，当裁判所の判断としては，

……原告の骨の損壊及び採取についての明確な拒否にもかかわらず，違法に骨及び骨髄を採取したとは認めることができず，原告と被告大学との間の贈与契約を取り消すことができるほどの信頼関係が破壊された事情は認められないから，パラフィンブロックやプレパラートを返還しなかったことをもって，債務不履行であり，同不履行に基づき損害賠償請求権が発生すると解することもできない。」

　第1判決は「公衆衛生の向上」を目的とする死体解剖保存法の本来の趣旨を踏まえて立論しているので十分に理解可能であるが，第2判決を読むと，死体解剖保存法を引き合いに出しつつも，あたかも遺体の一部が財産取引と同様な内容を呈しているように感じられる。このようなケースを考えると，遺体ないし死体について民法上は本来的意味での「所有権」でなくとも，「支配権」という理論構成も考えられるが，なお慎重に検討したい[23]。

　これに対して，ごく一部の細胞を採取した場合，なお「損壊」となるか，これまた不明確である。しかし，解釈論としては，やはりこの場合も，売買等の商業主義的扱いを禁止するのが一般的である。その根拠は必ずしも明確でないものの，死後といえどもなお人格権の一部が残存するという考えと，死者に対する遺族の敬虔感情の保護という考えがありうる。

　4　私自身は，存在論的観点から，単なる敬虔感情を超えて，死者ないし死体にも生者に準じた固有の（社会的レベルでの）「死者の尊厳」ないし「死体の尊厳」があるのではないか，と考えている。前述のような伊藤栄樹・元検事総長の「人は死ねばゴミになる」という言葉を文字通り受け取ってはならないであろう。人類は長年，死者ないし死体を物とは異なるものとして扱ってきた。まさにそこには，死者にも生者に準じた固有の（社会的レベルでの）「死者の尊厳」ないし「死体の尊厳」がある，と思われるのである[24]。しかも，死体には，その人の歴史が刻み込まれているし，何よりも遺伝情報という貴重な代え難いものが同時に存在している。そこから，死者から摘出した臓器の売買の禁止の根拠も導き出せるのではなかろうか。ましてや脳死体の場合，

まだ社会的に十分に死体として受け止められていない部分もあり，少なくとも現段階では生体に準じた扱いをすべきであろう。臓器移植法8条が「死体から臓器を摘出するに当たっては，礼意を失わない」ことを要求しているのは，この意味で理解すべきである。少なくとも，摘出臓器を財産と同様に扱うことは，法的に禁止すべきものと考える。また，そのように考えると，臓器提供の意思は，やはり本人のみが原則として表示できると解するほかない（コントラクティング・イン方式の堅持）。したがって，家族に臓器提供を全面的に委ねることには問題がある。ましてや，本人および家族の意思を無視して臓器摘出をすること（コントラクティング・アウト方式）は許されない，と言わねばならない。そして，臓器以外の身体の一部であっても，容易に修復・再生可能なもの」と「修復・再生困難なもの」とを分け，少なくとも後者については，同様の論理から，売買を禁止すべきものと思われる。

4　ヒト組織・ヒト由来物質の利用と刑事規制

1　臓器以外の各種ヒト組織・細胞についても，基本的に同様に考えるべきだと思われるが，現状は，徐々にその「商品化」が進む懸念を抱かせる兆候がある。前述のように，アメリカでは，人体組織が商品化している，という[25]。血液のように身体そのものというよりもむしろ身体の成分となるもので再生が容易に可能なものと，血管のように身体の一部を構成するものとでは扱いが異なるのか，あるいは「身体の有効利用」という功利主義が医療とどのように調和するのか，という点も含めて，「商品化」禁止の明確な法的根拠および枠組みを呈示すべき時期に来ている。その際，規範的根拠は，いずれも「人間の尊厳」に求めるほかないように思われる[26]。しかし，それは，人の生命それ自体とか生体の一部を構成している身体と同等とはいかない。さればといって，物とも異なる存在である。敢えて言えば，「人間の尊厳」が本質的なものとして根底にありながら，それぞれの段階において姿を変えて存在態様として表出しているのではないか，と考える。法解釈論的には，生命

については，当然に殺人罪（刑法199条）の規定が直接「人間の尊厳」を保護すべく存在しているし，身体については，傷害罪（刑法204条）の規定が生命よりもやや縮小した形で（本人の自己処分を一定程度尊重するという意味で）「人間の尊厳」を保護すべく存在しているし，胎児については，堕胎罪（刑法212条以下）の規定が「生成中の人」として既生の生命よりやや縮小した形で「人間の尊厳」を保護すべく存在している。また，ヒト受精胚[27]については，日本では直接の保護規定は現在のところなく，関連法として「ヒト・クローン技術等規制法」[28]があるにすぎないものの，その存在は，胎児と同等とはいかないにせよ，やはり「人間の尊厳」と連動する存在としてその保護を要求するものである。ヒト受精胚の保護立法が望まれる。さらに，死体やヒト由来物質も，人でもないし物でもない存在でありながら，その根底や背後にいつも「人間の尊厳」が控えて存在するものであり，独自の保護を要求するものである。これは，新たな保護体系に位置づけるべきである。

2 さらに，これと関連して，病理解剖で用いた死体の一部（「ヒト由来物質」）の研究利用についても，一定のルールを作るべきである。唄教授らは，この点についてヒト由来物質をいくつかに分類しつつ，すでに問題点を「インフォームド・コンセントの観点」，「情報とプライバシーの観点」，「人間の尊厳性の観点」からまとめて問題提起をしている[29]。いずれも不可欠の視点である。その中で，まず，「医学研究のためのヒト由来資料の売買は認めがたい。」と説いておられる点は特に重要である。すなわち，「それは，人（の部分）を手段として用いるという，医学研究に内在する非倫理性を治癒しうる唯一のものが，gift という voluntary な意思，altruism とか人間の連帯というものを目指す意思であるという理由からである。いいかえると，医学研究が倫理的であり得るためにヒト由来資料の売買は禁ぜられるべきなのである。この倫理性に疑惑が生ずれば贈与者は減少し，研究の継続性にとっても致命的であり得ようし，さらには社会倫理一般へのダメージも無視できない。」[30]と。これは，基本的に妥当な方向を目指しているものと思われる。しかし，「医学研

究が倫理的であり得るためにヒト由来資料の売買は禁ぜられるべきだ」というのは，刑事規制の根拠とするには，なお弱い。ここでも，前述のように，人体ないし人体構成体自体が有する内在的な不可売買性を根拠とするほかないように思われる。もちろん，再生が容易なものは，除外すべきである。また，唄教授らが自己情報の第3者利用へのコントロールを提唱される点も[31]，研究利用にあっては，とりわけこの点が重要なだけに，支持できるし，濫用について刑事規制の対象にしうる，と考えられる。インフォームド・コンセントの観点も，これと連動する。遺伝情報は単なるプライバシーを超越した特異な保護法益であることを，私自身，再度強調したい[32]。刑事規制には慎重でなければならないが，この2点については，刑事規制をする方向で考えるべきである。

　なお，最近，日本組織培養学会倫理問題検討委員会[33]や日本組織移植学会[34]がこのような視点を考慮して，相次いでヒト組織ないし細胞の利用に関してガイドラインを作成したことは，その点で評価できるが，今後それらを法規範にまで高める検討をすべきである[35]。

　3　そのことを前提として，ヒト組織・細胞を用いた研究に際しては，①インフォームド・コンセントの原則的確保，②研究計画から人類の福祉に役立つことが合理的に予測できる範囲のものであること，③他に有効な代替手段がないこと，④重大なリスクを伴わないこと，⑤研究プロトコールの遵守，以上の5原則に基づく場合に限ってこれを許容し，逆に，これに反する場合は，違法行為として扱い，著しい濫用ないし逸脱については，刑事罰で対応すべきである，と考える。この点で，オランダの被験者保護システム[36]は，大いに参考になる。より具体的には，再生容易なものと再生困難なものとをさらに細分化するなど，段階を設けて柔軟に対応すべきように思われるが，なお今後の検討課題としたい。

5　結　語

　以上，人体・ヒト組織・ヒト由来物質の利用をめぐる生命倫理と刑事規制に関して，若干の考察を加えてきた。紙数の関係もあり，細部にわたる検討および具体的提言は，別途行わざるをえない。最後に，メディカル・デュープロセスの法理[37]を提唱しておきたい。これは，数年来私が提唱しているものであるが，医療，とりわけ人体実験・臨床研究・臨床試験のようなものについては，社会的観点も加味して，適正手続による保障がなければ，当該医療行為ないし医学的研究は違法である，とする法理である。具体的には，実験段階から個々の被験者・患者に対するインフォームド・コンセントはもとより，その前段階として彼らに熟考期間（カウンセリングを含む。）があったか，安全性について倫理委員会（これも独立した機関であることが望ましい。）の適正な審査を受けているか，人類に多大な影響を与えうるもの（例えば，先端医療技術の新規なものや遺伝子関係のもの）については，プライバシーを侵害しない範囲で情報公開をし（遺伝情報はプライバシーを超える。），社会的合意・承認を得ているか等をチェックして，そのいずれかでも欠けていれば，当該医療行為ないし医学的研究は違法であり，そのようにして得られたデータに基づく学術論文の公表を禁止したり，それ以後の公的研究費を凍結する等の行政処分をし，悪質なものについては民事責任，場合によっては刑事責任を負わせようとするものである。これによって，「人間の尊厳」を保障し，また，専門家の責任を社会に対して担保することができるように思われる。科学技術・医療技術の進歩は，「人間の尊厳」に根ざした一定の規範的コントロールとセットになって初めて平和利用，ひいては人類の福祉に役立つものである。この方向が，これまでの学恩を受けた唄教授の医事法学をさらに発展させるものではないかと確信しつつ，擱筆する。

　　1) 唄孝一「インフォームド・コンセントと医事法学」第1回日本医学会特別シンポジウム記録集（1994）21-22頁［唄孝一『志したこと，求めたもの』

（2013・日本評論社）47頁以下所収，54-57頁］。
2）この点については，若干の考察をした。甲斐克則「『人間の尊厳』と生命倫理・医事法——具現化の試み」三島淑臣教授古稀祝賀論集『自由と正義の法理念』（2003・成文堂）489頁以下［甲斐克則『被験者保護と刑法〔医事刑法研究第3巻〕』（2005・成文堂）11頁以下所収］参照。
3）L・アンドルーズ＝D・ネルキン（野田亮＝野田洋子訳）『人体市場——商品化される臓器・細胞・DNA』（2002・岩波書店）33頁以下，213頁以下参照。なお，粟屋剛『人体部品ビジネス——「臓器」商品化時代の現実』（1999・講談社）は，日本の研究者によるこの種の問題の先駆的研究である。
4）宇都木伸「死体検査の際に採取されたヒト由来物質——イギリスの最近の動向に関する覚え書き」東海法学27号（2002）1頁以下，同「死体からの臓器・組織の研究利用——イギリスの例から」ジュリスト1247号（2003）62頁以下参照。
5）Vgl. Brigitte Tag, Zum Umgang mit der Leich. Rechtliche Aspekte der dauernden Konservierung menschlicher Körper und Körperteile durch die Plastination. Med R 1998, S. 387. なお，アンドルーズ＝ネルキン（野田＝野田訳）・前出注(3)167頁以下参照。
6）この言葉は，元検事総長の闘病記である伊藤栄樹『人は死ねばゴミになる——私のがんとの闘い』（1988・新潮社）による。
7）「〈特集〉ヒト組織・細胞の取扱いと法」ジュリスト1193号（2001）掲載の座談会および諸論稿，さらには「〈特集〉医学研究の進歩と法」ジュリスト1247号（2003）掲載の座談会および諸論稿参照。
8）詳細については，甲斐・前出注(2)参照。本章と併せて参照されたい。なお，甲斐克則『尊厳死と刑法〔医事刑法研究第2巻〕』（2004・成文堂）の随所，同「生命倫理および医事法の原点としての被験者保護と『人間の尊厳』」生命倫理13巻1号（2003）70頁以下［甲斐・前出注(2)『被験者保護と刑法』1頁以下所収］参照。
9）Vgl. Arthur Kaufmann, Das Schuldprinzip. Eine strafrechtlich-rechtsphilosophische Untersuchung. 2. Aufl., 1976, S. 90ff. アルトゥール・カウフマン（甲斐克則訳）『責任原理——刑法的・法哲学的研究』（2000・九州大学出版会）127頁以下参照。
10）唄・前出注(1)参照。
11）その根拠については，甲斐克則『安楽死と刑法［医事刑法研究第1巻］』（2003・成文堂）21頁以下参照。
12）平野龍一『刑法総論Ⅱ』（1975・有斐閣）353頁以下。なお，中山研一『口述刑法総論［第3版］』（1994・成文堂）174頁はこれと同旨であったが，同『新版』（2003）163頁では，202条のような特別規定がないかぎり不可罰とする見解に変わっている。しかし，このような考えには疑問がある。
13）石原明『医療と法と生命倫理』（1997・日本評論社）214頁。

14) 佐久間修『最先端法領域の刑事規制——医療・経済・IT 社会と刑法』(2003・現代法律出版) 135 頁。同旨, 中山研一＝福間誠之編『臓器移植ハンドブック』(1998・日本評論社) 83 頁〔川口浩一執筆〕。
15) 伊東研祐「生命倫理関連刑罰法規範の正統性と社会的効果——臓器売買罪・同幹旋罪, ヒト・クローニング罪等の法益を手掛に」齊藤誠二先生古稀記念『刑事法学の現実と展開』(2003・信山社) 21 頁。
16) 前田達明＝稲垣喬＝手嶋豊編集代表『医事法』(2000・有斐閣) 189 頁〔松宮孝明執筆〕。
17) 伊東・前出注(15) 512 頁。「この見解に基づけば, 臓器売買罪・同幹旋罪は極度に前置せしめられた抽象的危険犯と捉えられることになる。」とも言う。
18) 伊東・前出注(15) 524 頁。
19) この点については, 宗岡嗣郎「自由の法理——共生の現実の中で」三島古稀『自由と正義の法理念』(前出注(2)) 43 頁以下, 特に 49 頁以下参照。
20) この点について, 町野朔『犯罪各論の現在』(1996・有斐閣) 115 頁参照。
21) 原田保「死体等に対する財産犯罪の成否」福田平＝大塚仁博士古稀祝賀『刑事法学の総合的検討(下)』(1993・有斐閣) 520—521 頁。なお, 佐伯仁志＝道垣内弘人『刑法と民法の対話』(2001・有斐閣) 345 頁以下参照。
22) 原田・前出注(21) 523 頁。
23) この問題については, 粟屋剛「死体解剖保存法と遺族ないし本人の承諾——医事法・生命倫理の観点から」岡山医学会雑誌 113 巻 (2001) 141 頁以下, 同『「現代的人体所有権」研究序説』(2001・徳山大学総合経済研究所), 同「人体資源化・商品化と現代的人体所有権」アソシエ 2002 No. 9, 101 頁以下, 森茂郎＝市武尚子＝児玉安司「病理解剖・司法解剖後の検体・遺体の取扱い」ジュリスト 1244 号 (2003) 214 頁以下参照。アメリカについては, 佐藤雄一郎「死体に対する遺族の権利について——承諾なき臓器摘出をめぐって」東海法学 24 号 (2000) 41 頁以下参照。また, イギリスの人体組織法 (The Human Tissue Act 1961) でも, 死体を財産と同様には扱っていない。See P. D.G. Skegg, Law, Ethics, and Medicine, 1988, pp. 231-255. なお, 外国の最近の議論については, Tag, a.a.O. (Anm. 5) のほか, Bethany Spielman (ed.), Organ and Tissue Donation. Ethical, Legal, and Policy Issues, 1996 および Henk A.M.J. Ten Have/Jos V.M. Welie (ed.), Ownership of the Humanbody. Philosophical Considerations on the Use of the Human Body and its Parts in Healthcare, 1998 が有益であるが, 本章では十分取り上げることができなかった。他日を期したい。
24) 甲斐克則「医事法的観点からみた患者の身体」医学哲学・医学倫理 18 号 (2000) 167 頁以下参照。
25) アンドルーズ＝ネルキン（野田＝野田訳）・前出注(3)参照。
26) この点については, 甲斐・前出注(2) 505 頁以下〔甲斐・前出注(2)『被験者保護と刑法』26 頁以下〕参照。

27) この点の詳細については，甲斐・前出注(2)497頁以下［甲斐・前出注(2)『被験者保護と刑法』18頁以下］および同「ヒト受精胚・ES細胞・ヒト細胞の取扱いと刑法——生命倫理の動向を考慮しつつ」現代刑事法4巻10号（2002）60頁以下〔同『生殖医療と刑法［医事刑法研究第4巻］』（2010・成文堂）225頁以下所収］参照。
28) 同法については，別途分析した。甲斐克則「ヒト・クローン技術等規制法について」現代刑事法3巻4号（2001）87頁以下［甲斐・前出注(27)『生殖医療と刑法』201頁以下所収］参照。
29) 唄孝一＝宇都木伸＝佐藤雄一郎「ヒト由来物質の医学研究利用に関する問題(上)(下)」ジュリスト1193号（2001）36頁以下，1194号91頁以下。
30) 唄ほか・前出注(29)ジュリスト1194号97頁。
31) 唄ほか・前出注(29)ジュリスト1194号95-96頁。
32) この問題については，甲斐克則「遺伝情報の保護と刑法——ゲノム解析および遺伝子検査を中心とした序論的考察」『中山研一先生古稀祝賀論文集第1巻』（1997・成文堂）49頁以下参照。憲法の観点からこの問題を考察したものとして，山本龍彦「遺伝子プライヴァシーの考察——『遺伝情報』の分類と憲法的位置づけ」法政論叢38巻2号（2002）1頁以下は，示唆に富む。なお，特許をめぐる問題については，東海林邦彦ほか「ヒト人体（資源）情報の特許化をめぐる倫理的法的問題点——その総論的検討」北大法学54巻2号（2003）1頁以下参照。
33) 日本組織培養学会倫理問題検討委員会「非医療分野におけるヒト組織・細胞の取り扱いについて」組織培養研究17巻4号（1998）117頁以下。
34) 日本組織移植学会「ヒト組織を利用する医療行為に関するガイドライン」（2002）。
35) この点に関して，法学者以外の問題提起に耳を傾ける必要がある。例えば，河原ノリエ「私たちの体は『資源』なのか？」法学セミナー578号（2003）54頁以下，増井徹「今，医学研究を支える人体由来のモノと情報」同誌58頁以下，同「ヒト組織・細胞取扱いについての倫理」医学のあゆみ Vol. 197 No. 13（2001）1061頁以下，同「人のことはヒトでという時代の中で——人体由来資料に依存した医学生物学研究の基盤整備について」臨床評価 Vol. 30 No. 1（2002）71頁以下等。
36) オランダのシステムについては，甲斐克則「医事刑法への旅 道草編・その1 オランダの被験者保護の法システム——倫理委員会の在り方の模索への旅」現代刑事法5巻6号（2003）111頁以下［甲斐・前出注(2)『被験者保護と刑法』113頁以下］参照。
37) 甲斐・前出注(2)508-509頁［甲斐・前出注(2)『被験者保護と刑法』30頁］参照。

第Ⅱ部

臓器移植法成立前

第2章
臓器移植法成立前の議論状況

1 問題状況

　わが国の脳死問題は，臓器移植の問題と密接に関連し，しかも日本人の死生観とも結び付くことによって，複雑な議論状況を呈している。死の問題は，法的にも重要であり，脳死問題を法的にどう考えるべきか，議論を整理して，その方向性を探ることにする。

　脳死問題は，法的観点からみると，主として，刑法上は殺人罪の成否と関係し，民法上は相続問題等に関係する。現行法上，人の死の定義を明文で定めたものはないが，人々は長い間，医師が，呼吸停止，心臓停止，瞳孔拡大という3つの徴候を総合判定して死亡宣告をすれば，その人の死を厳然たる事実として社会的にも受け容れてきたし，法律解釈もそれを前提としていたように思われる。ところが，人工呼吸器の開発により心肺機能が人工的に維持されるようになり，その結果，心臓死よりも脳死が先に生じる現象が生まれた。人間の中心は脳活動にあるのだから，脳死をもって人の死とすべきではないか。こういう考えが医学界を中心に日本でも議論されはじめた。

　しかし，問題はそう簡単ではなかった。肉体と精神を分離する考え（いわゆるデカルト的心身二元論）に慣れ親しんだ欧米では，大半の国が脳死を人の死として比較的早く受け容れ，移植医療も積極的に推進しているが，日本には脳死を即座に受容する社会的土壌がまだ十分にない。その主な理由は，第1に，昭和43年8月8日に札幌医大で行われた心臓移植手術をめぐる問題が国民の間に一種の不信感を植え付け，移植のために脳死を人の死と認めることに

対する抵抗となっている，ということである。日本では，脳死問題が，過剰治療の打切りという側面よりも，むしろ，実際的には臓器移植と強く結び付いているという特質がある，と言えよう。第2に，日本人の死生観として，霊肉一体的な考えが暗黙裡に根付いている点が挙げられる。それゆえ，生体と表面上は変わらない脳死体を目の前にしてそれを「死者」だと受容するのは，なお抵抗を伴う。ましてや脳死体からの臓器摘出については，より抵抗が強い。いずれにせよ，脳死を人の死とするには，何らかの法的手続が必要である。

　しかし，他方で，移植医療でしか治らない患者も多数存在し，移植を望んでいるという現状もある。かくして，脳死と臓器移植の問題は，ドナー（提供者）の人権とレシピエント（受容者）の人権を考慮しつつ具体的解決を迫られている。そこで，政府の「臨時脳死及び臓器移植調査会」（いわゆる脳死臨調）も，本年［[1991年］6月にその中間報告を示し（ただし，賛否両論併記），さらに来年［1992年］］1月には最終報告を提出することになっており，各方面から注目されている。しかし，いずれにせよ，強引な解決策は，将来に禍根を残すであろう。

2　解決の方向性

　問題点をもう少し具体的に考えると，第1に，脳死判定基準が医学界内部で統一されていない点は，法律家をはじめ，多くの人々に不安を抱かせる原因となっている。確かに，日本では，大脳死説や脳幹脳死説ではなく，全脳死説が一般に唱えられているが，判定基準は，いわゆる竹内基準（厚生省研究班の基準）や各大学医学部等の基準の間に微妙な差があり，全脳の機能死か器質死かで争いもある。議論の前提が不安定では，国民に対して説得力に欠ける。少なくとも各方面より出されている疑問点に答えたうえで，医学界での統一基準の作成が望まれる。

　第2に，移植問題も含めて，どのような法的手続を経れば脳死を人の死と

認めることができるか,である。死が社会的事象でもあるかぎり,医学界がそう判断すれば即座に結論が出るというものではない。そこで,どうしても「社会的合意」という側面を考えざるをえない。もっとも,これも,単なる「マジックワード」ないし「蜃気楼」であってはならない。社会的合意の具体的内容としては,① 十分な国民的議論を経たうえで法解釈の統一を図る,② 立法化を図る,などが考えられる。もちろん,その際,世論調査なども参考にすべきであるが,数量的側面(賛成者何％)のみならず質的側面(情報公開,十分な質疑応答,少数意見の配慮等)をも十分に考慮する必要がある。それは,医療への信頼を取り戻す途でもある。しかし,本人の意思で脳死を人の死としたり心臓死を人の死としたりするのは,法的安定性の観点から問題があるように思われる。

　第3に,脳死を人の死としない場合でも,一定の場合(緊急状態,ドナーの真摯な提供意思がある場合)に移植行為を正当化する途を検討する余地もある。現在,刑法学上,緊急避難の法理と正当業務行為論の観点から正当化が唱えられている。しかし,前者については,例えば,心臓移植の場合,脳死状態に陥った当該ドナーの残された生命と移植によって延長されるであろうレシピエントの生命とが緊急の状況で相剋しているわけではないので,これを正面から援用することは難しい,との指摘がある。これに対して,後者は,① 心臓提供者がすでに脳死状態という不可逆な死への過程にあり,② 他方では,心臓の提供を受けることによって救われ,または延長されるべき生命が存在し,③ 心臓の提供・摘出が,その生命を保全するための必要かつ相当な方法であり,④ 脳死状態にある本人および家族の自由かつ真摯な同意または嘱託をともなうときは,刑法35条の正当業務行為として正当化される,と説く(小暮得雄教授)。しかし,この説も,その前提として,心臓移植の安全性が十分に確保されることが不可欠である。

　いずれにせよ,それぞれの立場の問題点を十分に議論したうえで一歩ずつ解決を図るほかはないであろう。その意味では,脳死臨調が解散した後も,何らかの公的審議機関を設定して(神戸生命倫理研究会の提唱),国民的議論を集

約していく努力をする必要がある，と言えよう。それは，何も脳死問題に限ったことではなく，医療問題全体についていえることである。それほど医療問題は，今日社会問題になっているのである。

3　臓器移植と検死

　ここで，臓器移植と密接に関係する検死制度について触れておきたい。
　まず，現行法における検死制度の意義と問題点について述べる。
　検死とは，不自然死体ないし異状死体の検査全体を指す，と言われているが，その概念自体，現行法に明文があるわけではない（ちなみに，死体解剖保存法第8条では「検案」という言葉が用いられている。）。警察実務上の検証，検視（以上2つは司法解剖を含む。），検分（これは行政解剖を含む。）を総称して「検死」と呼んでいる。この検視制度は，従来あまり法的検討課題とはされてこなかったが，最近，臓器移植との関連でクローズアップされることになった。同時に，いくつかの問題点も指摘できる。
　刑法192条が，「検視」を経ないまま変死者を葬った者を処罰し，形事訴訟法229条1項は，「変死者又は変死の疑のある死体があるときは，その所在地を管轄する地方検察庁又は区検察庁の検察官は，検視をしなければならない。」と規定している。これは，解釈に多少の争いはあるものの，検視が捜査の端緒としての性格を有することを意味しているものと解される。なお，同条2項では，検察事務官または司法警察員による代行も認めている。このように，現行法上，検視についての独立の権限を有するものは検察官に限られる。むろん，これについては，実態をみると，検視の大部分を司法警察員が行っているという事実から，司法警察員にも独立の権限を与えてはどうか，という議論も一方ではなされている。
　いずれにしても，現行刑事法が変死体の検査を検視（特に司法検視）として法的に義務づけているのは，刑事訴訟法1条に謳う刑事事件の真相解明という公的利益あるいは原因究明に関する被疑者または被害者側の利益などに配

慮しているからにほかならず，これを受けて「角膜及び腎臓の移植に関する法律」(以下「角・腎移植法」という。)も，4条において変死体並びに変死の疑いのある死体からの眼球・腎臓の摘出を禁止しているものと解される。よって，正当な理由なくそれらを摘出すると，この行為は，刑法190条の死体損壊罪に該当する。もっとも，他方で疾病による感染や医学的にみて不適切な移植を防止するという衛生上の（すなわち，法的レベルで言えば行政法上の）観点からの禁止の要請もあるように見受けられる。

いずれにしても，「角・腎移植法」が死体からの臓器摘出を前提としていることに鑑れば，脳死が法的に死であるとは言えない現状での変死もしくは変死の疑いの脳死体からの臓器摘出は，より困難な問題を生じせしめるように思われ，仮に将来的に脳死が法的に人の死であると見なされることになったとしても，現行の検視制度ではとりわけ臓器移植との関連で混乱が生じることは明白と思われる。

また，脳死臨調の少数意見も，脳死を人の死としなくても，移植については一定の条件下で容認の姿勢を見せているので，その場合でもやはり，現行の検視制度に不備がないか，という点を検討せざるをえない。

日本法医学会でも検死制度について検討が加えられているので，それらを踏まえながら，以下，具体的に問題点を指摘してみたいと思う。

まず，現行の「角・腎移植法」では，臓器摘出対象体が必ずしも明確ではない。医師法21条は，医師に異状死体の警察への24時間以内の届出義務を課している。ここにいう「異状」とは，純然たる病死ないし自然死とは認められない状態と解されており，その異状死体は，① 明らかな犯罪死体，② 犯罪関与の可能性のある変死体，③ 明らかな非犯罪死体，に分類されている。したがって，刑事訴訟法229条1項の「変死又は変死の疑いのある死体」という概念よりも広い概念である。

このうち，現行の「角・腎移植法」上，腎器摘出が可能なのは，③ 明らかな非犯罪死体だけである。しかし，② 犯罪関与の可能性のある変死体と ③ 明らかな非犯罪死体との区別は，かなり流動的な要因があるように思われる。

よって，法医学上の専門的判断の保障が要求されるところであるが，一定の地域を除くと，検視代行と一般的臨床医の判断が優先している現状の検死制度では，その点が不十分と思われる。また，世界の傾向として，交通事故による若年死亡者の臓器が移植に適するという状況を考慮すると，移植優先のあまりに②犯罪関与の可能性のある変死体と③明らかな非犯罪死体との区別が粗雑になる懸念も否定できない。

立法論としては，臓器摘出対象体の定義をより明確かつ厳格に規定し，同時に，②犯罪関与の可能性のある変死体の範疇の中の一定の場合（例えば，交通事故の場合）にも臓器摘出が可能かについて，あるいはその場合の摘出臓器の種類も含めて，慎重に検討しておく必要があるように思われる。少なくとも曖昧な基準を残すとかえって現場で混乱を来すことが懸念され，また，国民にも疑念を生ぜしめることになるのではないか，と危惧する。

つぎに，検視と臓器摘出の手続上の問題が考えられる。

先に述べたように，現行法上代行検視が認められているとはいえ，臓器移植あるいは脳死問題が関係するような場合にまで，その代行検視を無条件で優先させることは，司法への信頼を損ないかねない。現行法の遵守という視点からみれば，検察官の責任ある関与が期待される。同時に，法医学の専門家の関与が何らかの形で保障されるようなシステムを考えておく必要があるように思われる。

また，移植医療の適正さを確保するために，法医学の専門家と移植医療の専門家の役割分担を明確にし，相互に独立した役割が果たされるようなシステムも考えておく必要がある，と思われる。

そのためには，その中間に立つ何らかの公的もしくは準公的なチェック機関（もちろん，ドナー側の同意が適正なものであるか否かの審査を含む。）の設置についても一考を要する。

このような手順を踏むことは，一見遠回りのようではあるが，医療不信と言われている今日，国民の信頼を得る道しるべのようにも思われる。少なくとも，移植優先のあまりに検死制度本来の役割を見失うようなことがあつて

は，逆に検死制度全体に対する国民の信頼も揺らぎかねない気もする。

　以上のことを念頭に置いたうえで，今日言われている人的不足を補うために全国を8ブロックに分けるなどの点も含めて，多角的に検討を加え，検死制度をより十分なシステムとして確立し，機能させるよう，法律家も共に考えて行きたいと思う次第である。

第3章

脳死移植立法の意義と問題点

1 はじめに

　本年 (1997年) 4月24日の衆議院本会議で, 2つの「臓器の移値に関する法律案」(以下「臓器移植法案」という。) についての採決が行われた。ひとつは脳死を人の死と認めない法案 (金田案) であり, もうひとつは脳死を人の死とする法案 (中山案) である。共産党を除く各党が党議拘束を外すという異例の形で採決がなされ, その結果, 金田案については, 投票総数475票中, 賛成76票, 反対399票, 中山案については, 投票総数468票, 賛成320票, 反対148票で, 中山案が可決され, 参議院に送られた。ただ, 脳死を人の死とする重要問題に立法解決で臨むことになるだけに, 事態の切迫した状況もあってか, 宗教界をはじめ各方面で脳死を法律で人の死とすることに対する異議も唱えられている。北里大学医学部のように, 脳死を人の死としない独自の臓器移植素案を示したところも出ている[1]。参議院でも慎重審議を要するとの姿勢からか, 中山案のほかに金田案をほぼ踏襲した猪熊案も提出され, さらに両者の折衷案も模索されている, という。はたして今国会で結論が出るかどうかは, 微妙な状況である。いずれにせよ, 臓器移植問題は新たな局面を迎えた, と言える。

　しかし, 衆議院での審議状況をみると, 専門委員会で何人かの識者の意見を聞いたのみで, 幅広く意見を聞いてじっくりと議論をした, とは言えない。期待していた公聴会もついに開かれず, 国民への情報公開という側面は不十分と言わざるをえない。重要事項を決めるのに, この程度の手続で決定がな

されるのかと思うと，遺憾の意を表さざるをえない。ともかく，あとは参議院での審議に期待するほかない。

そこで本章では，まず，これまでの経緯を簡単に振り返り，法案の位置づけを行い，つぎに，中山案の意義，骨子および問題点を指摘し，若干の提言も試みることにする。

2　これまでの経緯と法案の意義

1　まず，これまでの経緯を4期に分けて概観してみよう。1968年8月8日に札幌医大の和田寿郎教授により行われた日本初の心臓移植手術が殺人罪で告発され，結果的に不起訴処分になったとはいえ，その後，同事件が医療不信を招き，しばらく臓器移植問題はタブー視されていた（第1期）。ところが，1980年代に入り，内外の臓器移植をめぐる動きに触発され，厚生省「脳死に関する研究班」が「脳死の判定指針および判定基準」(竹内基準)を呈示して以降，脳死・臓器移植問題についての議論が活発化した。とりわけ1988年1月12日付の日本医師会生命倫理懇談会「脳死および臓器移植についての最終報告」，および1992年1月22日付の政府の「臨時脳死及び臓器移植調査会」(脳死臨調)最終答申「脳死及び臓器移植に関する重要事項について」が一定の条件の下で臓器移植を認める提言をしたことが転機となった。これらを契機として，世論の関心はさらに高まり，脳死を人の死とするかどうか，については意見は分かれたものの，一定の条件の下で臓器移植を認めることについては，ある程度の社会的合意が形成されたように思われる。しかし，医療現場には混乱があり，この間，全国で脳死移植をめぐるさまざまな事件が相次いだ（第2期）。

2　このような中，国会議員の動きが少しずつ出始め，1992年5月には生命倫理研究議員連盟が「臓器移植に関する基本的事項 (検討メモ)」を示し，1993年5月には超党派の国会議員で作る各党協議会が「臓器移植法案 (仮称)」

の骨子（協議会検討素案）」を示した。この段階ですでに「死体」の中に「脳死体」が含められている。これを受けて、1994年1月には各党協議会の「臓器移植法案（仮称）要綱（案）」が呈示され、さらに1994年4月12日に「臓器の移植に関する法律案」（以下「旧法案」という。）が国会に提出された。しかし、脳死を人の死としてよいか、家族の意思を本人の意思より優先してよいか、等の問題もあり、国会では継続審議とされたものの、審議未了のまま1996年9月に（衆議院の解散もあって）廃案となった（第3期）。

　この間にあって、いわば対案とも言うべきものとして、有志から成る生命倫理研究会・脳死と臓器移植問題研究チームの「臓器の摘出に関する法律（試案）」(1991年11月20日) が出され、さらには日本弁護士連合会の「『臓器の移植に関する法律案』に対する意見書」(1995年3月17日) が出されている。それは、脳死を人の死としないで臓器移植を一定の条件の下で認める点で、いずれも重要な問題提起を含むものであった[2]。しかし、これらの対案も、一部専門家を除けば、それほど真摯に受け止められて議論の対象にされたとは思われない。

　3　さて、一旦廃案になったものの、法案成立まで移植実施を控えていた移植医たちが法律なしでも独自に移植を実施する準備を開始するなど、事態が切迫する中、主に臓器摘出に係る承諾要件を限定する修正案が検討され、1996年12月に修正案が国会に提出された。それが今回の中山案である。現在の状況を「第4期」と呼ぶことができよう。

　なお、いずれの案も、「この法律において『臓器』とは、人の心臓、肺、肝臓、腎臓その他厚生省令で定める内蔵及び眼球をいう。」と定義しているので（例えば、中山案5条）、いわゆる異種間移植は予定されておらず、本章でもこの定義に従うことにする。

3 臓器移植法案の意義・骨子と問題点

1 では，今回の臓器移植法案（中山案）の意義や問題点はどこにあるのだろうか。その骨子を見ながら，その意義および重要と思われる問題点を指摘しておくこととする。

同法案は，24箇条と附則12箇条から成る。法案が成立すれば，現行の「角膜及び腎臓の移植に関する法律」は廃止されることになる（附則第3条）。24箇条全体の構成は，当初の法案以来の考えにならって，①総論的な事項，②臓器の摘出に関する事項，③死体の取扱に関する事項，④臓器売買等の禁止及び臓器あっせんの規制に関する事項，⑤その他の事項，に分かれている[3]。

第1条から第5条は，いわば総論部分である。同法の「目的」は，「臓器の移植についての基本的理念を定めるとともに，臓器の機能に障害がある者に対し臓器の機能の回復又は付与を目的として行われる臓器の移植術（以下単に『移植術』という。）に使用されるための臓器を死体から摘出すること，臓器売買等を禁止すること等につき必要な事項を規定することにより，移植医療の適正な実施に資すること」とされている（第1条）。摘出対象体が「死体」となっている点に注意を要する。「移植医療の適正な実施に資する」という目的は共通であるが，金田案や日弁連の修正案では，「死体又は脳死状態にある者の身体」（修正案第1条）とされており，前提理解が異なる。

また，同法の「基本的理念」は，「死亡した者が生存中に有していた自己の臓器の移植術に使用されるための提供に関する意思」の尊重，その意思の任意性，移植術の適切な実施，およびそれを受ける機会の公平性の確保にある（第2条第1項―第4項）。移植を絶対に拒否する立場を除けば，これに異論はなかろう（なお，第3条には「国及び地方公共団体の責務」，第4条には「医師の責務」，第5条には「定義」（前出）が規定されている。）。しかし，この部分が宣言的規定に止まっている点は，物足りなさを感じる。せめて移植医療の特性に配慮し，ネットワークのあり方等についても言及すべきであろう。

臓器売買等の禁止および臓器あっせんの規制に関する諸規定（第11条—第17条）やその他の事項に関する諸規定（第18条以下）は基本的に妥当であり、特段の問題はないように思われるので、ここでは割愛する。

2 最大の問題は、第6条以下第10条までの臓器摘出に関する諸規定である。法案が1本化しなかった主因といえる第6条第1項は、「医師は、死亡した者が生存中に臓器を移植術用に使用されるために提供する意思を書面により表示している場合であって、その旨の告知を受けた遺族が当該臓器の摘出を拒まないとき又は遺族がないときは、移植術に使用されるための臓器を、死体（脳死体を含む。以下同じ。）から摘出することができる。」と規定する。そして、第2項で、「前項に規定する『脳死体』とは、脳幹を含む全脳の機能が不可逆的に停止するに至ったと判定された死体をいう。」と定義され、全脳死説に立つことを明らかにし、さらに第3項で、「前項の判定は、一般に認められている医学的知見に基づき厚生省令で定めるところにより、行うものとする。」として、判定基準を厚生省令に委ねている。判定基準は竹内基準をベースにしたものとされるようであるが、中山研一博士が指摘されているように、後述の検死制度も含めて、厚生省令もセットで国民に呈示しておくべきものと思われる[4]。

この点について、旧法案第6条第1項では、「医師は、次の各号のいずれかに該当する場合には、移植術に使用されるための臓器を、死体（脳死体を含む。以下同じ。）から摘出することができる。」として、2つの条件を規定していた。すなわち、「1　死亡した者が生存中に当該臓器を移植術に使用されるために提供する意思を書面により表示している場合であって、その旨の告知を受けた遺族が当該臓器の摘出を拒まないとき又は遺族がないとき。」「2　死亡した者が生存中に当該臓器を移植術に使用されるために提供する意思を書面により表示している場合及び当該意思がないことを表示している場合以外の場合であって、遺族が当該臓器の摘出について書面により承諾しているとき。」である。そして、この規定のように脳死を人の死とし、かつ臓器摘出につい

て遺族による承諾を認める態度は，各党協議会の当初の見解（前出）以来の立場であり，この点に対しては日弁連をはじめ，根強い反論が各方面から寄せられていた。それゆえに，旧法案は廃案に追い込まれたわけであるが，今回の中山案は，本人の書面による提供意思に限定した。この点は，かなり合意が得られていることからしても，評価できる。臓器不足をカバーするために本人の意思を確認せず，あるいは無視して（さらには家族の意思を本人の意思より優先して）臓器を摘出することは許されない，と言える。

　しかし，もうひとつの点，すなわち脳死を人の死とする点は，なお大きな問題である。参議院でも複数案が提出されたのも，まさにこの問題の重大性の表われにほかならない。この点をもう少し掘り下げて検討してみよう。

　3　第1に，中山案第6条第1項の「死体（脳死体を含む。以下同じ。）」という部分の表現で脳死を人の死と解するとなると，他の法律，とりわけ民法上の相続の問題とか刑法上の殺人罪にもその効果は当然及ぶのだろうか。現行法上明文による死の定義が存在しない以上，この移植立法を根拠にその効果が及ぶ可能性は高い。中山案では，この点を明記していないが，もし従来の三徴候説もなお堅持するとすれば，法的に2つの死が誕生することになる。この点をどうするのか。また，古く電気窃盗事案を立法解決した現行刑法245条の「この章の罪については，電気は，財物とみなす。」という規定にならって「移植の場合だけ脳死を人の死とみなす。」という解釈・立法の途をとるのは，現実的なようだが技巧的すぎるし，何より「行為の性質によって客体が変わる，人が死んだり生き返ったりするというのは奇妙であり[5]」，法益の根対化を正面から認めることになって問題である。拒否権方式によりいずれの死を選ぶかを本人に委ねる見解[6]も，同様の問題に遭遇する。

　そもそも，現時点で脳死を人の死とすることについて「社会的合意」ができた，と言えるのか。衆議院で中山案が採択された後も，前述のように，各方面からこの点について疑問が出されている。「社会的合意」論については，その内容の曖昧性に対して批判もあり，臓器移植実施を引き延ばす論理にす

ぎない，と言われることもあるが，そうではあるまい。世論調査の単なる数量的側面（賛成者の割合）のみならず，質的側面（情報公開，十分な質疑応答，少数意見への配慮等）も十分考慮する必要がある。幅広い議論の中で，各方面から出されている合理的疑念に対して明快な解答がなされなければならないであろう[7]。衆議院での審議状況は，この観点からすると問題が残る。この状況で，表面上は生体と変わらない脳死体を目の前にして，それを「死者だと受容せよ！」と迫るのであれば，抵抗を伴うのは当然と言えよう。現状では，社会的合意がなお不十分であり，脳死を人の死とするのは時期尚早ではなかろうか。金田案は，その点で捨てがたいものがある。もっとも，金田案や日弁連修正案の基礎となる違法性阻却論に対しては，「理由とならないものを幾つ積み重ねても理由が生まれることはない。」[8]とか「欺瞞である[9]。」といった厳しい批判もある。確かに，ドナーについては，まずは尊厳死の延長で考えるとしても，臓器摘出行為自体はその枠を超えており，正当業務行為や被害者の承諾という法理だけでは正当化は困難であるが，その他に，移植を受けるレシピエント側の緊急性・補充性（他に方法がないこと），利益とリスクの衡量を加味して，いわば「正当化事由の競合」という観点から，相当程度の違法性阻却が可能であり，残された違法性に可罰性はほとんどない，あるいはそれがあっても場合によっては責任阻却という解釈は可能である[10]。

　第2に，これと関連して，前述のように，第6条第3項は脳死判定を厚生省令に委ねているが，その内容は，（おそらく竹内基準が採用されるであろうが）必ずしも明らかにされていない。この点について，日弁連の修正案（前出「意見書」に掲載）第6条の2第2項では，脳死を人の死とはしていないものの，「前項に規定する『脳死状態』とは，次の各号の判定基準を満たすものと判定された状態をいう。」として，①深昏睡，②自発呼吸の消失，③瞳孔が散大し，両孔径とも左右4ミリ以上になっていること，④脳幹反射（対光反射，角膜反射，毛様脊髄反射，眼球頭反射，前庭反射，咽頭反射，咳反射）の消失，⑤平坦脳波，⑥脳血流の停止，⑦聴性脳幹誘発反応の消失，⑧上記のほか厚生省令で定めるもの，を挙げているが，①から⑤までは竹内基準に従っているものの，⑥

⑦⑧で竹内基準を補う部分がある点で理解しやすい。また，竹内基準による「無呼吸テスト」は，脳低体温療法の進展もあり，現段階では見送るべきではないか。仮に厚生省令に委ねるにしても，このような配慮を望みたい。

第3に，死亡時刻をどのようにするか，という問題も残る。竹内基準によれば，前記①から⑤の条件が満たされた後，6時間経過をみて変化がないことを確認した時点とされるが，各大学等の基準はこの点で統一されておらず，24時間の経過を基準とするところもあるし，さらには法学者の中でも「2回も判定しなければ『死』を確定できないような『死の判定基準』あるいは『脳死』による『人の死』の判断そのものができないという意見そのものが，医学的判断基準への不信を招来しかねない。」という観点から，第1回目の脳死判定時説を説く見解もある[11]。死亡時刻も厚生省令に委ねられるのであろうが，この重要事項をそれに委ねてよいのであろうか。

4　つぎに，死体の取扱に関する事項について，中山案第7条は，「医師は，前条の規定により死体から臓器を摘出しようとする場合において，当該死体について刑事訴訟法……第229条第1項の検視その他の犯罪捜査に関する手続が行われるときは，当該手続が終了した後でなければ，当該死体から臓器を摘出してはならない。」とのみ規定する。おそらく手続の煩雑さを嫌ったのであろう。これに対して，日弁連修正案では，検察官ないし司法警察員の一定程度の関与，さらにはその場合に臓器摘出にあたる医師以外の監察医その他法医学の学識経験を有する医師の立会を規定している（第7条第2項—第6項）。検死制度との関係で，慎重を期す意味ではその方が望ましい。とりわけ臓器摘出対象体の多くが交通事故関与者であることが予想されるので，自己過失か犯罪かが微妙なケースも多いだけに，慎重な検死システムの確立が望まれる[12]。

また，中山案第8条は「第6条の規定により死体から臓器を摘出するに当たっては，礼意を失わないよう特に注意しなければならない。」と規定する。日弁連修正案も同様である。しかし，このような一般的規定でよいのだろう

か。とりわけ危惧されるのは，脳死体を用いての実験である。脳死体を生体と解すれば，必然的にそこには通常の場合と同様に実験についても厳格な法的枠組みが設定される[13]。しかし，脳死を法的に人の死とするのであれば，死体扱いになるだけに脳死体が実験に供される可能性が高くなる。通常でさえ被験者に対する人権感覚に乏しい日本では，脳死体に対する実験についても一定のルールを作っておかないと，移植医療そのものがまた国民に不信を植えつけることになりかねない。厚生省令においてでも，脳死体の取扱についてもう少し具体的な制限規定を設けることを提唱したい。

4 おわりに

以上，衆議院で可決された臓器移植法案を中心にその意義と問題点を指摘してきたが，最後に，次の点も付言しておきたい。仮に中山案が成立しても，3年後の見直しが予定されている（附則第2条）。その意味では3年間は「試行期間」と考え，3年後に，手続の適正・公平性さおよびハード面とソフト面の環境整備のチェックをし，問題があればより十分な社会的合意が得られた制度に修正するくらいの自覚が必要だと思われる。実施施設を限定しようとするのも，その趣旨で理解すべきである。間違っても臓器不足を理由に，安易に要件をさらに緩める方向に向かわないよう注視する必要がある。

現時点では，いずれの法案が成立するか予断を許さないが，法案成立後に改めて問題点を検討してみたい。

1) 朝日新聞 1997 年 5 月 12 日付報道等参照。
2) 以上の経緯および資料の詳細については，中山研一編著『資料に見る脳死・臓器移値問題』（1992・日本評論社），中山研一『脳死論議のまとめ——慎重論の立場から——』（1992・成文堂），同『脳死移植立法のあり方』（1995・成文堂），町野朔＝秋葉悦子編『脳死と臓器移植［第2版］』（1996・信山社）等参照。
3) 中山・前出注(2)『脳死移植立法のあり方』20 頁以下参照。
4) 中山・前出注(2)『脳死移植立法のあり方』25 頁注(7)参照。

5) 町野朔『犯罪各論の現在』(1996・有斐閣) 52 頁。
 6) 石原明『医療と法と生命倫理』(1997・日本評論社) 250 頁以下。
 7) 甲斐克則「医事法『徒然草』(その 5・完)」書斎の窓 1996 年 12 月号 34 頁参照。なお立花隆『脳死臨調批判』(1992・中央公論社) 29 頁以下参照。
 8) 町野・前出注(5) 55 頁。
 9) 加藤久雄『医事刑法入門』(1996・東京法令) 177 頁以下。
10) 甲斐・前出注(7) 35 頁，同旨・中山・前出注(2)『脳死移植立法のあり方』122 頁以下。
11) 加藤・前出注(9) 203 頁。
12) 原三郎＝甲斐克則＝鈴木康夫＝野瀬善明「シンポジウム・臓器移植と検死」日本法医学雑誌 47 巻 6 号 460 頁以下。なお，日本法医学会「異状死体からの臓器移植——法医学からの提言」(1993 年 12 月) 参照。
13) 甲斐克則「人体実験と日本刑法」広島法学 14 巻 4 号 (1991) 53 頁以下 [同『被験者保護と刑法 [医事刑法研究第 3 巻]』(2005・成文堂) 37 頁以下] 参照。

第Ⅲ部

臓器移植法成立とその後

第4章

臓器移植法
——刑事法的観点から——

1 はじめに——臓器移植法成立の経緯——

　「現時点では，いずれの法案が成立するか予断を許さない。」(甲斐克則・法律時報69巻8号5頁[本書第3章])。参議院審議段階半ばでこう思っていたのも束の間，「臓器の移植に関する法律」(法律第104号，以下「臓器移植法」という。)が，審議不十分なまま，急転直下，1997年6月17日に参議院で可決されて衆議院に回付され，同日の衆議院本会議でも賛成323（反対144）の多数により可決された。専門家をして「その変わり身の早さにびっくりした。」(唄孝一・法律時報69巻10号34頁)と言わしめ成立したのは，中山案でも猪熊案でもなく，第三の案ともいうべき関根案であった。参議院では当初，衆議院で可決された中山案のほかに，基本的に金田案を継承した猪熊案が出され，前者は脳死を人の死として臓器摘出を考えていたのに対して，後者は脳死を人の死とせず，生体からの臓器摘出を一定の正当化要件の下に例外的に認めようとする案であったが，可決された妥協法案は，文言を読んだだけでは即座に理解しがたい複雑な「玉虫色」のものであった。その背景としては，継続審議・廃案で何度も決着しなかった経緯と関係者の苛立ちから，「これ以上待てない。」との政治的配慮が働いたものと推測される。それだけに，解釈論的にも運用上も検討すべき点が多い。以下，刑事法的観点を中心として，同法の意義・骨子と問題点を述べることとする。

2 臓器移植法の意義・骨子

　臓器移植法は，25箇条，附則12箇条から成る。本法の成立によって，従来の「角膜及び腎臓の移植に関する法律」は，廃止された (附則3条)。25箇条の構成は，① 総論的事項，② 臓器摘出に関する事項，③ 死体の取扱に関する事項，④ 臓器売買等の禁止および業として行う臓器あっせんの許可に関する事項，⑤ その他の事項，に分かれる。なお，本法成立を受けて作られた「臓器の移植に関する法律施行規則：厚生省令第78号」では，脳死判定 (竹内基準に準拠) や臓器摘出等についての詳細が規定されている。

　① 総論的事項のうち，同法の目的は，臓器移植についての基本的理念の定立，臓器移植術のための臓器摘出および臓器売買等の禁止等についての必要事項の規定，移植医療の適正な実施にある (1条)。また，基本的理念は，本人の提供意思の尊重，その意思の任意性，移植術の適切な実施，移植術を受ける機会の公平性の確保にある (2条1-4項)。なお，本法で「臓器」とは，「人の心臓，肺，肝臓，腎臓その他厚生省令で定める内臓及び眼球」のことを言い (5条)，「その他厚生省令で定める内臓」とは，膵臓と小腸である (省令1条)。総論的事項については特に問題ないと思われるが，ネットワークのあり方等について言及していない点で，なお不満は残る。④ 臓器売買等の禁止および臓器あっせんの規制に関する諸規定 (11条-17条) や ⑤ その他の事項 (18条以下) は基本的に妥当であるが，罰則規定 (20条以下) については，法定刑のアンバランスが指摘されており (座談会「臓器移植法をめぐって」ジュリスト1121号28頁〔中森喜彦〕)，さらに検討を要する。

3 刑事法学的観点からみた臓器移植法の問題点

　臓器移植法の最大の問題点は，やはり上記 ② 臓器摘出に関する諸規定 (6条-10条)，とりわけ6条に集約される。同条1項は，「医師は，死亡した者が

生存中に臓器を移植術に使用されるために提供する意思を書面により表示している場合であって、その旨の告知を受けた遺族が当該臓器の摘出を拒まないとき又は遺族がないときは、この法律に基づき、移植術に使用されるための臓器を、死体（脳死した者の身体を含む。以下同じ。）から摘出することができる。」と規定し、2項は、「前項に規定する『脳死した者の身体』とは、その身体から移植術に使用されるための臓器が摘出されることとなる者であって脳幹を含む全脳の機能が不可逆的に停止するに至ったと判定されたものの身体をいう。」と規定する（全脳死説の採用）。しかも3項は、「臓器の摘出に係る前項の判定は、当該者が第1項に規定する意思の表示に併せて前項による判定に従う意思を書面により表示している場合であって、その旨の告知を受けたその者の家族が当該判定を拒まないとき又は家族がないときに限り、行うことができる。」と規定する。

まず、1項でいう「死体（脳死した者の身体を含む。）」の解釈が問題となる。中山案では「死体（脳死体を含む。）」となっていたが、本法で「死体（脳死した者の身体を含む。）」という表現になったのは、「脳死」をストレートに「人の死」とすることへの抵抗を緩和することにあったのであろう（丸山英二・神戸法学雑誌47巻2号238頁以下および前出・座談会6頁以下）。しかも、1項および3項は、複雑にも、ⅰ）本人の書面による臓器提供の意思表示、ⅱ）遺族が当該臓器摘出を拒まないこと、または遺族がないこと、ⅲ）2項の脳死判定に従う旨の本人の書面による意思表示、ⅳ）家族が当該判定を拒まないこと、または家族がないこと、以上の4要件を挙げている。したがって、提供意思の扱いをめぐり、ただちにいくつかの疑問が出てくる（宇都木伸・ジュリスト1121号47頁以下参照）。

第1に、本人が提供意思を有していても、家族が反対すると、医学的には脳死状態にありながら法的には死んでいないことになる点は、刑事法学的観点からしても大きな問題となる。よく「死の相対化」ということが言われるが、医学的に同じ「脳死状態」でありながら、しかも本人が提供意思を表示していながら、家族が賛成すれば法的に「死体」となり、反対すれば「生体」

となる本法は，まさにこのことを正面から認めたことになる。これは，刑法理論からすると，「法益の相対化」を意味する。同じ客体に対して攻撃を加えても，ある場合には殺人罪の構成要件に該当し，ある場合にはそうでなくなる。正当化事由以前の，構成要件該当性判断の段階で，しかも客体性の判断でこのような差異が出てくる。これは，憲法14条1項の平等条項という観点からも，問題がある。「行為の性質によって客体が変わる，人が死んだり生き返ったりするというのは奇妙」(町野朔・犯罪各論の現在52頁)というほかない(なお，秋葉悦子・法学教室205号43頁以下参照)。この批判は，そもそも脳死が「人の死」であるかを本人の選択に委ねる見解にも妥当するし，中山案でも臓器移植の場合だけ脳死を「人の死」とすることになるので，やはりこの批判が妥当する(甲斐・前出4頁参照)。ましてや，本法の場合，死についての自己決定権どころか，前述の4段階を経てはじめて「脳死した者の身体」が「死体」に含まれ，しかも家族に最終判断を委ねている点で，いよいよ奇妙な「相対化」に帰着する。「自己決定権の侵害」との批判もある(平野龍一・ジュリスト1121号38頁)。自己決定権の意義をはき違えてはならないであろう(唄・前出36頁以下参照)。

　第2に，本法に従って最終的に認められた「脳死」は，他の法律との関係でも同様の効果を有するのであろうか。例えば，前述の4段階を経て「脳死」と判定された臓器摘出直前の「脳死体の人」の心臓を第三者が刃物で刺した場合，殺人罪になるのか，それとも死体損壊罪になるのか。あるいは1992年にドイツで起きた「エアランゲン・ベビー事件」が問題提起したように，脳死体の妊婦から生まれた子どもは，生体から生まれたことになるのか，死体から生まれたことになるのか。これらの点について本法は明確にしていないが，かねてより予測しているように，他に「人の死」についての定義規定がない以上，臓器移植のための法律とはいえ，この規定を根拠に，このような場合や尊厳死の場合に脳死が「人の死」だとする傾向は強まるであろう(甲斐・前出4頁)。現に，一律に脳死体は死体だとする見解もあり(前出・座談会17頁〔中森〕。なお伊東研祐・ジュリ1121号44-45頁参照)，検察庁もその方向に固まり

つつある（中國新聞1997年12月30日付報道）。重要な検討課題である。

　第3に，書面主義の問題がある。本法は，書面主義を厳格に要求するが，実際上はその煩雑さが障害になって，真に提供意思がある人からでも臓器摘出が不可能になりうる。刑法理論からすれば，意思表示が明確であれば，表示方法の形式に固執する必要はない，と言えよう（平野・前出36頁以下参照）。

　つぎに，③ 死体の取扱に関する事項では，臓器摘出が検視（刑訴法229条1項）その他の犯罪捜査と抵触しないことが要件として挙げられている。これは一般的規定であり，日弁連修正案（7条）が示していたように，検察官ないし司法警察員の一定程度の関与，臓器摘出にあたる医師以外の監察医その他法医学の学識経験を有する医師以外の立会を規定してはいない。検死制度の詳細（とりわけ脳死した者の身体から臓器を摘出する場合の脳死判定を行うまでの標準的な手順に関する事項，臓器摘出に係る脳死判定に関する事項，死亡時刻に関する事項，検視手続）は，「『臓器の移植に関する法律』の運用に関する指針（ガイドライン）」で示されているにすぎない。法律で煩雑な規定を設けるのを避ける趣旨であろうが，検死制度以外のもの（意思表示可能年齢，遺族・家族の範囲，臓器移植にかかわらない一般の脳死判定に関する事項等）も含め，重要事項がガイドラインに「格下げ」されていることに疑問を感じる。国民サイドからすれば，それが見えにくい分だけ「不安の声」が上がるかもしれない。

4　おわりに

　以上のように，本法はいくつかの重要な問題点を内包しており，本法が予定している3年後の見直し（附則21条1項）に向けて慎重な検討が要求されている，と言えよう。本章では紙数に限りがあるので，内外の文献も含めた詳細な検討は別途行いたい。〔脱稿後，中山研一＝福間誠之編『臓器移植法ハンドブック』(1998・日本評論社) に接した。本法全体について分かりやすい解説がなされているので参照されたい。〕

第5章

臓器移植法下における脳死移植

1 はじめに

　1997年6月17日に成立し，同年10月16日から施行された「臓器の移植に関する法律」(以下「臓器移植法」という。)は，1年4か月の実施空白期間を経て，1999年2月末から6月下旬にかけて4例の脳死判定と臓器摘出が行われたことにより，その意義と問題点を具体的に浮き彫りにすることとなった。本章では，移植実施後に公衆衛生審議会疾病対策部会臓器移植専門委員会(以下「専門委員会」という。)が公表した各「報告書」を素材としつつ，臓器移植法下における脳死移植例の若干の検証を試み，今後の課題を明らかにしたい。

2 高知赤十字病院のケース

　1999年2月末 (25-28日) に高知赤十字病院において臓器移植法に基づく初の脳死判定が行われ，引き続き同病院において臓器摘出が2月28日から3月1日にかけて行われた。臓器移植法施行後のリーディング・ケースであっただけに，さまざまな問題が生じた。
　まず，診断手続について。本人および家族の提供意思については，問題はなかった。上記専門委員会「脳死判定等に係る医学的評価に関する作業班」(竹内一夫班長。以下「医学的評価作業班」という。)の報告書「第1例目の脳死下での臓器提供に関する医学的評価について」(平成11年6月21日付)によれば，本症例は，くも膜下出血および脳内出血と診断された患者が2月25日に臨

床的に脳死と診断され，以後，同日に法に基づく脳死判定（1回のみ）を行ったが，脳死とは判定されず，翌26日に再度，臨床的に脳死と診断され，同月27日から28日にかけて法に基づく脳死判定が行われ，脳死と判定されたものである。一部では，救命治療が十分に行われたのか，疑問を呈する声もあったが，報告書は，2月25日から26日にかけて臨床的に脳死と診断した際の内容および2月27日から28日にかけての法に基づく脳死判定の内容は共に適切であり，本症例の脳死判定は確実に行われている，との評価をしている。しかし，2月25日に行われた法に基づく脳死判定においては，脳波測定に先立って無呼吸テストが行われた点は適切でなかったとし，今後の法に基づく脳死判定においては，法律施行規則に則って行うべきである，と指摘している。確かに，無呼吸テストは，もともとそれ自体の導入に対して疑問も提起されていたものであり，最後に実施すべきであった，と言えよう。また，脳死判定が一転したことも混乱を招いた。筆者は，1999年10月10日に広島国際会議場で開催された第4回日本心臓血管麻酔学会学術大会公開シンポジウムで，第1例目の脳死判定・臓器移植に携わった関係者の話を詳細に聞く機会を得たが，それによれば，臨床的脳死判定と法的脳死判定という2つの脳死判定があることの意味が現場で十分に浸透していなかったことが挙げられていた。ただ，第2回目の法的脳死判定時刻は（第1回目から6時間以上経っていたとはいえ）正確に公表すべきではなかったか。なお，移植の方は，心臓が大阪大学第1外科で，肝臓が信州大学第1外科で，腎臓が国立長崎中央病院と東北大学第2外科で，角膜2つが高知医科大学で，それぞれ実施され，成功したが，臓器搬送に際して，より丁重な扱いを求める声が高かったことに留意すべきである。

　つぎに，臓器摘出・移植に伴う諸問題も新たに生じた。第1に，当初，心臓移植を受ける患者の優先順位を間違えた。これは，公平さ・公正さの確保の点からして，重大なミスである。上記専門委員会の「日本臓器移植ネットワークのあっせん業務に係る評価に関する作業班報告書」（平成11年6月29日付。以下「ネットワークあっせん業務評価作業班報告書」という。）によれば，ネット

ワークとしても真摯に反省し，体制改善を図っているとのことである。第2に，きわめて議論が多かったのが，情報公開の問題であった。リーディング・ケースということもあって，マスコミの過剰報道が目についた。それは，リアルタイムで行われ，しかも提供者側の家族も苛立つほどプライバシーに立ち入る報道すら一部であった。臓器移植法も，このような事態は想定していなかった。しかし一方で，法に則って脳死判定・臓器摘出・臓器移植が実施されているのかを知る権利も国民にはあることから，一定程度の情報公開が要求される。そのバランスをどう考えるべきかが，医事法学にも課題として残された。

3 慶應義塾大学病院のケース

これに対して，1999年5月11日から12日にかけて慶應義塾大学病院で実施された第2例目のケースは，第1例の反省からか，厳しい情報管理下に置かれた。そのため，マスコミ報道も限られていた。上記専門委員会「医学的評価作業班」の報告書「第2例目の脳死下での臓器提供に関する医学的評価について」（平成11年6月29日付）によれば，突然の意識障害で発症して（脳動脈奇形の破裂の可能性あり）同病院に入院した患者（臓器提供意思あり）が，5月11日9時10分に臨床的脳死と診断され，同日19時31分に第1回目の法的脳死判定を受け，翌12日3時25分に第2回目の脳死判定も受けて，最終的に脳死と判定された。診断手続に問題はなく，心臓が5月13日に国立循環器センターで，腎臓が12日に東京大学医科学研究所と13日に国立佐倉病院でそれぞれ移植され，成功を収めた。第1例のような加熱報道は，確かに問題であるが，このケースは逆に，情報が制限されすぎたのではないか，との指摘もなされた。医療情報公開とプライバシー保護の問題が別の形で現れた，と言える。ただ，遅くない時期に事後的に正確な報告書が出されれば，これも情報公開のひとつのあり方と言える。

4　古川市立病院のケース

　その後，1999年6月13日に宮城県の古川市立病院で第3例目が登場した。上記専門委員会「医学的評価作業班」の報告書「第3例目の脳死下での臓器提供に関する医学的評価について」（平成11年9月14日付）によれば，同年6月9日，事故で受傷後50分の患者（臓器提供意思あり）が同病院に搬入されたが，回復せず，同月11日14時50分，臨床的に脳死と診断され，同月13日12時50分に第1回目の法的脳死判定，20時35分に第2回目の法的脳死判定が行われ，最終的に脳死と判定された。作業班の評価は，医学的レベルでは問題ない，とされている。臓器移植も，心臓が6月14日に国立循環器センターで，肝臓が6月15日に京都大学附属病院で，腎臓が6月14日に仙台社会保険病院と6月15日に福島県立医科大学医学部附属病院でそれぞれ実施され，成功した。

　しかし，この事例は，事故で初の脳死移植となるにもかかわらず，脳死診断前に判定委員会を開かなかったという手続ミスがあったし，また，家族の意向で死の経緯も公表しなかった点で，問題を残した。さらに，上記専門委員会「ネットワークあっせん業務評価作業班報告書」（平成11年8月12日付）によれば，コーディネーターが臓器提供施設に行く距離が遠かった点，一部マスコミの過剰取材，第一選択のレシピエントが小児であったため第二選択以降のレシピエントに対する分割肝移植の実施可能性についても検討されたが，実施基準策定前ということで厚生省の指導により実施が見送られた点，警察による実況見分が行われたが，司法解剖が行われなかったことから司法解剖と臓器提供との関係が課題となる点等が指摘されている。ドナーが事故に遭遇している場合，適正な検死システムが機能することは，公正さを維持するために不可欠と言えよう。

5　千里救命救急センターのケース

　最後に，第4例目の千里救命救急センターのケースを挙げておく。1999年6月19日に突然の意識障害と心呼吸停止で同センターに搬入された患者（臓器提供意思あり）が，同月21日16時30分に第1回目の臨床的脳死判定が終了し，さらに翌22日15時55分に第2回目の臨床的脳死診断も終了し，臨床的脳死と診断され，翌23日20時39分に第1回目の法的脳死判定，翌24日4時に第2回目の法的脳死判定を受け，最終的に脳死と判定された。脳死判定の回数が通常より多かったのである。しかも，センターのような専門病院において肝心な第1回目の法的脳死判定時に脳波計の感度を通常の4倍に上げていないというミスが起きた。上記専門委員会「医学的評価作業班」の報告書「第4例目の脳死下での臓器提供に関する医学的評価について」（平成11年10月27日付）は，最終的には判定基準を満たしていた，と評価しているが，次のようにも指摘している。「本症例では，法的脳死判定の前に，施設が従来から行ってきた移植に係わらない臨床的脳死判定が行われている。その内容は，法に基づく脳死判定と変わらない。そのため，合計3回になってしまった法的脳死判定を含めて，無呼吸テストの回数が多くなった。また，合計3回になってしまった法的脳死判定のうち第1回目とされたものについては，平坦脳波確認時，指針に示された感度まで上げていなかったが，このような事態は，注意すれば防げることである。」

　脳波測定作業のミスは重大だけに，医療現場での今後の教訓とすべきである。なお，臓器移植は，6月24日に肝臓が信州大学医学部附属病院で（ただし，手術中止，移植断念），腎臓が奈良県立医科大学附属病院と兵庫県立西宮病院でそれぞれ実施された（腎臓移植は成功）。ここで，上記「ネットワークあっせん業務評価作業班報告書」（平成11年8月12日付）が，この事例において，「臓器搬送後，最終的に肝臓は移植に用いられなかった。これらの，結果的に移植に結びつかなかった場合の費用をだれが負担するのか検討する必要があ

るとの指摘があった。」としている点は，重要な課題である。

6 おわりに

　その後，1999年9月6日に愛知県の藤田保健衛生大学病院で，交通事故による患者の脳死判定が，鼓膜損傷が原因で判定中止となった(幻の5例目)。患者も家族も提供意思が明確であっただけに，今後に新たな課題を残した。いずれにせよ，以上から，これまでの4事例がもたらした重要問題ないし課題がある程度明確になった。何より，公平さ・公正さの確保は当然の前提でなければならない。また，医療情報公開とプライバシー保護のあり方も工夫しなければならない。上記専門委員会「臓器移植法に基づく脳死下での臓器提供事例に係る検証に関する最終報告書」(平成11年10月27日付)も，臓器移植の透明性確保と臓器提供等のプライバシー保護の両立についてまとめている。医療情報公開の意義は大きいが，リアルタイムでのマスコミ報道と情報公開は同義ではあるまい。医療情報開示の新たなルール作りが必要であるが，その際，公開すべき医療情報の内容を法的手続の重要部分に限定していけば，プライバシー保護と矛盾しないのではないか。適正な情報公開が移植医療への信頼性の確保に通じるであろう。そして，提供者に関するプライバシー保護からすれば，患者の氏名，年齢，職業，家族構成，必要以上の病状は公表すべきではないし，また，提供者の近親者のプライバシー保護にも配慮すべきである。そのためには，適正・迅速な事後審査による報告（情報公開）が妥当であろう。

　さらに，適正なルール・システム作りと実践化のため，厚生省厚生科学研究費特別研究事業「脳死判定手順に関する研究班」が『法的脳死判定マニュアル』(1999・日本医事新報社)を出しているように，一定の適正な手続が早く定着することが望まれる。ルーティーン医療の現場にしわ寄せがいかず，しかも移植医療現場が混乱しないことが肝要であり，その中でネットワークの充実を図る必要もある。その他，臓器移植が定着するにつれ，費用負担をどう

するか，という問題も課題として残されている。議論の継続と理解の深化を期待したい。

〈付記〉 校正直前の2000年3月28日午後9時，東京都千代田区の駿河台日大病院で法的脳死と判定された患者（臓器提供意思あり）から，翌29日，心臓，肺，肝臓，および腎臓が摘出された。心臓は大阪大学病院で8歳の子どもにはじめて移植され，肺は大阪大学病院と東北大学加齢研病院ではじめて移植され，肝臓は分割されて信州大学病院と京都大学病院で移植され，腎臓は千葉大学病院と筑波大学病院でそれぞれ移植された。この5例目は，総じて冷静な対応と適正な手続の下で実施された感がある。報道も冷静であり，4例目までの教訓が活かされていたように思われる。

第6章

人体の利用と刑法
——身体，身体から切り離された「身体の一部」
およひ死体・脳死体の法的位置づけ——

1 序

1 ゲノム解析完了宣言（2003年4月14日）と同時にポスト・ゲノム時代の到来と言われる時代を迎えた今日，人体・ヒト組織・ヒト由来物質の利用の多様化が進み，これが新たな問題を引き起こしている。人体利用と言えば，従来，臓器移植の問題が中心であった。しかし，今日，それを超える諸問題が続々と登場している。その中で最も極端なものは，アメリカの生体部品売買等，人体の商品化傾向であろう[1]。また，イギリスでは，1988年から1995年までの間，ある子ども病院において，死後検査の際には原則として全臓器を採取していたことから，大量に地下室に劣悪な状態で保存されていたという（Alder Hey 事件）[2]。これが公になるや，調査委員会が設置され，勧告が出されている。さらに，ドイツでは，マンハイムの国立技術産業博物館において1997年10月30日から1998年3月1日まで，「人体の世界」展覧会が開催され，200点の人体パーツおよび等身大の人体が展示されて盛況であった一方で，それらの展示品は，医師であり解剖学者でもある造形芸術家が，プラスティネーションと呼ばれる防腐処理を施して，保存・作成したものであったことから，一部で宗教関係者を中心に反論の声もあった，という[3]。

2 他方，医学研究ないし医療との関係においても，難問が出始めている。

日本では，後述のように，死体解剖保存法に関わる2つの自治医大病院事件判決（東京地判平成12・11・24判時1738号80頁，東京地判平成14・8・30判時1797号68頁）が，解剖死体の法的地位と扱いをめぐり，重要な問題を提起している。とりわけ，従来ルールがなかった病理解剖死体の扱いについては，近年，遺伝子検査に伴う遺伝情報の問題とも関係して，医事刑法的観点からも，看過できない問題が生じている。また，細胞検査やヒト組織の利用（医療目的および研究目的）ヒト由来物質の利用（医療目的および研究目的）の問題も，とりわけ倫理的規制から法的規制へと議論が及ぶに連れて，医事法との関わりが深くなっている[4]。その中で，刑事規制の役割も重要視されつつある。しかし，「最後の手段（ultima ratio）」としての刑事規制については，その投入に慎重でなければならない。

3 刑事規制の根拠としては，「人間の尊厳」を根底に据えて考えなければならない[5]。「人間の尊厳」は，生命倫理・医事法の領域において，いまや確固たる基盤を有している，と言える。そして，「人間の尊厳」は，人間存在にとり本質的なものでありながら日常生活に内在する具体性を持った実在的なもの（「自分を人間として扱ってくれ」という叫びの源泉）であり，決して抽象的概念ではないし，特定の宗教的概念だけのものではない，と思われる［本書序章参照］。日常生活では，その内容を言語化しにくいだけである。したがって，その内実を具現化していくことが，生命倫理ないし医事［刑］法学の重要な課題と言える。「人間の尊厳」について付言すれば，その実存形式は多様であっても，存在の本質においては同一である[6]。しかも，消極的定義という方法でしかそれを定義できない性質のものでもある。

以上の基本的視点から，本章では，臓器移植問題，細胞検査，ヒト組織の利用（医療目的および研究目的），ヒト由来物質の利用（医療目的および研究目的）の問題等，人体の様々な利用をめぐる医事刑法上の諸問題の前提とも言うべき基本的問題を扱うことにする[7]。

2 身体および身体から切り離された「身体の一部」の法的地位

1 まず、総論的問題として、現行法が人の「身体」をどのように位置づけているか、を確認しておこう。身体を法的に考察する場合、言うまでもなく、その保護が中心となるが、同時にその処分権も問題となる。ドイツ憲法と異なり、日本では、憲法上「身体」について必ずしも明確な位置づけを与えていない。唄孝一教授は、身体について、「人間は人間としてのひとかたまりの肉体がここにあるというそのことだけで、その存在を権利として主張できる。しかも、それは精神と全く別のものではなく、精神もそこにくっついているいわば実存につながる」もの、すなわち、自由権とも社会権とも異なる「存在権」とでも言うべきものの根幹をなすもの、と位置づけておられる[8]。この考えは、まさに人間の存在基盤として身体を把握するものであり、正鵠を射たものと思われる。

実体法的にみると、ある程度これを明文化しているのは、刑法204条の傷害罪の規定（「人の身体を傷害した者は、10年以下の懲役［現在では15年以下の懲役］又は30万円以下の罰金［現在では50万円以下の罰金］若しくは科料に処する。」）である。しかし、それ以上の内容は、この規定からは読みとれない。また、民法も、身体への不法な攻撃に対して不法行為責任（民法709条）で対応することにより身体の保護を図っているが、それ以上の具現化はみられない。これをさらに掘り下げる必要がある。

2 ここで言う「身体」の内容としては、一般に身体の完全性ないし統合性と生理的機能というものが考えられる。しかし、生命については、人間存在が個であると同時に社会的存在でもあるという特殊性および根源性に鑑み、その処分権が刑法202条の同意殺人罪の規定で制限されている[9]のに対して、身体の処分権については規定もなく、ドイツ刑法228条のように公序

良俗違反による同意傷害の制限規定もなく，これらは解釈に委ねられている。行為態様や目的の「公序良俗違反」を根拠として制限を設けるか（通説・判例（最決昭和55・11・13刑集34巻6号396頁）），あるいはパターナリズムを極力排して「生命の危険性」を基準として制限を設ける[10]か，については争いがある。前者は，基準の情緒性・流動性からして問題がある。しかし，後者も，「生命の危険性」というだけでは基準としては大雑把である。身体の自己所有性，したがって自己処分権を認めるにしても，憲法上の基本的人権の尊重（とりわけ憲法13条の個人の尊重・幸福追求権）の趣旨からして，身体は「存在権」とでも言うべき人格権の重要基幹部分として位置づけられるべきであり，そうだとすれば，むしろ「人格の同一性の著しい変更」という点に限界基準を設定すべきものと考える（例えば，大脳の重要部分の切除等）。

3　かくして，いずれにせよ「医療」ないし「医学研究」という場面でも，患者の身体を医療関係者ないし医学研究者が一方的に扱うことはできず，インフォームド・コンセントおよび自己決定権が重要な役割を演じることになるが，それは，自ずと内在的制限に服する部分もある。その意味では，身体と意思を分離する，いわゆる「デカルト的心身二元論」は妥当でなく，むしろ私が立脚する存在論的観点からすれば，身体と意思は分離しえない統合体として捉えるべきである。そのかぎりでは，「人格（権）の尊重」と「人間の尊厳」とは符合する，と言える。しかし，自己決定権は万能とは言えず，「医療」ないし「医学研究」という枠の中でも内在的制約に服することがある点にも留意しつつ，適法性の限界を究明する必要がある。

問題となるのは，臓器移植等でみられるように，患者の身体の一部が切り離された場合である。刑法上，生体であれば当然ながら殺人罪による保護を受け，その身体も，前述のような保護を受ける。したがって，例えば，部分生体肝移植のような場合の，ドナーから摘出された肝臓の一部は，それ自体の生存力をまだ維持しており，しかもレシピエントに生着する予定のものなるがゆえに，適用条文について曖昧さを残すものの直接的に人格権の一部と

して保護を受けることになる。ここでも,「人格（権）の尊重」と「人間の尊厳」は符合すると思われる。あるいは,脳死体から摘出された心臓等の臓器も,直接的に人格権を持ち出せるかについては,なお検討を要するものの,基本的に同様に考えることができる。そして,臓器売買禁止の根拠も,一応そこに求めることができる。「一応」というのは,臓器よりも小さい身体の（切り離された）一部や細胞等も同様の扱いになるか,という問題があるからである。

　臓器売買禁止の根拠については,その保護法益を制度的側面に着眼して「移植医療の社会的正義」[11]あるいは「公的な仲介制度の維持を含めた,臓器移植に対する信頼確保」[12]に求める見解があるが,臓器移植が制度として確立しているか否とにかかわらず,問題を本質的観点から捉えていない点で不十分である。その意味では,これらの見解が「実際には未だ存在していない"自由・平等・公正・公平等の『実現』",あるいは"一般の信頼と支持の『確保』"」,すなわち「現在的な（因果的に変更可能な）存在としての法益の保護ではなく,将来的な好ましい状態の達成」を目指すものであるという鋭い批判[13]は,正鵠を射ている。これに対して,「臓器売買の禁止は,単に人体の商業化禁止という倫理を守るものではなく,広い意味で『公衆の健康』を保護するものである。」[14]という見解は,この批判を克服する方向性を示しているようにも思えるが,この見解に対しても,「謂わば余りに政策論的なものといわざるを得ない。」[15]との批判が出されている。この批判を認めたとしても,だからといって,「現時点において先ず必要なのは,潜在的な利用可能な人臓器・組織等々のリソースを社会構成員がともかく自発的に提供するよう促進・鼓舞する社会行為規範の形成であり,そのインセンティヴとして金銭的利益を使うことは合理的であるし,自由・平等・公平・公正等々の阻害の虞は非刑罰システムでも十分除去可能である。」[16]とするのも,人体の商品化に途を譲ることになり,妥当とは思われない。個的存在であると同時に類的存在でもある人間存在の本質に遡って考え,自由の意味を再考すると,臓器それ自体の中に間主観性を排除し,人間の生命の根幹を成す臓器を商品化の対象となしえない

本質的要素が含まれている、と考えざるをえない[17]。唄教授の先の見解も、この脈絡で理解すべきである。

しかし、例えば、臓器移植のために生体から摘出された腎臓を第三者が持ち逃げしたり破損した場合、どのような刑事法的効果を伴うのであろうか。この点は、現行法上、必ずしも明確ではない。民法上は、少なくとも不法行為（民法709条）が成立すると思われるが、刑法上は、臓器が財物でない以上、窃盗罪（刑法235条）や器物損壊罪（同261条）が成立する、というわけにはいかない。もちろん、死体損壊罪（同190条）が成立するわけでもない。刑法上、他に適用条文がないのである。この場合は、新たな立法手当が必要である。臓器それ自体が「生きており」、レシピエントに移植予定であるとすれば、物とは異なる、しかも傷害罪の保護対象とも異なる法的地位を有する「人体構成体」として新たな法的地位および保護を賦与すべきもの、と考える［本書序章参照］。

3 死体の法的地位

1 ところが、死体になれば、刑法上は死体損壊罪（190条）で保護されるにとどまり、死体の一部の扱いについては明文の禁止規定がない。刑法190条は、「死体、遺骨、遺髪又は棺に納めてある物を損壊し、遺棄し、又は領得した者は、3年以下の懲役に処する。」と規定するにとどまる。そもそも死亡直後の死体の一部をなお「身体」と呼ぶのか、必ずしも明確でない。解釈論としては、おそらくそれは困難であろう。また、死体から腎臓を勝手に摘出すれば、「損壊」となるであろうが、その腎臓を他者に売却した場合はどうであろうか。

かつて大審院は、他人の墳墓を発掘して（刑法189条）、死体を領得し、その死体の肝臓および脾臓を別の人物に売った事案について、贓物故買罪（刑法256条2項）の成立を認めた原審判断を破棄し、次のように述べた（大判大正4・6・24刑録21輯886頁：ただし、漢字は一部現代表記とした—筆者）。すなわち、「刑法

第一九〇条及第一九一条ニ所謂死体トハ死者ノ祭祀若クハ紀念ノ為メ墳墓ニ埋葬シ又ハ埋葬スヘキ死体ヲ云ヒ之ヲ損壊遺棄又ハ領得スルコトハ公ノ秩序及善良ノ風俗ニ害アルヲ以テ法律ハ礼拝所及墳墓ニ関スル罪ト題スル章下ニ右二条ノ規定ヲ設ケ社会共同ノ利益ヲ保護スル為メ之ヲ禁シタルモノニシテ死体ヲ私権ノ目的タル一般ノ物ト同視シ財産上権利ニ関スル一個人ノ利益ヲ保護スル為メ之ヲ禁シタルモノニアラサレハ右二条ノ規定ニ背キ領得シタル死体ハ他人ノ財産権ヲ侵害スル不法行為ニ因テ得タル贓物ナリト云フヲ得ス」，と。もちろん，当時，現在のような問題状況にはなかったが，死体について財物性を否定したこの判断は，現在の解釈論からしても，正当と思われる[18]。

　しかし，学説の中には，次のような見解もある。すなわち，「死体の全部または一部に対する使用・収益・処分の可能性についてみると，例えば，火葬後の残留骨片は肥料等の原料となり得るし，頭髪は鬘の材料となり得る。さらに，骨格標本（本物の人骨）は現に商品として売買される例があるし，古代人の骨やミイラ等が考古資料として研究や展示の対象とされることも多い。また，死体解剖実習は死体を教材として使用・収益するものに他ならない。死体からの臓器移植も（生体からも同一であろうが）法的には誰かの所有権の客体として他人に譲渡されるものと評価されざるを得ないであろう。このように，死体も適法に客観的価値を担い得る性質を有しているのであるから，その限りにおいて死体の客観的価値を全面的に否定することは不可能であり，これを以って財産的価値があると認め得るならば，死体は常に財産的価値を有することになり，財物と言える死体とそうでない死体との区別はあり得ないことになる。」[19]と。さらに，「死体については，生者のための使用・収益・処分が可能であっても一般的には予定されていないからこそ，棺の内外を問わず同一の取扱を受けることになるのであって，前述のように死体（の全部または一部）を生者のために使用・収益・処分するのは，当該死体について例外的に埋葬が放棄され，または留保された場合のみに限定されるのである。よって，葬祭対象とすることが完全に放棄され，もっぱら生者のための使用・収益・

処分のみが予定されている死体（標本等）は，当然に190条の客体から排除され，客観的価値のみを以って評価されなければならないが，生者のための使用・収益・処分の後に葬祭を行うことが予定されている死体（解剖実習のための献体等）は，狭義の財産犯罪の客体であると同時に葬祭対象でもあると理解すべきである。」[20]と。しかし，このように死体それ自体を財産罪の客体としてしまうことは，人体の商品化の突破口となりうる懸念があり，賛同しがたい。

2　もっとも，最近起きた死体解剖保存法に関わる2つの自治医大病院事件では，民事事件ながら，この点を再考せしめる重要なものが含まれている。

まず，東京地判平成12・11・24（判時1738号80頁）では，Xの母親Aが大学病院に入院して，後に呼吸不全で死亡したが，XおよびB（Xの父）は主治医から死体解剖保存法に基づくAの遺体の解剖および内臓・脳の保存について承諾したが，病院は椎体骨2本を採取したり内臓等の組織を切り出しパラフィンの中に埋め込んだパラフィンブロック，プレパラート等を標本にして保存していたため，「手厚く祭るため」に標本等の返還を求めた事案について，「本件承諾は，保存法に基づく解剖を行うための要件である遺族の承諾（保存法7条）としての性質とともに，原告らが，被告病院の長に対し，解剖後のAの脳及び内臓について，公衆衛生の向上を図り医学の教育又は研究に資するという保存法の目的（保存法1条）に従った保存の権限を与える承諾（保存法17条）としての性質をも有するものと認め」つつ，「右承諾は，死体の全部又は一部の保存との関係では，被告病院の機関である長による保存を保存法や他の公法的規制との関係で正当化するものにすぎず，死体の所有者との関係では，法人格を有する被告と承諾者との間の寄付（贈与），使用貸借等の私法上の契約に基づいてされるものと解すべきである。」との立場から，次のように判示した。すなわち，「遺体の解剖・保存に対する遺族の承諾は，公衆衛生の向上，医学教育・研究という解剖・保存の目的の公共性，重要性に鑑み，これを遺体に対する自らの尊崇の念に優先させて，経済的な対価や見返りなくなされるものであるから，右承諾の基礎には，解剖・保存を実施する側と

遺族との間に，互いの目的と感情を尊重し合うという高度の信頼関係が存在することが不可欠である。［原文改行］しかし，本件においては，……原告らの意思に反して椎体骨が採取されたという事実があり，しかも，右事実は，被告側の責めに帰すべき事情に起因するものであることは明らかである。［原文改行］そうすると，本件においては，本件標本の保存の前提である剖検に際して，遺体の解剖・保存に対する遺族の承諾に不可欠な，原告らと被告の間の高度の信頼関係を失わせる事情が存在したことになる（……）。［原文改行］したがって，本件においては，本件承諾の基礎にある高度の信頼関係が剖検時における被告側の事情により破壊されたものと認められるから，原告は，本件承諾と同時にされた寄付（贈与）又は使用貸借契約を将来に向かって取り消すことができるというべきである。」

つぎに，東京地判平成 14・8・30（判時 1797 号 68 頁）では，被告大学は，a）剖検に際し，原告らの承諾を得ることなく，椎体骨と胸骨を無断で採取した，b）原告に対し，剖検について，保存臓器等の明細書を交付しなかった，c）原告が，肉眼標本および顕微鏡標本のすべての返還を求めたのに直ちに返還しなかった，d）保管中の下垂体のプレパラート 1 枚を破損または紛失して，原告への返還を不能にした，として使用貸借類似の債務不履行または不法行為に基づき，精神的慰藉料等の損害賠償を請求した事案について，次のように判示した。すなわち，判決は，「一般人においては，骨及び骨髄は，内蔵に含まれるとは理解されておらず，また，死体の解剖は，遺体にメスを入れ，この一部を採取して病理組織学的検索を行うという点において，遺族の故人に対する思いや宗教的感情に対し，十分な配慮を行う必要があるという点にかんがみると，剖検の承諾を得る医師においては，遺族に対し，剖検の方法，すなわち，着衣すれば傷が隠れる部分については，脳を除いてすべての内臓を採取すること，内臓には骨及び骨髄も含まれること，着衣しても傷が隠れない部分や脳を採取する場合には身体の個別の部位について承諾を得ていること，採取した内臓等については固定用ホルマリン溶液の入ったプラスチック容器に保存し，その一部又は全部を切り取って水と油を抜き，その

部分にパラフィンを埋め込んでパラフィンブロックを作成し，パラフィンブロックを薄切り，染色して顕微鏡標本のプレパラートを作成することなどをていねいに説明した上で，剖検についての承諾を求めるべきであったということはできる。」としつつも，「病理解剖においては，医師の間では，骨髄は血液を作る重要な臓器として，内臓に含まれると理解されており，被告大学のみならず，一般的に，剖検に際し，骨や骨髄の採取の承諾を特別に求めていなかったこと，Tにおいて，本件剖検が行われた昭和63年当時はもとより，本件係属中の平成14年に至るまで，骨は取らないでほしいと言われたことはないことが認められ，これらの実情に併せて，病理解剖という言葉の意味からして，一般人においても死体から内臓等を採取して病理組織学的観察を行い，死因等について考察を行うということはある程度理解が可能であること，遺族に対し，着衣しても隠れない部分及び脳についてのみ，特別に解剖の承諾を求めるという対応は，我が国における死者の葬式や埋葬の方法を考えた場合，一応の合理性が認められること，さらには，昭和63年当時，死者の病理解剖についての遺族に対するインフォームドコンセント自体，観念されていなかったと考えられることなどの事情を総合考慮すると，被告病院担当医師において，本件剖検に際し，骨及び骨髄を採取するについて，原告らの個別の承諾を求めずに，内臓に対する承諾のみをもって，当然に内臓に含まれるものと理解されていた骨及び骨髄を採取した行為を，違法であるということはできない。」と説く。そして，「本件においては，……被告大学は，医学に関する大学であり，被告病院は，その附属病院なのであるから，死体解剖保存法17条が適用されるものである。〔原文改行〕そして，同法17条には，同法18条のように，遺族から引渡しの要求があった場合に死体を標本として保存することができないとの規定がないから，死体解剖保存法上，遺族から引渡しの要求があったとしても，これを返還する義務はないと解される。〔原文改行〕かかる公法である死体解剖保存法17条の解釈を前提にして，遺族と大学との間の私法上の関係を考えると，遺族において，剖検及び死体の保存について承諾することは，解剖に付され採取された死体の臓器等の所有

権について，遺族は大学に対して譲渡するという贈与契約を締結したものと解するのが相当である。」という独自の論理を展開する。

　かくして，判決は，旧厚生省の病理解剖指針を引合いに出しつつ，「指針によれば，死体を標本として保存する主体にかかわらず，遺族から引渡しの要求があったときには，遅滞なく死体の標本を遺族に引き渡さなければならないところ，病理解剖について所轄する行政庁において，病理解剖の円滑な実施を図るために，行政指導としてこのように定めることは，合理性を有するものであり，これに沿って運用することが望ましいといえる。［原文改行］しかしながら，……死体解剖保存法が，死体を保存する主体によって，保存を許す要件を異にして定めていることにかんがみれば，前記イのとおり解釈するべきものであって，上記指針に反した取扱いをしたことをもって，損害賠償請求権を生じさせるような違法行為であるということはできない。」とし，次のように結論づける。すなわち，「原告からのパラフィンブロックやプレパラートの引渡し要求については，死体解剖保存法17条によれば，医学に関する大学である被告大学としてはこれらを返還する必要がないと解釈されるし，旧厚生省の病理解剖指針に従ったとしても，パラフィンブロックやプレパラートは含まれないとの見解も一概に否定できないのであり，このような場合において，別訴の判決により，原告と被告大学との間の信頼関係が破壊されたために，贈与契約が将来に向かって取り消されたという判断が示されて初めて，被告大学にとって，パラフィンブロックやプレパラートの返還義務が明らかになったといえるのであるから，別訴の判決までパラフィンブロックやプレパラートを返還しなかった被告の対応をもって，原告に対し損害賠償義務を発生させるほどに違法であるということはできない。［原文改行］また，……被告大学と原告との間の契約は，贈与契約と解されるが，当裁判所の判断としては，……原告の骨の損壊及び採取についての明確な拒否にもかかわらず，違法に骨及び骨髄を採取したとは認めることができず，原告と被告大学との間の贈与契約を取り消すことができるほどの信頼関係が破壊された事情は認められないから，パラフィンブロックやプレパラートを返

還しなかったことをもって，債務不履行であり，同不履行に基づき損害賠償請求権が発生すると解することもできない。」

　第1判決は十分に理解可能であるが，第2判決を読むと，あたかも遺体の一部が財産取引と同様な内容を呈しているように感じられる。このようなケースを考えると，民法上は，本来的意味での「所有権」でなくとも，「支配権」という理論構成も考えられるが，なお慎重に検討したい[21]。これに対して，ごく一部の細胞を採取した場合，なお「損壊」となるか，これまた不明確である。しかし，解釈論としては，やはりこの場合も，売買等の商業主義的扱いを禁止するのが一般的である。その根拠は必ずしも明確でないものの，死後といえどもなお人格権の一部が残存するという考えと，死者に対する遺族の敬虔感情の保護という考えがありうる。

　3　私自身は，存在論的観点から，単なる敬虔感情を超えて，死者ないし死体にも生者に準じた固有の（社会的レベルでの）「死者の尊厳」ないし「死体の尊厳」があるのではないか，と考えている。人類は長年，死者ないし死体を物とは異なるものとして扱ってきた。まさにそこには，死者にも生者に準じた固有の（社会的レベルでの）「死者の尊厳」ないし「死体の尊厳」があると思われるのである[22]。しかも，死体には，その人の歴史が刻み込まれているし，何よりも遺伝情報という貴重な代え難いものが同時に存在している。そこから，死者から摘出した臓器の売買の禁止の根拠も導き出せるのではなかろうか。ましてや脳死体の場合，まだ社会的に十分に死体として受け止められていない部分もあり，少なくとも現段階［旧臓器移植法下］では生体に準じた扱いをすべきであろう。臓器移植法8条が「死体から臓器を摘出するに当たっては，礼意を失わない」ことを要求しているのは，この意味で理解すべきである。少なくとも，摘出臓器を財産と同様に扱うことは，法的に禁止すべきものと考える。また，そのように考えると，臓器提供の意思は，やはり本人のみが原則として表示できると解するほかない（コントラクティング・イン方式の堅持）。したがって，家族に臓器提供を全面的に委ねることには問題がある。

ましてや，本人および家族の意思を無視して臓器摘出をすること（コントラクティング・アウト方式）は許されない，と言わねばならない。そして，臓器以外の身体の一部であっても，容易に修復・再生可能なものと修復・再生不可能なものとを分け，少なくとも後者については，同様の論理から，売買を禁止すべきものと思われる。

4　以上，人体の利用をめぐる諸問題と刑事規制の基本的問題に関して，若干の考察を加えてきた。臓器以外の各種ヒト組織・細胞についても，基本的に同様に考えるべきだと思われるが，現状は，徐々にその「商品化」が進む懸念を抱かせる徴候がある。このことを念頭に置きつつ，つぎに，脳死体の法的位置づけを行うこととしたい。

4　脳死論議の経緯

1　まず，これまでの脳死論議の経緯を5期に分けて簡潔に振り返っておこう[23]。なぜなら，上述のように［本書第2章参照］，日本における脳死論議は，諸外国と比較してもある意味で独自の経緯を辿ってきているからである。学説の検討は後に行うこととし，ここでは，臓器移植法成立までの大きな動きを押さえておきたい。

【第1期】　1968年（昭和43年）8月8日に「日本初」として和田寿郎教授によって行われた札幌医大「和田心臓移植事件」では，海水浴で溺れて札幌医大に搬送されきたドナーの青年からの心臓摘出に際し，脳死判定基準はもとより，脳死判定自体が適切であったかとの疑念も出された。しかも，前提としての脳死自体の医学的意義も確立されていなかったし，当然ながら脳死の法的意義も明確でなかった。加えて，和田教授自身が脳死判定と臓器摘出と臓器移植を一手に引き受けて実施したこともあって，レシピエント死亡後に疑問が高まり，ドナーとレシピエント双方の死について殺人罪で告発された。本件は，最終的に不起訴処分になったとはいえ，医療不信を招き，その結果，

臓器移植問題がタブー視され，以後の日本における脳死論議を著しく停滞させた[24]。もっとも，その中にあって，日本脳波学会「脳波と脳死に関する委員会」(植木孝明委員長)が，1974年に「脳の急性一次性粗大病変における『脳死』の判定基準」(以下「脳波学会基準」という。)を示した。それによると，「脳の急性一次性粗大病変の際の脳死の判定基準は，次のとおりである。(1)深昏睡。(2)両側瞳孔散大，対光反射および角膜反射の消失。(3)自発呼吸停止。(4)急激な血圧降下とそれにひき続く低血圧。(5)平坦脳波。(6)以上(1)～(5)の条件が揃った時点より6時間後まで継続的にこれらの条件が満たされている。」「参考条件として non-filling angiogram。脊髄反射消失は必須条件ではない。」この判定基準は，後の判定基準の原型になったが，諸外国の判定基準と比較すると，厳密さにおいて課題が残り，そのままでは医療現場に浸透はしなかった。

2 【第2期】　ところが，1980年代に入ると，外国で経験を積んだ医師も増え，また，患者側の要求も加わり，日本でも脳死体からの臓器移植の必要性が叫ばれ始め，シンポジウムも各方面で開催されるようになった[25]。しかし，前提となる脳死の内実およびその判定基準が上記日本脳波学会基準では不明確であったこともあり，賛否両論がややもすると感情論に左右される議論傾向もあった。加えて，1984年(昭和59年)9月に筑波大学附属病院で脳死患者から摘出された膵臓および腎臓が糖尿病性腎症患者に移植された件で殺人罪の告発がなされる(最終的には不起訴処分になった。)等，医療現場の「独走」も一部で始まった。そこで，1985年(昭和60年)12月6日，(旧)厚生省「脳死に関する研究班」(竹内一夫班長)が報告書をまとめて，新しい判定基準である「脳死の判定指針および判定基準」(以下「竹内基準」という。)を公表した[26]。これは，基本的には上記脳波学会基準を踏襲しつつ，諸外国の判定基準の動向をも考慮して，一次性脳障害(脳挫傷，脳出血，脳腫瘍等)のみならず，二次性脳障害(心停止，窒息)も対象とされる(6歳未満の小児は除外)など，新たな基準を提言したものであった。

竹内基準[27]によると，(1)深昏睡，(2)自発呼吸の消失(人工呼吸器をはずして自

発呼吸の有無をみる検査（無呼吸テスト）は必須である），(3)瞳孔固定（瞳孔固定し，瞳孔径は左右とも4mm以上），(4)脳幹反射の消失（(a)対光反射の消失，(b)角膜反射の消失，(c)毛陽脊髄反射の消失，(d)眼球頭反射の消失，(e)前庭反射の消失，(f)咽頭反射の消失，(g)咳反射の消失：自発呼吸，除脳硬直・除皮質硬直・けいれんがみられれば脳死ではない），(5)平坦脳波，(6)時間経過：(1)～(5)の条件が満たされた後，6時間経過をみて変化がないことを確認する。二次性脳障害，6歳以上の小児では，6時間以上の観察期間をおく。

　この基準公表はインパクトがあり，脳死論議が活発化した。特に，ジャーナリストの立花隆氏が出した疑義は，根本から問題点を問うものであり，影響力を持った[28]。立花氏は，「死というのは，あらゆる意味においてプロセスなのである。」という前提で，「医学の進歩は，脳死の概念を取り入れることなしには人間の死が考えられないという状況をすでに作り出しているのである。」とし，「脳死という概念を死の中に取り入れなければならない必要性，必然性」を基本認識にして[29]，だからこそ，その前提である脳死判定の正確さを期して疑義を提起したのである。この基本認識は，妥当と思われる。人工心臓の開発等を考えると，脳死を一切認めないというわけにはいかないであろう。立花氏の疑義は，「この報告書には，およそ説明らしい説明が欠けている。」とし，「判定の方法はこうすればよいということは詳しく書かれている。しかし，なぜその方法が有効で，その方法によって何がどの程度にわかるのかという説明がまるでない」点に向けられた[30]。特に，判定対象が脳波学会基準よりも広がり，二次性病変まで対象となった点の説明不足が厳しく批判された[31]。誤診防止のためには，正確さを期するのは当然のことと言えよう。

　このような批判に十分な回答が示されることのない段階で，1988年（昭和63年）1月12日，日本医師会生命倫理懇談会「脳死および臓器移植についての最終報告」（以下「日医懇談会報告」という。）が公表された。この最終報告は，基本的に竹内基準を支持し，脳死を個体死と認め，脳死状態からの臓器移植も容認した。しかし，当然ながら，これに対しても立花氏や中山研一博士を

はじめ各方面から根本的な批判や疑問が出された[32]。とりわけ立花氏は，脳死について機能死の問題点を指摘し，器質死を強調する立場から，この日医懇談会報告の論理および方法論（機能主義）を批判し，脳死患者の脳の視床下部からホルモンが産出・放出されているとの医学者魚住徹教授の報告等を考慮し，脳血流停止の確認等による器質の変化の確認を要求したのである[33]。一連の批判を受けて1991年（平成3年）2月15日に出されたのが，（旧）厚生省「『脳死に関する研究班』による脳死判定基準の補遺」（以下「脳死判定基準補遺」という。）である[34]。「脳死判定基準補遺」は，「全体としての脳機能の不可逆的消失の臨床的確認」を重視する立場を変えなかったが，脳死判定方法については補助検査として，脳幹誘発電位，DSA，超音波ドップラー血流測定法などを挙げている。

　その間にあって，1990年（平成2年）2月に政府の諮問機関として設置されていた「臨時脳死及び臓器移植調査会」（以下「脳死臨調」という。）が，中間報告を経て，1992年（平成4年）1月22日付けで「脳死及び臓器移植に関する重要事項について（答申）」（以下「脳死臨調答申」という。）を公表した[35]。その基調は，多数意見が竹内基準に基づき脳死を人の死と認めたうえで，脳死体からの臓器摘出・臓器移植を許容するというものであり，これに対して少数派が脳死を人の死と認めず，一定の条件の下で脳死体からの臓器摘出・臓器移植を許容するというものであった。これを契機として，脳死論議はさらに高まり，賛否両論が戦わされた。この「脳死臨調答申」に対しても，立花氏が「生体には絶対に不可逆のポイントというのがある」が，「そういうポイントを本当に超したのかどうかということが，いまの脳死判定基準では明らかでは」ないという観点から根本的批判を加えたが，それは，具体的には上記「脳死判定基準補遺」も含めて視床下部を無視している点に主として向けられた[36]。しかし一方で，一定の条件下で臓器移植を立法で許容すべきであるとする点では，ある程度の合意ができた，とも言える。これは，【第2期】の象徴的動向であった。ただ，医療現場では，法律ができるのを待ちきれず，大阪大学附属病院や千里救命救急センターで移植のために脳死患者から人工呼吸器が

取り外される等の事件も相次いだ[37]。

3 【第3期】 このような状況下で，国会議員の動きが少しずつ出始め，1992年（平成4年）5月には生命倫理研究議員連盟が「臓器移植に関する基本的事項（検討メモ）」を示し，1993年（平成5年）5月には超党派の国会議員で作る各党協議会が「臓器移植法案（仮称）の骨子（協議会検討素案）」を示した。この段階ですでに「死体」の中に「脳死体」が含められている。これを受けて，1994年（平成6年）1月には各党協議会の「臓器移植法案（仮称）要綱（案）」が呈示され，さらに1994年（平成6年）4月12日に「臓器の移植に関する法律案」（24箇条・附則12箇条）が国会に提出された。しかし，脳死を人の死としてよいか，家族の意思を本人の意思より優先してよいか，等の問題もあり，国会で継続審議とされたものの，審議未了のまま1996年（平成8年）9月に（衆議院の解散もあって）廃案となった[38]。

この間にあって，いくつかの「対案」ともいうべきものが出された点が注目される。まず，1991年（平成3年）11月20日に有志から成る生命倫理研究会・脳死と臓器移植問題研究チームの10箇条にわたる「臓器の摘出に関する法律（試案）」が公表された[39]。これは，脳死を人の死としないで臓器移植を一定の条件下で認める，という案であった。いわゆる違法性阻却論をベースとした立法提案である。つぎに，1995年（平成7年）3月17日には日本弁護士連合会の「『臓器の移植に関する法律案』に対する意見書」が出された[40]。これも，脳死を人の死としないで臓器移植を一定の条件下で認める，という案であった。しかし，総じて議論が一部の専門家の間の議論にとどまったためか，立法化は進展しなかった。

4 【第4期】 さて，一旦廃案になったものの，法案成立まで移植実施を控えていた日本移植学会が法律なしでも独自に移植を実施する準備を開始する等，医療現場での事態が切迫する中，主として臓器摘出に係る承諾要件を限定する修正案が検討され，1996年（平成8年）12月に修正案が国会に提出さ

れた。中山太郎議員が中心となってまとめた，いわゆる「中山案」である。同法案は，24箇条と附則12箇条から成るものであって，大枠（①総論的事項，②臓器の摘出に関する事項，③死体の取扱に関する事項，④臓器売買等の禁止及び臓器あっせんの規制に関する事項，⑤その他の事項）では現行法の原点になったものである。この法案の最大の焦点は，6条1項で「医師は，死亡した者が生存中に臓器を移植術に用に使用されるために提供する意思を書面により表示している場合であって，その旨の告知を受けた遺族が当該臓器の摘出を拒まないとき又は遺族がないときは，移植術に使用されるための臓器を，死体（脳死体を含む。以下同じ。）から摘出することができる。」とした点にあった。全脳死説を前提としたもの（同条2項）とはいえ，国会でも脳死を人の死とすべきか，意見が分かれた。1997年（平成9年）4月24日の衆議院本会議では，対案であるいわゆる「金田案」（脳死を人の死としないで臓器移植を一定の条件下で認める案）も含め，2案について採決が行われ，「金田案」については，投票総数475票中，賛成76票，反対399票，「中山案」については，投票総数468票，賛成320票，反対148票で，「中山案」が可決され，参議院に送られた。参議院でも慎重審議を要するとの姿勢からか，「中山案」のほかに，「金田案」をほぼ踏襲したいわゆる「猪熊案」も提出された。そして，継続審議という様相が色濃くなっていた[41]。

5 【第5期】 ところが，急転直下，1997年（平成9年）6月17日，第3の案とも言うべきいわゆる「関根案」が可決されて衆議院に送付され，同日の衆議院本会議でも賛成323票，反対114票の多数により可決された。唄孝一教授をして，「その変わり身の早さにびっくりした。」[42]と言わしめたほどである。ここに，臓器移植法が成立したのである[43]。臓器移植法は，25箇条，附則12箇条から成る。詳細は後に検討するが，厳しいルールの下に臓器移植の途が開かれた意義を認めつつも，残された課題も多い。特にその6条1項は，脳死体の法的地位を「玉虫色」に規定した。すなわち，「医師は，死亡した者が生存中に臓器を移植術に使用されるために提供する意思を書面により

表示している場合であって，その旨の告知を受けた遺族が当該臓器の摘出を拒まないとき又は遺族がないときは，この法律に基づき，移植術に使用されるための臓器を，死体（脳死した者の身体を含む。以下同じ。）から摘出することができる。」と規定する。また，同条2項では，「前項に規定する『脳死した者の身体』とは，その身体から移植術に使用されるための臓器が摘出されることとなる者であって脳幹を含む全脳の機能が不可逆的に停止するに至ったと判定された者の身体をいう。」と規定する。さらに，同条3項は，「臓器の摘出に係る前項の判定は，当該者が第一項に規定する意思の表示に併せて前項による判定に従う意思を書面により表示している場合であって，その旨の告知を受けたその者の家族が当該判定を拒まないとき又は家族がないときに限り，行うことができる。」と規定する。

本条が規定する「脳死体」の法的意義は，いったいどのようなものであろうか。この「玉虫色」の規定について，後述のように現在でも解釈が分かれる。本法が，臨床的脳死判定とその6時間後の法的脳死判定の二段構えになっていること（本法を受けた「臓器の移植に関する法律施行規則」（以下「臓器移植法施行規則」という。）2条参照）の意味は何かといった点や，医学レベルでも脳死状態の妊婦からの出産事例に伴う疑問等がそれに連動する[44]。そして，同法施行後に現場で若干の混乱もあった。

以上の経緯を踏まえて，刑法的観点から脳死体の法的地位について検討してみよう。

5 刑法的観点から見た脳死体の法的地位

1 では，刑法的観点から見た場合，脳死体の法的地位はどのように考えたらよいのであろうか。脳死をめぐるこれまでの法的論議の学説の整理については，すでに先行の優れた研究があるので[45]，膨大な文献を解読することによる学説の羅列的取扱いは避け，必要な範囲でそれらを参照しつつ，ここでは紙数の関係上，現行刑法解釈論との関係に絞って論じることにする。ま

た，臓器移植固有の問題については，別の章で論じることにする。

　さて，改めて臓器移植法を熟視しよう。同法6条1項は，「医師は，死亡した者が生存中に臓器を移植術に使用されるために提供する意思を書面により表示している場合であって，その旨の告知を受けた遺族が当該臓器の摘出を拒まないとき又は遺族がないときは，この法律に基づき，移植術に使用されるための臓器を，死体（脳死した者の身体を含む。以下同じ。）から摘出することができる。」と規定する。「玉虫色」と言われるこの条項の中の「死体（脳死した者の身体を含む。以下同じ。）」という文言をどう解釈すべきか。すなわち，この文言で脳死を一律に人の死と解するとなると，他の法律，とりわけ民法上の相続の問題とか刑法上の殺人罪にもその効果が及ぶことになる。これに対して，この規定を臓器移植の場面だけに限定したものとし，したがって，臓器移植の場合に限って脳死を人の死と解すれば，法的に人の死が2つ存在することになる。他方，この文言では明確に脳死を人の死とすることができない，という考えもある。これによれば，脳死体からの臓器摘出は，法定要件下での生体からの臓器摘出（違法性阻却による）ということになる。以下，これらを順次検討していこう。

　2　まず，脳死を一律に人の死と解する見解（統一脳死論）について検討してみよう。わが国において臓器移植法成立以前（1977年）の早くから一貫して脳死説を展開された齊藤誠二博士は，「死」の「概念」と「死」の「判定」ないし「認定」とを区別したうえで（後者は「医学のおこなうこと」とされる。），「個体としての人を人として特徴づけるものは，脳の機能であり，人の生命の中枢は脳である。法的な概念としての人の『死』とは，人の生命が絶対にもとに戻らなくなる最終的な点をいうのであるが（リュットガー），現代の医学では，脳の機能の全体が不可逆的に失われた場合には，人の生命は絶対に戻らなくなる（いわゆる《point of no return》），と言われているからである。そうであるとすれば，人の『死』の概念としては，全体として脳の機能が回復することができないように失われたときに人の『死』があると考えるのが妥当である」

し，さらに，「『脳死』を直接に判定することができる場合には，『脳死』を直接に判定する方法（規準）によって直接に判定するし，『脳死』を直接に判定することができない場合には，これまでのいわゆる『三徴候説』によって（脳死の間接的な判定）おこなえばよい。」と説かれる[46]。齊藤博士の見解は，臓器移植法の有無にかかわらず脳死が人の死だという論理であり，後述のように，同法が規定している諸要件は，死の概念に影響しない。したがって，例えば，第三者による，臓器提供意思のある脳死状態の人に対するレスピレーターの打切りも殺人罪から除外されることになるのか，という疑問[47]に対しても，「『脳死』を人の死とするからには，そういう場合には，その第三者は殺人などになることはなく，ただ業務妨害（場合によれば公務執行妨害）になるだけである。」[48]と解答される。なるほど，その論理一貫性は理解できるが，しかし，現行法の枠組みで唯一臓器移植についてのみ「人の死」に関連する内容を規定した同法が苦肉の表現を用いている趣旨からして，それを超える形で法的に一律に脳死を人の死と解するのは，現段階では解釈論として無理があるように思われる。この点に関しては，むしろ，同じく脳死論に立脚される町野朔教授が，「この法律が，このような状態である『脳死』を本当に人の死を認めたものかは，極めて疑わしい。」[49]という基本認識を持っておられる点に注目したい。

　また，何よりも，脳死を統一的に人の死とするに際しては，臓器移植の場合以上に社会的合意が必要である。もちろん，社会的合意論に対しては，その内容の曖昧さに対して批判もあり，臓器移植を引き延ばす論理にすぎない[50]，と言われたこともあった。確かに，社会的合意を唱道された唄孝一教授の言葉の中に，「人びとの意思」とか「国民の総意のようなもの」[51]という表現が見られ，具体性を欠いてたこともあり，そのような誤解を招いたことは事実である。この点について，町野教授が，「世論が脳死を人の死と認めればそれでいい」という意味での「社会を世論と同視する社会的合意論は，その矮小化であった。」[52]と批判されたのも，一面において核心を衝いたものである。もし，世論に下駄を預けることが社会的合意だとすれば，臓器移植法

どころか,刑法でさえ「社会的合意に名を借りた国民の処罰感情」だけで変動する,という不安定なものとなろう。世論が賛同すれば,何を立法化してもよい,というわけにはいかない。それは,悪しき法実証主義であり,大きな問題性を含む。医事法の領域でも,一歩間違うと,「らい予防法」の再来を招来しかねない。しかし,唄教授の真意は,もっと深いところにあったように思われる。それは,立花隆氏が説かれる「脳死や臓器移植のような社会的に重大な意味を持つ全く新しい医療を社会に持ち込もうとする場合には,医者の側の総体と,患者の側の総体,すなわち国民全体との間にインフォームド・コンセントが必要になってくる。」,すなわち「医の側は国民に対して十分納得できるだけの情報を与えた上で,その医療を持ち込むことについての同意を取りつけねばならない。」[53]という論理ではなかろうか。私が主張している「メディカル・デュープロセスの法理」[本書第1章47頁参照]も,これに近いものがある。国民に最も関わりの深い法益たる生命に関わる問題だけに,世論調査の数量的側面（賛成者の割合）のみならず,質的側面（情報公開,十分な質疑応答,少数意見への配慮等）をも十分に考慮し,幅広い議論の中で,各方面から出されている合理的疑念に対してこれを払拭するだけの明快な解答がなされなければならない,と思われる[54]。すなわち,合理的根拠をもった科学的論証とそれを受容する社会ないし国民の側の相互対話との中から確固たる実体をもった法益の確定がなされるべきものと思われるのである。

3 では,現在,社会的合意が形成されただろうか。臓器移植法ができたにもかかわらず,まだこれを肯定的に断定することはできない。この点に関して近時,井田良教授は,臓器移植法下における3つの脳死判定（「一般の脳死」,「臨床的脳死」,「法的脳死」)を分析し,人の死期について,「過渡期的立法として性格を持つ臓器移植法の趣旨に照らすとき,本法は臓器移植の場面のみを念頭に置いたものであり,臓器移植以外の場面についての含意はいっさい持たない（あくまでも中立的である）と考えるべきだ」[55]とし,また,脳死を人工呼吸器による治療義務の限界として位置づけられる[56]。これは,現行法上,

脳死を人の死と認めた場合の解釈としては，基本的に妥当な解釈と思われる[57]。慎重論の代表の1人である中山研一博士も，「一元的な三徴候説を貫くことも可能であろう。」としつつも，次のように言われる。「しかし，それでも脳死移植の正当化の困難を回避することができないというのであれば，最後に残るのは，臓器移植の場合に限定した上で，本人の自己決定による脳死の『受容』を『人の死』と認める要件として構成する方法であるが，しかしこれは，『人の死の相対化』という論理的な矛盾に当面しなければならない。結果的に，日本の臓器移植法は，諸外国の立法と違って，この最後の方向に落ち着いたのであるが，その論理的な矛盾にもかかわらず，当面の事態を解決するための現実的な解決方法としては，やむを得ない選択であったといい得るであろう。」[58]と。この苦悩に満ちた文面からは，中山博士の現在の立場が看取されるが，一方で脳死が人の死であることに躊躇を示されつつも，他方で「やむを得ない選択であったといい得る」とされる趣旨は，臓器移植に関しては解釈論として一定の要件の下で脳死を人の死と認めることを容認しても「やむを得ない」という趣旨であろうか。筆者には判断し難い。

4 いずれにせよ，現行法は，「過渡期的立法」であることは間違いないように思われる。もちろん，脳死を人の死とするか否かを本人の選択にまかせるいわゆる「脳死選択説」によれば，現行臓器移植法は擁護されるべき立法形式ということになる[59]。代表的論者として，石原明教授は，次のように説かれる。すなわち，「問題は心臓を動かしておいてそれを摘出するにあたり，従ってこれを率直に臓器移植と結び付けて，脳死者の生命権と病者の生存権との調和を図る死の認定方法を考察すべきではないかと考える。もし脳死による死の認定の方がこれまでの三徴候によるものよりも優れていて確実だとするならばともかく，事実はその逆で，脳死は一般の人には分かりにくい見えない死なのであるから，その基準を関係のない一般の人々にまで押し及ぼすことは，控えるべきだと思うのである。そこで私は，一般の大多数の死の場合は三徴候によってそれを認定するが，レスピレーターにつながれた脳死

患者が意識のある間に，脳死になれば回復の見込みのない僅かな生に執着せず，むしろ脳死を死と了解して，人間愛の精神から自己の臓器を提供するという意思を何らかの形で表明していたならば，移植のための自らの臓器提供という極めて限定された状況に限って，自己決定による自らの死に方の選択に基づき，脳死をもって人の死を認定しても，それは法規範や社会文化規範からも承認されるものと考える。他方，残された僅かな生と言っても，それは量的に少ないだけに，質的にはなお生命の尊厳性を保持するので（生命の尊厳性は，健康者にも脳死者にも平等で絶対的であるべき），脳死を死とすることによってそれを切り捨てることはできず，その放棄には本人の自己決定を必要とするのである。そしてこのような手順を経たならば，この場合の医師の臓器摘出行為は死者からのそれとなって，当該事例における同意殺人の当罰性や構成要件該当性を問題にする必要はなくなる。」[60]と。

確かに，この論理は，膠着状態にある難問を打開する策として妥協を迫る論理という点で一理あるし，何より，現行臓器移植法が採用したことにより，実践的論理であることは否定できない。しかし，生命の質と量の巧みな区別の問題性を扨措くとしても，脳死選択説から派生する「死の相対化」に対しては，厳しい批判が向けられている。とりわけ町野教授による批判は厳しい。すなわち，「死が個人の選択とすべきものだとすることは，死を，食後にコーヒーにするか，紅茶にするかのように軽いものと考えているということである。人の死とは，彼がこの世に別れを告げ，人々もそれを見送るという厳粛な事実である。死の概念を本人の選択に任せることは，死概念の不統一を招くということだけに止まらない。それくらいだったら，何とか取り繕って辻褄をあわせることもできるであろう。しかし，死の意味を理解しない倫理的な軽薄さは取り繕うことはできない。」[61]と。また，早くより，「行為の性質によって客体が変わるというのは奇妙であ」る[62]とも指摘しておられた。唄教授は，臓器移植法が誕生した直後に，「自己決定論の出番を誤ったもの」[63]という名文句を残された。これらの批判は，いずれも正鵠を射ている。同じ批判は，拒否権方式（脳死を人の死としつつ，これを拒否する人には三徴候説に基づく死

を人の死とすることを認める方式）にも妥当する。

　5　刑法理論の側面から考えてみると，このような死の相対化は，例えば，人工呼吸器に接続された同一の脳死状態にある2名の患者が眼前にいて，外部から来た行為者が2名とも刃物で心臓を突き刺してとどめをさした場合，臓器提供意思がある者については死体損壊罪となり，臓器提供意思がない者については殺人罪になる，という奇妙な結論になりうる。相続問題にも齟齬を来す。
　そもそも，現行法状態は，このようなもの「死の相対化」，したがって「法益の相対化」を認めている，と解すべきであろうか。もしそうだとすれば，古く電気窃盗事案を立法解決した現行刑法245条の「この章の罪については，電気は，財物とみなす。」という論理を採用したことになる。しかし，財物のような法益であればともかく，生命というきわめて人権にかかわる重要な法益に関わる事柄について「みなし規定」で済ませることはできないのではないだろうか。「死体（脳死した者の身体を含む。以下同じ。）」という表現を敢えて本法が用いたことは，脳死体が死体そのものではないということを確認したものと思われる。6条3項が，「遺族」という文言を使わずに，「家族」という文言を敢えて使っているのも，その証左である。繰り返すが，町野教授も指摘されるように，「この法律が，このような状態である『脳死』を本当に人の死と認めたかものかは，極めて疑わしい。」[64]そうであれば，「疑わしきは生命の利益に」の原則に従って，現行法上，脳死体は生体であると解釈せざるをえない。脳死が法的に人の死であるとするには，明文によるほかないのである。しかし，その前提として，私は，本来の質的意味での社会的合意の形成が必要だと考える。合理的疑念の払拭は，まだ十分にはなされていない，と思われる。
　合理的疑念とは，第1に，前述のように，立花氏が提起した「脳の器質死」をめぐる問題であり，第2は，脳死体からの出産事例が示す脳死母体の取扱いであり，第3は，小児移植をめぐる問題である。特に，第3の点は重要な

課題であり，脳死選択説では理論的に説明がつかない。小児も人間である以上，同じ脳死問題から逃れることはできない。ところが，現行法［旧法］上は，15歳以上の者が臓器提供者とされているにすぎないので，15歳未満の子どもの臓器提供は除外されていることになる[65]。親の代諾で済ますことができるかは，疑問である。これは，脳死論議に決着が着かない以上，解決ができない問題のように思われる。これらの諸課題が合理的説明をもって解消されないかぎり，脳死を人の死とする社会的合意があるとは認められないように思われる。その意味で，現在は，なお「過渡期」である，と言える。もちろん，逆に，これらの諸課題が克服されれば，脳死を人の死と認めることは可能である。未来永劫に脳死を人の死と認めないというのも，感情論としては理解できるが，人工心臓等の開発を考慮すると，論理的には困難なように思われる。そうであればこそ，30例程度の脳死移植例が蓄積された今こそ，情報公開が許される範囲で情報を共有し，さらに議論を尽くすべきである。

6 結　語

　以上，身体，身体から切り離された「身体の一部」および死体・脳死体の法的地位について論じてきた。しかし，筆者のような見解を採ると，現行法解釈上，理論的に脳死体からの臓器摘出行為は，いわゆる違法性阻却説またはそれに近い見解に依拠せざるをえなくなる。これに対しては，かねてより批判もある。この問題については，別の章で改めて，臓器移植と刑法上の問題点について検討することにしたい。

　1) L. アンドルーズ＝D. ネルキン（野田亮＝野田洋子訳）『人体市場──商品化される臓器・細胞・DNA──』(2002・岩波書店) 33頁以下，213頁以下参照。なお，粟屋剛『人体部品ビジネス──「臓器」商品化時代の現実──』(1999・講談社) は，日本の研究者によるこの種の問題の先駆的研究である。
　2) 宇都木伸「死体検査の際に採取されたヒト由来物質──イギリスの最近の動向に関する覚え書き──」東海法学27号 (2002) 1頁以下，同「死体から

の臓器・組織の研究利用――イギリスの例から――」ジュリスト 1247 号（2003）62 頁以下参照。
3) Vgl. Brigitte Tag, Zum Umgang mit der Leich. Rechtliche Aspekte der dauernden Konservierung menschlicher Körper und Körperteile durch die Plastination. Med R 1998, S. 387. なお，アンドルーズ＝ネルキン・前出注(1) 167 頁以下参照。
4) 「〈特集〉ヒト組織・細胞の取扱いと法」ジュリスト 1193 号（2001）掲載の座談会および諸論稿，さらには「〈特集〉医学研究の進歩と法」ジュリスト 1247 号（2003）掲載の座談会および諸論稿参照。
5) 詳細については，甲斐克則「『人間の尊厳』と生命倫理・医事法――具現化の試み――」三島淑臣教授古稀祝賀論集『自由と正義の法理念』（2003・成文堂）489 頁以下［甲斐克則『被験者保護と刑法〔医事刑法研究第 3 巻〕』（2005・成文堂）11 頁以下所収］参照。
6) Vgl. Arthur Kaufmann, Das Schuldprinzip. Eine strafrechtlich-rechtphilosophische Untersuchung. 2. Aufl. 1976, S. 90ff. アルトゥール・カウフマン（甲斐克則訳）『責任原理――刑法的・法哲学的研究――』（2000・九州大学出版会）127 頁以下参照。
7) なお，本章で論じる問題の詳細については，甲斐克則「人体およびヒト組織等の利用をめぐる生命倫理と刑事規制」唄孝一先生賀寿記念論文集『人の法と医の倫理』（2004・信山社）481 頁以下［本書第 1 章］において論じているので参照されたい。
8) 唄孝一「インフォームド・コンセントと医事法学」第 1 回日本医学会特別シンポジウム記録集（1994）21-22 頁［唄孝一『志したこと、求めたもの』（2013・日本評論社）47 頁以下所収］。
9) この点については，甲斐克則『安楽死と刑法［医事刑法研究第 1 巻］』（2003・成文堂）21 頁以下参照。
10) 平野龍一『刑法 総論Ⅱ』（1975・有斐閣）353 頁以下。なお，中山研一『口述 刑法総論［第 3 版］』（1994・成文堂）174 頁も同旨であったが，同『新版』（2003）163 頁では，202 条のような特別規定がない限り不可罰とする見解に変わっている。
11) 石原明『医療と法と生命倫理』（1997・日本評論社）214 頁。
12) 佐久間修『最先端法領域の刑事規制――医療・経済・IT 社会と刑法――』（2003・現代法律出版）135 頁。同旨，中山研一＝福間誠之編『臓器移植ハンドブック』（1998・日本評論社）83 頁〔川口浩一執筆〕。
13) 伊東研祐「生命倫理関連刑罰法規の正統性と社会的効果――臓器売買罪・同幹旋罪，ヒト・クローニング罪等の法益を手掛に――」齊藤誠二先生古稀記念『刑事法学の現実と展開』（2003・信山社）21 頁。
14) 前田達明＝稲垣喬＝手嶋豊編集代表『医事法』（2000・有斐閣）189 頁〔松宮孝明執筆〕。

15) 伊東・前出注(13) 512 頁。「この見解に基づけば，臓器売買罪・同斡旋罪は極度に前置せしめられた抽象的危険犯と捉えられることになる。」とも言う。
16) 伊東・前出注(13) 524 頁。
17) この点については，宗岡嗣郎「自由の法理——共生の現実の中で——」三島古稀『自由と正義の法理念』(前出注(5)) 43 頁以下，特に 49 頁以下参照。
18) この点について，町野朔『犯罪各論の現在』(1996・有斐閣) 115 頁参照。
19) 原田保「死体等に対する財産犯罪の成否」福田平=大塚仁博士古稀祝賀『刑事法学の総合的検討(下)』(1993・有斐閣) 520-521 頁。なお，佐伯仁志=道垣内弘人『刑法と民法の対話』(2001・有斐閣) 345 頁以下参照。また，アメリカの議論および傾向については，森本直子「死体臓器の摘出とデュー・プロセス——反対意思表示方式による角膜等の摘出に関する合衆国の判例を中心に——」比較法学(早稲田大学) 37 巻 1 号 (2003) 1 頁以下参照。
20) 原田・前出注(19) 523 頁。
21) この問題については，粟屋剛「死体解剖保存法と遺族ないし本人の承諾——医事法・生命倫理の観点から——」岡山医学会雑誌 113 巻 (2001) 141 頁以下，同『「現代的人体所有権」研究序説』(2001・徳山大学総合経済研究所)，同「人体資源化・商品化と現代的人体所有権」アソシエ 2002 No. 9, 101 頁以下，森茂郎=武市尚子=児玉安司「病理解剖・司法解剖後の検体・遺体の取扱い」ジュリスト 1244 号 (2003) 214 頁以下参照。アメリカについては，佐藤雄一郎「死体に対する遺族の権利について——承諾なき臓器摘出をめぐって——」東海法学 24 号 (2000) 41 頁以下参照。また，イギリスの [旧] 人体組織法 (The Human Tissue Act 1961) でも，死体を財産と同様には扱っていない。See P.D.G. Skegg, Law, Ethics, and Medicine, 1988, pp. 231-255. なお，外国の最近の議論については，Tag, a.a.O. (Anm. 3) のほか, Bethany Spielman (ed.), Organ and Tissue Donation. Ethical, Legal, and Policy Issues, 1996 および Henk A.M.J. Ten Have/Jos V.M. Welie (ed.), Ownership of the Humanbody. Philosophical Considerations on the Use of the Human Body and its Parts in Healthcare, 1998 が有益であるが，本章では十分取り上げることができなかった。
22) 甲斐克則「医事法的観点からみた患者の身体」医学哲学・医学倫理 18 号 (2000) 167 頁以下参照。
23) この区分は，すでに甲斐克則「脳死移植立法の意義と問題点」法律時報 69 巻 8 号 (1997) 2 頁以下 [本書第 3 章] において立法直前までを 4 期に分けて試みたものであるが，ここでは立法後現在までを 5 期目として追加している。なお，脳死・臓器移植問題および立法化の経緯の詳細については，とりわけ唄孝一『臓器移植と脳死の法的研究——イギリスの 25 年——』(1988・岩波書店)，同『脳死を学ぶ』(1989・日本評論社)，中山研一『脳死・臓器移植と法』(1989・成文堂)，同編著『資料にみる脳死・臓器移植問題』(1992・日本評論社)，同『脳死論議のまとめ——慎重論の立場から——』(1992・成文堂)，

同『脳死移植立法のあり方』(1995・成文堂), 同『臓器移植と脳死』(2001・成文堂新書), 中山研一＝福間誠之編『臓器移植法ハンドブック』(1998・日本評論社), 町野朔＝秋葉悦子編『脳死と臓器移植 [第2版]』(1996・信山社), 同『追補』(1998・信山社), 丸山英二「脳死と臓器移植——臓器移植法の成立——」神戸法学雑誌47巻2号(1997) 229頁以下, 齊藤誠二『脳死・臓器移植の論議の展開——医事刑法からのアプローチ——』(2000・多賀出版), 中谷瑾子『続・21世紀につなぐ生命と法と倫理——生命の終期に至る諸問題——』(2001・有斐閣) 55頁以下等参照。また, 立花隆『脳死』(1986・中央公論社。後に1988・中公文庫), 同『脳死再論』(1988・中央公論社。後に1991・中公文庫), 同『脳死臨調批判』(1992・中央公論社。後に1994・中公文庫) も必読文献である (本章では中公文庫による)。本章で使用する資料も, 原資料のほか, これらの文献に掲載されたものを参照する。本来ならばこれ以外の多くの文献も挙げるべきであるが, 紙数の関係上, 限定させていただいた。

24) 検察庁の不起訴処分の関係資料にいては, 町野＝秋葉・前出注(23) 20頁以下, 理論的検討の詳細については, 立花・前出注(23)『脳死』55頁以下参照。ちなみに, 和田心臓移植事件は, 当時中学2年生であった筆者自身にも衝撃的なニュースとして記憶に残っている。

25) 筆者自身, 当時, 1982年 (昭和57年) 11月14日第12回日本医事法学会 (東洋大学) における「脳死の基準と死の宣告」というシンポジウムに参加したのをはじめ, 神戸生命倫理研究会主催の数回のシンポジウムや広島弁護士会主催の2回のシンポジウムに参加し, さらには1993年 (平成5年) 4月22日に福岡市で開催された第77次日本法医学会のシンポジウム「臓器移植と検死」にパネリストとして参加するなどし, 当時の議論を体感した [本書第2章参照]。

26) 当時, 即座にこの判定基準を入手したが, 正直言って, すべてを正確に理解できなかった。その理解を補うものとして, 竹内一夫『脳死とは何か——基本的な理解を深めるために——』(1987・講談社) は参考になった。

27) ここでは, 中山・前出注(23)『資料にみる脳死・臓器移植問題』48-49頁の抄訳の表現を参照した。

28) 立花・前出注(23)『脳死』192頁以下。

29) 立花・前出注(23)『脳死』120頁。

30) 立花・前出注(23)『脳死』195-196頁。

31) 立花・前出注(23)『脳死』196頁以下。

32) 立花・前出注(23)『脳死再論』, 中山・前出注(23)『脳死・臓器移植と法』105頁以下。

33) 立花・前出注(23)『脳死再論』88頁以下。また, 立花氏は,「結局脳死の問題は国民的規模の問題だ」として, 次のように述べている。「インフォームド・コンセントは, 普通, 医者個人と患者個人の間の関係についていわれている

ことだが,脳死や臓器移植のような社会的に重大な意味を持つ全く新しい医療を社会に持ち込もうとする場合には,医者の側の総体と,患者の側の総体,すなわち国民全体との間にインフォームド・コンセントが必要になってくると私は考える。[原文改行]すなわち医の側は国民に対して十分納得できるだけの情報を与えた上で,その医療を持ち込むことについての同意を取りつけねばならない。しかしこの脳死問題においては,医の側が与える情報も不足なら,同意取りつけのための手続きも不備という状況である。患者の側が,脳死についてあれこれ疑問をただしているのに,医者の側はそれに真正面から答えず,口先だけのごまかしに終始しているというのが現状である。これでは,患者の側は同意を与えるわけにはいかない。コンセントの前提であるインフォメーションが欠けているからである。ここでコンセントを与えたら,コンセント・ウィズアウト・インフォメーションになってしまう。これは,同意書にメクラ判を押せと医者が患者に要求するに等しいことである。」(同書294-295頁)。この考えは,唄孝一教授がかねてから唱えておられた「社会的合意論」と同じ方向にあるものと思われ,また,後に私が強調することになった「メディカル・デュープロセスの法理」(甲斐克則「医事刑法への旅 第1講 医事刑法総論」現代刑事法4巻6号(2002)104頁[同『医事刑法への旅Ⅰ[新版]』(2006・イウス出版)8頁]参照)と相通じるものがあり,この論理には賛同したい[甲斐・前出注(5)『被験者保護と刑法』30頁参照]。

なお,当時,脳死患者からの視床下部ホルモン産出・放出の研究をされ,脳死に脳神経外科の医学的観点から疑問を抱いておられた広島大学医学部の魚住徹教授(後に県立広島病院長を務められた。)に貴重なご意見を賜った。その後,私自身,県立広島病院の倫理委員を長年務めた関係で,魚住先生からはいろいろとご教示をいただいた。この場をお借りして謝意を表したい。当時,勉強した割には自分自身で明確な回答を出せなかったのは,魚住先生の疑問と上述の立花氏の疑問とが頭から離れなかったからである。

34) これは,日本医師会雑誌105巻4号(1991)525頁以下に掲載された。
35) この答申は,即座にジュリスト1001号(1992)34頁以下に掲載されると同時に座談会も掲載され(加藤一郎=平野龍一=中山研一=石川元也=福間誠之「[座談会]脳死臨調最終答申をめぐって」同誌9頁以下),法律関係者の注目も集めた。
36) 詳細については,立花・前出注(23)『脳死臨調批判』34頁,46頁以下,173頁以下ほか随所参照。
37) 中山編著・前出注(23)『資料にみる脳死・臓器移植問題』44-45頁参照。
38) 詳細については,中山・前出注(23)『脳死移植立法のあり方』の随所参照。
39) この試案は,前出注(13)ジュリスト1001号52頁以下に掲載された〔中谷瑾子執筆〕。その後,中山編著・前出注(23)『資料にみる脳死・臓器移値問題』101頁以下および中山・前出注(23)『脳死移植立法のあり方』253頁以下にも収録されている。

40) この意見書は，中山・前出注(23)『脳死移植立法のあり方』261頁以下にも収録されている。
41) 甲斐・前出注(23)は，この段階で書かれたものであり，「現時点では，いずれの法案が成立するか予断を許さない。」（同5頁［本書第3章69頁］）と考えられた。
42) 唄孝一「脳死論議は決着したか——臓器移植法の成立——」法律時報69巻10号（1997）34頁。
43) 詳細については，中山・前出注(23)『臓器移植と脳死』143頁以下，中山＝福間・前出注(23)『臓器移植法ハンドブック』9頁以下参照。なお，甲斐克則「臓器移植法」年報医事法学13（1998）160頁以下［本書第4章］参照。
44) 医学レベルでの最近の疑義に答えようとするものとして，厚生省厚生科学研究費特別研究事業「脳死判定上の疑義解釈に関する研究班」平成11年度報告書「脳死判定の疑義解釈」日医雑誌124巻12号（2000）1811頁以下，竹内一夫「脳死出産」産婦人科の世界54巻6号（2002）551頁以下等参照。また，ドイツで脳死状態の妊婦の生命維持をめぐる是非論議で問題を醸成した1992年のエアランゲン・ベビー事件をはじめとする脳死状態での出産をめぐる問題の詳細については，齊藤・前出注(23)87頁以下参照。
45) とりわけ唄・前出注(23)『脳死を学ぶ』の随所，中山・前出注(23)『脳死・臓器移植と法』の随所，齊藤・前出注(23)25頁以下参照。詳細な学説の分類と検討がなされている。全体的な詳細な検討は別途行うことにしたい。
46) 齊藤・前出注(23)70-72頁。早くより脳死説を説いた見解として，平野龍一『刑法概説』（1977・東京大学出版会）156頁，同「刑法における出生と死亡」同著『犯罪論の諸問題(下)』（1982・有斐閣）268頁以下があり，最近，脳死一元論を強調する見解として，長井圓「臓器移植法をめぐる生命の法的保護——脳死一元論の立場から——」刑法雑誌38巻2号（1999）179頁以下がある。なお，加藤久雄『医事刑法入門［改訂版］』（2000・東京法令）260頁以下および265頁以下も脳死説を強調される。
47) この疑問は，1998年5月23日に大阪市立大学において行われた日本刑法学会第76回大会の共同研究「臓器移植法と刑法」において私が出した質問内容である（刑法雑誌38巻2号（1999）113頁）。
48) 齊藤誠二「臓器移植と刑法」現代刑事法2巻7号（2000）22頁。これは，齊藤博士への直接的質問というものではなかったが，私の上記疑問に答えるという形を採っている。真摯な解答をしていただいたことと同時に，その論理一貫性が理解できたことに謝意を表したい。
49) 町野朔「臓器移植——生と死——」『田宮裕博士追悼論集 上巻』（2001・有斐閣）361頁。
50) 加藤一郎「脳死問題・社会的合意は蜃気楼だ」文藝春秋1988年4月号108頁以下。
51) 唄・前出注(23)『脳死を学ぶ』62頁。

52) 町野・前出注(49) 371 頁。
53) 立花・前出注(23)参照。
54) 甲斐・前出注(23) 4 頁［本書第 3 章］。なお，社会的合意についての独自の分析をするものとして，小田直樹「臓器移植法と脳死論 (三)」広島法学 24 巻 2 号（2000）67 頁以下参照。
55) 井田良「臓器移植法のインプリケーション」中谷瑾子先生傘寿祝賀『21 世紀における刑事規制のゆくえ』(2003・現代法律出版) 260 頁以下，特に 266 頁。
56) 井田・前出注(55) 269 頁。なお，同「臓器移植と死の概念」法学研究 70 巻 12 号（1997）199 頁以下，同「脳死説の再検討」『西原春夫先生古稀祝賀論文集第三巻』(1998・成文堂) 43 頁以下，同「生命維持治療の限界と刑法」法曹時報 51 巻 2 号（1999）1 頁以下参照。
57) 尊厳死問題における人工延命治療の打切りと脳死との関係については，甲斐克則『尊厳死と刑法〔医事刑法研究 第 2 巻〕』(2004・成文堂) 113 頁以下および 289 頁参照。
58) 中山・前出注(23)『臓器移植と脳死』198-199 頁。なお，同「二つの『生』と二つの『死』──脳死の位置づけをめぐって──」ホセ・ヨンパルト教授古稀祝賀『人間の尊厳と現代法理論』(2000・成文堂) 377 頁以下参照。
59) 石原・前出注(11) 225 頁以下，同「死の概念──新臓器移植法擁護論──」刑法雑誌 38 巻 2 号（1999）195 頁以下，同「死の認定と患者の意思」刑法雑誌 32 巻 3 号（1993）83 頁以下。
60) 石原・前出注(59)刑法雑誌 32 巻 3 号 87 頁。
61) 町野・前出註(49) 370 頁。
62) 町野・前出注(18) 52 頁。
63) 唄・前出注(42) 37 頁。
64) 町野・前出注(49) 370 頁。
65) 「『臓器の移植に関する法律』の運用に関する指針（ガイドライン）」(平成 9 年 10 月 8 日健医発厚生省保険医療局長通知別紙) の第一。

第 7 章

生体腎移植

1 はじめに

　生体から腎臓の1個を摘出してそれを他の生体へ移植する「生体腎移植」は，どこまで許されるか。脳死移植や生体部分肝移植と比較して従来あまり表に出なかった生体腎移植の問題が，愛媛県宇和島市内で起きた腎臓・臓器売買事件（2005年9月実行，2006年10月逮捕）およびM医師による病気腎移植事件が表面化（2006年11月）するに及び，クローズアップされている。いったい真の問題は，どこにあるのであろうか。

2 法的状況

　1979年（昭和54年）に成立し，1980年（昭和55年）に施行された旧・角膜及び腎臓の移植に関する法律（角膜腎臓移植法）は，死体からの眼球または腎臓の摘出を，原則として遺族の書面による承諾がある場合に限定し，ドナーが生存中に書面による承諾をしている場合であって，医師がその旨を遺族に告知し，遺族が摘出を拒まない場合，および遺族がいない場合を例外としていた（同法3条3項）。また，変死体または変死の疑いのある死体からの摘出を禁止していた（同法4条）。要するに，同法は，摘出対象体を同法4条が禁止する対象以外の死体としていたのである。したがって，腎臓が各人に2個あるがゆえに実態としてはむしろ生体からの1つの腎臓摘出が「被害者の承諾」を論拠としてより多く行われていたにもかかわらず，これに関する規定は盛り込

まれていなかった。

　加えて，臓器移植法が1997年に成立し，施行されて以来，あるいはそれ以前からかもしれないが，臓器移植問題の中心は，脳死体からの臓器摘出をめぐる問題に置かれてきた。もちろん，それ自体は間違いではない。「脳死は人の死か」という問題は，以前ほどではないにせよ，なお課題として残り続けているし，小児に対する臓器移植の問題も，重要課題であり続けている（日本医事法学会シンポジウム「臓器移植」年報医事法学20〔2005〕参照）。他方，日本臓器移植ネットワークに登録して腎臓移植を望む患者は約1万2,000人いるが，国内で1年間に実施される生体腎移植は約800例，心停止後の移植は約200例，脳死移植は4～16例にすぎず，人工透析（患者数約26万人）を受けて待機する期間も長期化し，その間に死亡した患者は，約2,000人に達する，と言われている（読売新聞2007年2月2日付朝刊等参照）。このような状況下にもかかわらず，生体からの腎臓摘出および腎移植の問題は，正面から十分に議論されてこなかったように思われる。何よりも，公的な明文のルールが存在しなかったのである。

　ところが，宇和島市内の病院のM医師による病気腎移植の問題は，脳死体からの臓器提供数の不足を補うべく実施されている生体腎移植の問題性を浮き彫りにした。問題点は，3つある。第1は，臓器売買の問題であり，第2は，疾患者の腎臓を摘出してレシピエントに移植することが許されるか，という病気腎移植の問題であり，第3は，近親者からの臓器提供に関わる提供意思の問題である。以下，これらを順次論じてみよう。

3 臓器売買の問題

　まず，臓器売買の問題について。臓器移植法11条による臓器売買禁止の具体的内容は，①移植術に使用されるための臓器（以下「移植用臓器」という。）を提供する（した）ことの対価として財産上の利益の供与を受け，またはその要求もしくは約束をすること（同条1項），②移植用臓器を提供すること・受け

たことの対価として財産上の利益を供与し，またはその申込み・約束をすること（同条2項），③移植用臓器を提供すること・その提供を受けることのあっせんをする（した）ことの対価として財産上の利益の供与を受け，またはその要求・約束をすること（同条3項），④移植用臓器を提供すること・その提供を受けることのあっせんを受ける（受けた）ことの対価として財産上の利益を供与し，またはその申込み・約束をすること（同条4項），⑤臓器が①～④のいずれかに違反する行為に係るものであることを知って，当該臓器を摘出し，または移植術に使用すること（同条5項），である。これらの禁止規定に違反すると，5年以下の懲役もしくは500万円以下の罰金，またはその併科に処される（20条1項）。しかも，この罪は，国民の国外犯（刑法3条）の適用を受けるので（同条2項），海外でこの種の行為を行っても処罰される。なお，①～④の対価には，交通，通信，移植用臓器の摘出，保存もしくは移送または移植術等に要する費用であって，移植用臓器を提供すること・その提供を受けることまたはそれらのあっせんをすることに関して通常必要であると認められるものは，含まれない（同条6項）。

　上記宇和島市の事件で，M医師は売買には関与しておらず，レシピエント側の会社役員が内縁関係にある者に仲介を依頼してドナー側に見返りとして現金30万円と普通乗用車（150万円相当）を渡したことで，レシピエント側2名が2006年10月1日，施行後はじめて上記臓器移植法違反の罪で逮捕・起訴され，同年12月26日，松山地裁宇和島支部で共に懲役1年執行猶予3年の有罪判決が下された（確定。ドナーは略式で罰金100万円，追徴金30万円，乗用車没収。）。レシピエントからすれば，自己の願望を充足するために有償であっても腎臓を手に入れるべく，このような事態に及んだようである。

　この点に関して，国内に止まらず，早くから臓器（特に腎臓）を求めてフィリピンやインド等に出かけていた日本人と，その臓器を闇で売買するブローカーがいたことが報告されている（粟屋剛『人体部品ビジネス』〔1999・講談社〕60頁以下参照）。2007年2月，フィリピンでは，外国人患者に①ドナーへの生活支援費（1万2,000ドル〔約144万円〕），②別のフィリピン人患者1人分の移植

手術代（約 96 万～120 万円）を支払わせる（外国人患者は手術・入院代を併せて総額約 600 万円を支払うことになる）新たな臓器提供制度を政府が公認する方針を固め〔その後，撤回された。〕，国際的に法的・倫理的議論を醸成している。筆者もすでにコメントを出したように，特に ① の生活支援費については，この臓器提供制度を日本人が利用すれば，わが国の臓器移植法 11 条および 20 条 1 項の臓器売買罪に当たるように思われる（読売新聞 2007 年 2 月 2 日付朝刊参照）。今回の新たな制度が始まれば，日本人にも影響を及ぼしうる。とりわけ貧困層の人々が自己の家族の生計を助けるために腎臓を 1 個売ることもしばしばあり，今回の制度は，このような弊害を避けるために公的に臓器提供システムを作ることにある，という。しかし，臓器売買のような問題は国際レベルでルールを考えるべきであり，1 国の文化論で済む問題ではない，と思われる。「自分の臓器を自分で売って何が悪い。」と言う提供者に，それを抑制するための納得のいく回答を示す必要がある。「身体の自己所有」の論理が過剰に強調されれば，「自己決定」に歯止めをかけるのは困難になるかもしれない。それを回避するためには，「人間の尊厳」を根底に据えたうえで，人体を構成する身体の法的地位を国際レベルで確立する必要がある（甲斐克則「人体・ヒト組織・ヒト由来物質の利用をめぐる生命倫理と刑事規制」刑法雑誌 44 巻 1 号〔2004〕101 頁以下，同「人体およびヒト組織等の利用をめぐる生命倫理と刑事規制」唄孝一先生賀寿記念論文集『人の法と医の倫理』〔2004・信山社〕481 頁以下［本書第 1 章］参照）。なお，中国では，2006 年 7 月から臓器売買を条例で禁止した。

4 病気腎移植の問題

つぎに，病気腎移植の問題について。上記宇和島市の腎移植事件では，腎移植の前提となる疾患者（ネフローゼ，尿管狭窄，腎動脈瘤，腎結石，がんの患者を含む）の提供臓器（摘出臓器）の適格性が問題とされている。M 医師による病気腎移植は，1990 年代初頭から実施されていて，倫理委員会に諮ることもなく，文書によるインフォームド・コンセントもなかったという（毎日新聞 2007 年 4

月1日付朝刊報道参照）。中には，ドナーからの腎臓摘出に適さなかったケースもあった。何よりも，腎がん患者の腎臓をレシピエントに移植すれば，がんが転移する危険［リスク］があることは重大である。日本移植学会等も調査に乗り出し，42件の病気腎移植について検討を加え，2007年3月31日，関連4学会が，こうした実験的医療が医学的・倫理的な観点から実施されたことに対して非難声明を出した。

　真の法的・倫理的問題は，この種の医療行為が「治療的実験」ないし「実験的治療（医療）」の段階にあるものであり，したがってプロトコール作成のうえで，ドナーとレシピエント双方についてインフォームド・コンセントの徹底をし，利益とリスクの衡量をしてリスクが著しく上回らないことを確認し，倫理委員会の審査を経て人体実験・臨床試験のルール（メディカル・デュープロセスの法理）に則って実施されるべきであったのに（甲斐克則『被験者保護と刑法』〔2005・成文堂〕30頁参照），それが無視されていた点にある。他方，臓器不足の現状からして，腎移植であれ，「第三の道」として病気腎移植の禁止に反対する見解も根強い。結局，選択肢は3つある。第1は，ルールのない現状の追認であるが，これはもはや許されないことは明らかである。第2は，法律またはガイドラインで病気腎移植を全面禁止することである。しかし，病気の種類も様々であり，ドナーの希望が強く，レシピエントの希望とも合致し，かつ双方に高度の危険性［リスク］がない場合，全面禁止することには抵抗もあるであろう。そこで，第3に，ドナーの疾患を入念に確認し，プロトコール作成のうえで，ドナーとレシピエント双方についてインフォームド・コンセントを徹底し，利益とリスクの衡量を慎重に行い，リスクが利益を著しく上回らないことを確認し，厳格な第三者的倫理委員会の審査を経て，人体実験・臨床試験のルール（メディカル・デュープロセスの法理）に則って実施する場合に限り例外的に認めることも検討の余地がある。2007年4月23日段階の厚生労働省の「生体臓器移植に関する指針案」もこの方向にある，と思われる。

5 おわりに

　最後に，近親者からの臓器提供にかかわる提供意思の問題について。生体腎移植にかぎらず，生体部分肝移植も含め，総じて生体移植の場合，近親者としての愛情が強ければ強いほど，レシピエントを救うべく，大きな自己犠牲を払ってでもドナーになろうとする傾向がある。プレッシャーもかかる。自発性に疑義が残らないよう，様々なコンサルテーションを行い，真のインフォームド・コンセントを確保して限定的に生体移植が実施されるような法的ルールを策定すべきである。いずれにせよ，公平性と公正さを確保しつつ，移植医療に対する社会の信頼を損なうことなく移植医療を実施するほかない。

第8章

生体移植をめぐる刑事法上の諸問題

1 序——問題の所在——

「臓器の移植に関する法律」(以下「臓器移植法」という。)が1997年に成立し,施行されて以来,あるいはそれ以前からかもしれないが,臓器移植問題の中心が,脳死体からの臓器摘出をめぐる問題に置かれてきた。現在でも,「脳死は人の死か」という問題は,以前ほどではないにせよ,なお議論の対象として残り続けているし,小児に対する臓器移植の問題等も重要課題であり続けている[1]。これに対して,生体間の移植(以下「生体移植」という。)は,その実施数が多いにもかかわらず[2],その法的問題点はあまり正面から議論されてこなかったし,刑事法的観点からも十分には論じられてこなかった[3]。それ以前の1979年(昭和54年)に成立し,1980年(昭和55年)に施行された旧・角膜及び腎臓の移植に関する法律は,死体からの眼球または腎臓の摘出を,原則として遺族の書面による承諾がある場合に限定し,ドナーが生存中に書面による承諾をしている場合であって,医師がその旨を遺族に告知し,遺族が摘出を拒まない場合,および遺族がいない場合を例外としていた(同法3条3項)。また,変死体または変死の疑いのある死体からの摘出を禁止していた(同法4条)。要するに,同法は,摘出対象体を同法4条が禁止する対象以外の死体としていたのである。したがって,例えば,腎臓が各人に2個あるがゆえに実態としてはむしろ生体からの1つの腎臓摘出が「被害者の承諾」を論拠としてより多く行われていたにもかかわらず,その精密な理論的検討は十分になされてこなかったし,何よりもこれに関する明文規定は現在まで設けられて

いない。

ところが，従来あまり表に出なかった生体移植の問題性が，愛媛県宇和島市内で起きた腎臓・臓器売買事件（2005年9月実行，2006年10月逮捕）およびM医師による病気腎移植事件が表面化（2006年11月）するに及び，クローズアップされている。第1に，生体から腎臓（しかも病気の腎臓）の1個を摘出してそれをレシピエントへ移植する「生体腎移植」はどこまで許されるか，あるいは近親者がドナーとなることが多い点（特に生体部分肝移植）に，提供意思を含めて法的・倫理的問題はないのか，第2に，臓器売買罪をどのように考えるべきか，という問題である[4]。本章では，刑事法的観点から，生体移植をめぐるこれらの問題について順次考察を加えることにする。

2 生体移植の正当化根拠とその限界

1 まず，生体移植の正当化根拠について検討しよう。ドナーの方は，前述のように，明文規定を欠く現状では，生体からの臓器摘出は，治療行為の正当化根拠として通常引き合いに出される刑法35条の法令による行為はもちろんのこと，正当業務行為すらただちには適用できず，「被害者の承諾」の法理を中心に正当化根拠を考える必要がある[5]。なぜなら，健常者であるドナー自身が何らかの身体的な優越的利益をそこから得ることはなく，むしろ身体的には一方的な不利益を被ることを覚悟のうえの承諾だからであり，「まさしく刑法における傷害罪と背中合わせでそれが行われることになる」[6]からである。ただし，現実には，腎臓にせよ肝臓にせよ，人体を構成する重要部分であるだけに，生命の危険に直面するほどの内実を伴うがゆえに医療行為の一環として摘出行為が行われることから，通常の同意傷害の問題におけるように単純に「被害者の承諾」の法理だけを考えればよいというものではない。もちろん，承諾が有効でなければ，傷害罪（刑法204条）が成立する。他方，レシピエントの側にも，医学的適応性を当然の前提として，インフォームド・コンセントを中心とした正当化根拠が必要であり，しかも，利益とリ

スクの衡量，場合によっては緊急性と補充性も必要となる。要するに，生体移植の場合は，ドナーとレシピエントの双方の正当化要件が充足されなければならず（ある意味では，これは脳死移植の場合も同様である。），したがって，そこに自ずと生体移植の法的限界もある。

2 そこで，承諾が有効であるためには，第1に，ドナーに承諾能力（同意能力）がなければならない。この能力は，現行の臓器移植法を受けて策定された「『臓器の移植に関する法律』の運用に関する指針（ガイドライン）」（第一）とパラレルに考え，それが予定している15歳以上の年齢の者であって，かつ合理的な判断能力を有する者に限定すべきである[7]。それ以外は，原則として無効である。

第2に，承諾が任意のものでなければならない。強制や錯誤がある場合には，その承諾は無効となり，傷害罪が成立する。強制は，例えば，生体移植の場合，家族間で行われることが多いが，提供への過度なプレッシャーがかけられているとすれば，それは承諾としては無効である。また，錯誤は，実はインフォームド・コンセントと関わる。すなわち，ドナーは，何よりもまず，どのような侵襲が自己の身体のどの部分にどの程度加えられるのか，当該摘出に伴うリスクはどの程度か，あるいは摘出後の回復ないし社会復帰の見通しはどのようなものかを詳細に説明されたうえで承諾を与える必要があり[8]，法益に大きく関わるこの点に錯誤があると，いわゆる「法益関係的錯誤」となり，承諾は無効である。特に肝臓の一部切除は，再生可能とはいえ，一定のリスクが伴う，と言われており[9]，さらに，ドナーは，臓器提供により患者を救うことが目的であり，自己の臓器が真に有効かつ公正に提供されることを信じて摘出を承諾するのであるから，それに著しく反する提供となる場合には，やはり承諾自体が無効となる。後述の臓器売買になりうる利益誘導がある場合も，承諾は無効である。

3 他方，レシピエントの側でも，臓器提供を受けるために身体を切開す

るのであるから，その医療行為が正当と評価されるためには，有効な承諾が決め手となる。もっとも，生体部分肝移植の場合には，緊急な場合が多いので，緊急性および補充性（他の代替手段がないこと）を加味する必要がある。ただし，いずれの場合も，利益とリスクの衡量が必要であり，リスクの方が著しく高い場合は，正当化は困難である。

　では，具体的に，生体から腎臓（しかも病気の腎臓）の1個を摘出してそれをレシピエントへ移植する「生体腎移植」はどこまで許されるであろうか。摘出臓器の範囲が問題となる。病気腎移植の問題について。前述の宇和島市の腎移植事件では，腎移植の前提となる疾患者（ネフローゼ，尿管狭搾，腎動脈瘤，腎結石，がんの患者を含む。）の提供臓器（摘出臓器）の適格性が問題とされている。M医師による病気腎移植は，1990年代初頭から実施されていて，倫理委員会に諮ることもなく，文書によるインフォームド・コンセントもなかった，という[10]。中には，ドナーからの腎臓摘出に適さなかったケースもあった，ともいう。何よりも，腎がん患者の腎臓をレシピエントに移植すれば，がんが転移する危険性［リスク］があることは重大である。日本移植学会等も調査に乗り出し，42件の病気腎移植について検討を加え，2007年3月31日，関連4学会が，こうした実験的医療が医学的・倫理的な観点から実施されたことに対して非難声明を出した。もちろん，当該疾患が厳密に危険性を伴う不適格な臓器であるかどうかは，医学的判断を参考にするほかないが，その情報を十分に当該患者および国民（潜在的患者）に提供しておくべきである。そこに法益関係的錯誤があると，承諾自体が無効となり，傷害罪が成立する余地がある。もっとも，レシピエントが提供用の病気の腎臓のリスクを十分承知のうえで移植術を受けた場合，刑法上は「危険（リスク）の引受け」論ないし自己答責性論により不可罰の途は残る余地もある。

4　要するに，この種の医療行為は，「治療的実験」ないし「実験的治療（医療）」の段階にあるものであり，したがってプロトコール作成のうえで，ドナーとレシピエント双方についてインフォームド・コンセントの徹底をし，利益

とリスクの衡量をしてリスクが著しく上回らないことを確認し，倫理委員会の審査を経て人体実験・臨床試験のルール（メディカル・デュープロセスの法理）に則って実施されるべきであって，これらが充足されれば，「正当化事由の競合」として正当化されるのである[11]。この議論の前提として，必要な範囲でこれまでの国内外のこの手術に関する医学的データが公表されるべきである。この点が無視されてはならない。他方，臓器不足の現状からして，腎移植であれ，アメリカでの実施例にならって「第三の道」として病気腎移植の禁止に反対する見解も根強い。

　結局，選択肢は3つある。第1は，ルールのない現状の追認であるが，これはもはや許されないことは明らかである。第2は，法律またはガイドラインで病気腎移植を全面禁止することである。しかし，病気の種類も様々であり，ドナーの希望が強く，レシピエントの希望とも合致し，かつ双方に高度の危険性がない場合，全面禁止することには抵抗もあるであろう。そこで，第3に，上述のように，プロトコール作成のうえで，ドナーとレシピエント双方についてインフォームド・コンセントの徹底をし，利益とリスクの衡量をしてリスクが利益を著しく上回らないことを確認し，厳格な第三者的倫理委員会の審査を経て（現段階では施設内倫理委員会の審査だけで十分かはやや疑念がある。），人体実験・臨床試験のルール（メディカル・デュープロセスの法理）に則って実施する場合に限って例外的に認めるべきではあるまいか[12]。

　2007年7月に出された厚生労働省の生体臓器移植に関する通達は，病腎移植が「現時点では医学的に妥当性がない。」として，臨床研究以外は原則禁止としているが，基本的にはこの方向にある，と思われる。もっとも，その研究成果から安全性が確認された場合，部分的に限定して認める余地はあろう。なお，2008年5月18日付で公表された日本移植学会倫理委員会の「生体腎移植ガイドライン」は，腎臓提供者（ドナー）適応基準として，a．全身性の活動性感染症，b．HIV抗体陽性，c．クロイツフェルト・ヤコブ病，d．悪性腫瘍（原発性脳腫瘍及び治癒したと考えられるものを除く。），を適応除外としているが，これに対しては，厳しすぎるという批判も出されている。また，気

質的腎疾患の存在（疾患の治療上の必要から摘出されたものは移植の対象から除く。）については「慎重に適応を決定する。」としている。

3 臓器売買の処罰根拠と同罪の解釈論

1　つぎに，臓器売買の問題について。臓器移植法11条による臓器売買禁止の具体的内容は，① 移植術に使用されるための臓器（以下「移植用臓器」という。）を提供する（した）ことの対価として財産上の利益の供与を受け，またはその要求もしくは約束をすること（同条1項），② 移植用臓器を提供すること・受けたことの対価として財産上の利益を供与し，またはその申込み・約束をすること（同条2項），③ 移植用臓器を提供すること・その提供を受けることのあっせんをする（した）ことの対価として財産上の利益の供与を受け，またはその要求・約束をすること（同条3項），④ 移植用臓器を提供すること・その提供を受けることのあっせんを受ける（受けた）ことの対価として財産上の利益を供与し，またはその申込み・約束をすること（同条4項），⑤ 臓器が①〜④のいずれかに違反する行為に係るものであることを知って，当該臓器を摘出し，または移植術に使用すること（同条5項），である。これらの禁止規定に違反すると，5年以下の懲役もしくは500万円以下の罰金，またはその併科に処される（20条1項）。しかも，この罪は，国民の国外犯（刑法3条）の適用を受けるので（同条2項），海外でこの種の行為を行っても処罰される。なお，②〜④の対価には，交通，通信，移植用臓器の摘出，保存もしくは移送または移植術等に要する費用であって，移植用臓器を提供すること・その提供を受けることまたはそれらのあっせんをすることに関して通常必要であると認められるものは，含まれない（同条6項）。

これに関して，前記宇和島市のM医師は売買には関与しておらず，レシピエント側の会社役員が内縁関係のある者に仲介を依頼してドナー側に見返りとして現金30万円と普通乗用車（150万円相当）を渡したことで，前二者が2006年10月1日，施行後はじめて上記臓器移植法違反の罪で逮捕・起訴さ

れ，同年12月26日，松山地裁宇和島支部でともに懲役1年執行猶予3年の有罪判決が下された（確定。ドナーは略式で罰金100万円，追徴金30万円，乗用車没収）。レシピエントからすれば，自己の願望を充足するために有償であっても腎臓を手に入れるべく，このような事態に及んだようである。

2 では，そもそも臓器売買（世界的にはTraffickingの問題として議論されている。）の処罰根拠はどこにあるのであろうか。この問題については，人体構成体の位置づけ，ないし身体の自己所有をめぐる議論との関係で別途詳論したので[13]，詳細は割愛するが，身体の自己所有権を徹底する立場からは，臓器売買の禁止根拠は見いだし難いであろう。しかし，国内外の多くの臓器移植に関する法律は，総じて臓器売買を禁止する傾向にある。例えば，ドイツの臓器移植法（Gesetz über die Spende, Entnahme und Übertragung von Organen（Transplantationsgesetz＝TPG, 1997）：2007年9月に一部改正）の17条では，違反に対して5年以下の自由刑または罰金が法定されている[14]。その根底には，やはり「人体の尊重」の礎としての「人間の尊厳」があるように思われる。すなわち，人体から切り離された人体構成体である臓器には，なお人格権に準じたものとして尊重すべき存在としての意義がある，と思われる。また，死後の臓器についても，人格権を直接引き合いに出すことはできないにせよ，なお「人体構成体の尊重」を「人間の尊厳」から導き出すことができる，と考える[15]。なお，イギリスの人体組織法（Human Tissue Act 2004）32条では，Traffickingの禁止規定が11項にわたり詳細に規定されているが，ここでは割愛する。

3 この点に関して，国内に止まらず，早くから臓器（特に腎臓）を求めてフィリピンやインド等に出かけていた日本人と，その臓器を闇で売買するブローカーがいたことが報告されている[16]。
2007年2月，フィリピンでは，外国人患者に①ドナーへの生活支援費（1万2,000ドル（約144万円：当時））、②別のフィリピン人患者1人分の移植手術代（約96万～12万円：当時）を支払わせる（外国人患者は手術・入院代を併せて総額約

600万円（当時）を支払うことになる）新たな臓器提供制度を政府が公認する方針を固め，国際的に法的・倫理的議論を醸成している。筆者もすでにコメントを出したように，特に①の生活支援費については，この臓器提供制度を日本人が利用すれば，わが国の臓器移植法11条および20条1項の臓器売買罪に当たるように思われる[17]。もし，その新たな制度が始まれば，日本人にも影響を及ぼしうる。とりわけ貧困層の人々が自己の家族の生計を助けるために腎臓を1個売ることもしばしばあり，その制度案は，このような弊害を避けるために公的に臓器提供システムを作ることにあるということであった。この種の問題は各国の文化の問題である，というフィリピンの学者の見解[18]もある。しかし，臓器売買のような問題は国際レベルでルールを考えるべきであり，一国の文化論で済む問題ではないように思われる。「自分の臓器を自分で売って何が悪い。」という現地の提供者に，それを抑制するための納得のいく回答を示す必要がある。その後，フィリピンでは，国内外の世論を考慮してか，その制度を見直して修正した。

4　問題解決のためには，「身体の自己所有」をめぐる議論を徹底して行う必要がある。「身体の自己所有」の論理が過剰に強調されれば，「自己決定」に歯止めをかけるのは困難になるかもしれない。それを回避するためには，「人間の尊厳」を根底に据えたうえで，人体を構成する身体の新たな法的地位を国際レベルで確立する必要がある[19]。

なお，中国では，2006年7月から臓器売買を中国衛生省条例で禁止した（施行は2007年5月）。その後，中国で日本人への臓器移植仲介事業（108人分）を手掛けていた「中国国際臓器移植支援センター」（本部・遼寧省瀋陽市）の日本人の代表が，中国で瀋陽市公安局から逮捕され，2008年10月30日に瀋陽市中級人民法院で懲役1年2か月，罰金10万元，国外追放の判決（ただし，臓器売買斡旋を処罰する規定がないため，罪名は虚偽広告罪に変更された。）を受けたが，刑期満了後に日本に帰国した後，日本の警察が，臓器移植法11条の臓器売買斡旋罪および20条1項の国外犯処罰規定に基づいて捜査に乗り出したという報

第8章 生体移植をめぐる刑事法上の諸問題　133

道もある[20]。理論的には，日本の臓器移植法上の同罪の適用は可能と思われる。本件は，この問題が国際刑法の議論に通じるものであることを如実に示す。しかし，それだけに，移植用臓器への願望が根強いことを同時に示すものでもある。

4　結　語

　以上のように，生体移植の問題は，刑事法的観点からも様々な問題を提起しており，このことは，何よりも公的な明文のルールが存在しなかった，あるいはルール策定の動きが強くなかったところにも原因がある。今後は，生体移植の問題についても，詳細はガイドラインに譲るとしても，現行の臓器移植法改正の中に，ドイツのように一定の範囲で基本的な事項を盛り込む必要があるのではないだろうか。また，近親者からの臓器提供に関わる提供意思に関わる問題について，生体腎移植にかぎらず，生体部分肝移植も含め，総じて生体移植の場合，近親者としての愛情が強ければ強いほど，レシピエントを救うべく，大きな自己犠牲を払ってでもドナーになろうとする傾向があり，プレッシャーもかかる場合もあるが，任意性・自発性に疑義が残らないよう，様々なコンサルテーションを行い，真のインフォームド・コンセントを確保して限定的に生体移植が実施されるような法的・倫理的ルールを策定すべきである。いずれにせよ，公平性と公正さを確保しつつ，移植医療に対する社会の信頼を損なうことなく移植医療を実施することが望まれる。

1) 町野朔＝長井圓＝山本輝之編『臓器移植法改正の論点』（2004・信山社），川口浩一「臓器移植法改正問題」刑法雑誌44巻1号（2004）94頁以下，日本医事法学会シンポジウム「臓器移植」年報医事法学20号（2005）等参照。現在［2008年段階］も，臓器移植法改正案が国会で継続審議となっている。
2) 日本臓器移植ネットワークに登録して腎臓移植を望む患者は約1万2,000人いるが，国内で1年間に実施される生体腎移植は約800例，心停止後の移植は約200例，脳死移植は4〜16例にすぎず，人工透析（患者数約26万人）を受けて待機する期間も長期化し，その間に死亡した患者は，約2,000人に

達する，と言われている（読売新聞 2007 年 2 月 2 日付朝刊等参照）。なお，日本臓器移植ネットワーク「日本の移植事情」(2007) 3 頁には，2005 年までの日本での腎移植の実績がグラフで掲載されている。

3) 貴重な研究として，石原明「臓器移植の法律問題」同著『医療と法と生命倫理』(1997・日本評論社) 185 頁以下，特に 206 頁以下，大野真義「臓器移植をめぐる法的課題」同著『刑法の機能と限界』(2002・世界思想社) 267 頁以下，特に 292 頁以下，加藤久雄『ポストゲノム社会における医事刑法入門〔新訂版〕』(2004・東京法令) 441 頁以下，旗手俊彦「生体臓器移植の問題点」年報医事法学 20 号 (2005) 41 頁以下等がある。

4) この問題については，簡潔ながら，甲斐克則「生体腎移植」法学教室 321 号 (2007) 2 頁以下 [本書第 7 章] で論じておいた。

5) 大野・前出注(3)292 頁参照。なお，甲斐克則「医療行為と『被害者の承諾』」現代刑事法 6 巻 3 号 (2004) 26 頁以下および佐久間修「医療行為における『被害者の承諾』」同著『最先端法領域の刑事規制』(2003・現代法律出版) 102 頁以下では，医療行為と「被害者の承諾」の問題の一般論が述べられている。

6) 石原・前出注(3)207 頁。

7) この点については，クヌート・アメルンク（甲斐克則訳）「承諾能力について」広島法学 18 巻 4 号 (1995) 209 頁以下参照。

8) この点は，ドイツでも強調されているところである。Vgl. Ulrich Schroth, Die strafrechtlichen Grenzen der Lebendspende, in Claus Roxin/Ulrich Schroth (Hrsg.), Medizinstrafrecht. Im Spannugsfeld von Medizin, Ethik und Strafrecht, 2. Aufl., 2001, S. 272.

9) 毎日新聞 2007 年 7 月 7 日付朝刊報道によれば，日本肝移植研究会ドナー安全対策委員会の調査では，国内で実施された生体肝移植で，ドナーの 3.5% に再手術が必要となるなど重い症状が出ていたとのことである。

10) 毎日新聞 2007 年 4 月 1 日付朝刊報道参照。

11) 甲斐克則『被験者保護と刑法』(2005・成文堂) 64 頁参照。

12) この点は，甲斐・前出注(4) [本書第 7 章] において論じたところである。

13) 甲斐克則「人体構成体の取扱いと『人間の尊厳』」法の理論 26 (2007) 3 頁以下，特に 14 頁以下 [本書序章] 参照。

14) 生体移植を含むドイツの臓器移植法の詳細については，アルビン・エーザー（長井圓＝井田良訳）「ドイツの新臓器移植法上下」ジュリスト 1138 号 (1998) 87 頁以下，1140 号 (1998) 125 頁以下〔この訳は，町野ほか編・前出注(1)173 頁以下所収〕参照。

15) 詳細は，甲斐・前出注(13)参照。なお，臓器売買罪については，川口浩一「臓器売買の保護法益」城下裕二編『生体移植と法』(2009・日本評論社) 109 頁以下をも参照。

16) この点については，実態調査に基づく粟屋剛『人体部品ビジネス』(1999・講談社) 60 頁以下およびそれに依拠した讀賣新聞 2007 年 2 月 2 日付朝刊報

道参照。また,毎日新聞 2007 年 5 月 15 日付朝刊報道をも参照。なお,厚生労働省研究班(主任研究者,小林英司・自治医科大学教授)の平成 17 年度総括・分担研究報告書『渡航移植者の実情と術後の状況に関する調査研究』は,臓器を求めて海外へ渡る患者の実態を詳細に伝えているが,中には,臓器売買に当たるケースも含まれているようである。

17) 讀賣新聞 2007 年 2 月 2 日付朝刊の筆者のコメント参照。

18) この点については,2007 年 3 月 25 日に東京の学術総合センターで開催された位田隆一教授研究班(筆者も所属)のアジア国際ワークショップ「生命倫理基本法の構築」でのフィリピン大学のレナート・マナロート(Renato B. Manaloto)教授の報告およびそれをめぐる討論,同じく 2008 年 3 月 23 日に国立京都国際会館で開催された位田研究班のワークショップにおけるフィリピン大学のレオナルド・カストロ(Leonard de Castro)教授の報告およびそれをめぐる討論,さらには 2008 年 6 月 28 日—29 日(特に初日)に早稲田大学で開催された比較医事法シンポジウムにおけるフィリピン大学のラリン・シルーノ(Lalaine H. Siruno)氏の報告 [甲斐克則編『医事法講座第 1 巻　ポストゲノム社会と医事法』(2009・信山社)所収のラリン・シルーノ(甲斐克則 = 新谷一朗訳)「フィリピンにおける腎臓提供」99 頁以下] およびそれをめぐる討論で貴重な意見交換ができた。

19) 甲斐克則「人体・ヒト組織・ヒト由来物質の利用をめぐる生命倫理と刑事規制」刑法雑誌 44 巻 1 号(2004)101 頁以下,同「人体およびヒト組織等の利用をめぐる生命倫理と刑事規制」唄孝一先生賀寿記念論文集『人の法と医の倫理』(2004・信山社)481 頁以下 [本書第 1 章],同・前出注(13) [本書序章] 参照。

20) 讀賣新聞 2008 年 11 月 12 日付朝刊報道参照。しかし,その後,捜査の進展はないようである。

第Ⅳ部

臓器移植法改正後の国内外の動向

第9章

改正臓器移植法の意義と課題

1 序

　2009年7月13日，臓器移植法改正案が参議院本会議で可決され，「臓器の移植に関する法律の一部を改正する法律」(以下「改正臓器移植法」という。)が成立した。改正論議の当初から複数の案があって，衆議院ではA案が採択されたとはいえ，参議院では議論が膠着して，廃案・再提出の可能性があるかもしれないという予想もあった。ところが，周知のように，衆議院の解散という切迫した政治状況も絡み，参議院では，衆議院以上に多くの案が出されたにもかかわらず，予想外の速さで審議が行われ，A案が採択されたという経緯がある。しかし，参議院でも審議不十分な点もあり，採択されなかった案も含めて，なお検討しておく必要がある，と考えられる[1]。

　そこで，本章では，多くの課題を抱えていた現行の臓器移植法から改正臓器移植法へと移行することの意義と課題について，第1に，改正の経緯と諸法案の概略を述べ，第2に，特に脳死の法的意義がどのようになったかを述べ，第3に，臓器提供意思の扱いの変更の意義と問題点について述べ，第4に，小児の臓器移植の問題について述べ，第5に，今後の課題について述べることにする[2]。

2 臓器移植法改正の経緯と諸法案概観

1 改正の経緯

まず，臓器移植法改正の経緯を簡潔に述べておこう。1997年に現行の「臓器の移植に関する法律」，いわゆる臓器移植法が成立し，そして施行されて今日まできたわけであるが，2009年10月10日現在までに，この法律に基づく脳死判定は82例，臓器提供数は81例である。この法律が誕生して以来，臓器移植の年間数はあまり増えず，したがって臓器不足は解消されてこなかった（もちろん，程度の差はあれ，臓器不足は海外でも同様である。）。この法律が施行後5年以内に予定していた見直しによる改正も行われないまま，10年以上が経過した。この間に，海外へ渡航して移植手術を受けた患者の方もたくさんいる。あるいは，それもできずに国内の移植を待ちつつ死亡した患者の方も多数いた。特に小児の場合は国内での移植は困難であったということから，なお一層問題は深刻であった。

こうした現状に対して，一方で，関係者からは，国会の立法不作為ではないか，という批判も出されてきた。他方で，安易な法改正による対応に対しては批判的な声も根強く存在していた。こうした状況下で，今回，第171回国会に複数の臓器移植法改正案が出され，そして同法が改正されたのである。なお，改正法は，1年後に施行される予定である。

2 衆議院提出法案(1)──A案──

そこで，つぎに，国会に出された改正案のポイントだけ簡潔に説明しておきたい。先に，衆議院についてみると，衆議院では4つの案が出された。まず，A案は，中山太郎議員ほかの提出に係るものであって，結論的には本年(2009年)6月18日の本会議で，投票総数430（欠席・棄権47）のうち，賛成263，反対167で，このA案が衆議院で可決された。

このA案のポイントとして4点を挙げることができる。第1に，6条2項

において、「その身体から移植術に使用されるための臓器が摘出されることとなる者であって」という文言を削除した点が特徴である。これにより、脳死は一律に人の死である、という解釈が可能になったという理解が広がる余地がある。ただし、この法律が依然として臓器移植のための法律であることから、この点についてはまだはっきりしないところもある。

第2に、本人の書面による拒否がなく、遺族が摘出に対して書面により承諾する場合にも臓器提供が可能となった（6条1項2号）。いわゆる同意システムがかなり変更になった、ということである。これは、重要な変更点となるので、後で詳細に取り上げたい。これと関連して、年齢制限が撤廃されたので、遺族の同意があれば、15歳未満の者の間での臓器移植も可能となった、という点も重要である。これも、実は大きな変更点になる。従来、小児の臓器移植は、国内では実際上困難であったが、この変更により、大きな方向転換をしたことになる。

第3に、親族への優先的な移植の意思を書面により表示することが可能になった点である（6条の2）。これも、ある意味では特徴的なところであって、誰に提供するかということは、今までは公平性という観点から、「誰それに提供したい」ということをドナーのほうからは言えなかったのであるが、親族については優先的に移植の意思を書面によって表示することができるようになったわけである。

第4に、これは多くの案が規定しているが、移植医療に関する教育の充実、啓発に関する規定を設けている点（17条の2）も挙げておこう。

3　衆議院提出法案(2)——B～D案——

つぎに、B案であるが、これは、石井啓一議員ほかの提出に係るものであり、特徴は3点ほどある。第1に、臓器移植の場合のみ脳死を人の死とし、12歳以上の者の意思表示を有効とするということで、枠組みとしては従来の法律の枠組みであるが、ただ、年齢を12歳まで下げた、という点が特徴である。第2に、親族への優先的な移植の意思を書面により表示することが可能

となったという点は，先ほどの A 案と同じである．第 3 に，移植医療に関する教育の充実，啓発等に関する規定の創設も A 案と同じある．したがって，B 案固有の特徴は，第 1 の，年齢を 12 歳以上の者の意思表示を有効とした点である．

それから C 案は，阿部知子議員ほかの提出に係るものであるが，これは枠組みにかなり特徴がある．第 1 に，脳死判定基準を明確化・厳格化し，しかも検証機関を設置すべきである，という規定を盛り込んでいる点が特徴として挙げられる．しかも第 2 に特徴的なのは，生体からの臓器移植も規定に盛り込む，という点である．この生体からの臓器移植も，後述のように，非常に重要であり，ヨーロッパの多くの国ではこれを臓器移植法に同時に盛り込んでいる．しかし，日本の臓器移植法は，今回の改正法も生体からの臓器移植については結局取り込んでいない．第 3 に，臓器のほかに（人体）組織も規定に盛り込む，という点である．（人体）組織も，多くの国で臓器移植法の中に盛り込んでいるが，日本では，今回も A 案には（人体）組織はやはり含まれていない．C 案は，これを盛り込んだらどうか，という提案であった点で特筆すべきである．なお，小児については，15 歳未満の子どもの移植については変更がないということなので，小児移植をどう扱うのか，という課題は，この C 案だと，依然として残ったままになる．

最後に，D 案であるが，これは根本匠議員ほかの提出に係るものであり，第 1 に，家族の代諾と第三者の確認により 15 歳未満の子どもの臓器提供を可能にする，という点が特徴と思われる．これは，小児の移植の道を，家族の代諾と第三者の確認という方式で打開しよう，という提案である．第 2 の特徴は，先ほどの A 案および B 案と同じように，移植医療に関する教育の充実，啓発等に関する規定の創設，という点にある．

以上の案のうち，上述のように，結局，A 案が可決されたわけである．

4　参議院提出法案

この A 案が参議院の審議に移ったわけであるが，参議院では，それを含め

てもっと深い審議がなされるのではないか、という期待・予測もあった。しかし、結局、審議は不十分であった。確かに、案は、A案、B案、C案、D案のほかに、A案の修正案というのも提出された。このA案の修正案は、A′案とも言われるが、臓器移植の場合のみ脳死を人の死とするもので、この部分については従来の枠組みを残しつつA案に近い内容を盛り込む、という趣旨の案であった。

その他、E案も提出された。これは、「子どもに係る脳死及び臓器の移植に関する検討等その他適正な移植医療の確保のための検討及び検証等に関する法律案」というやや長い法律案であり、略して「子ども脳死臨調法案」と言われるものであった。ところが、参議院の審議においては、結局、すでにA案が可決されていたので、E案の採決はされないままであった。したがって、参議院では、結局、A案と修正A案が実質的に採決に付され、最終的にA案が可決されたのである。

3 改正臓器移植法と脳死の法的意義

1 国会に提出された諸法案は、ある意味では今までの臓器移植制度が抱えていた問題点を明らかにして、これを克服しようという側面もある。しかし、なお検討すべき課題もいくつかある。まず、成立した改正法は、同時に脳死体からの臓器提供という道をかなり広くしたので、脳死が法的にどのようになったかを確認する必要がある。

2 改正前の臓器移植法6条1項は、「医師は、死亡した者が生存中に臓器を移植術に使用されるために提供する意思を書面により表示している場合であって、その旨の告知を受けた遺族が当該臓器の摘出を拒まないとき又は遺族がないときは、この法律に基づき、移植術に使用されるための臓器を、死体（脳死した者の身体を含む。以下同じ。）から摘出することができる。」と規定している。また、同条2項は、「前項に規定する『脳死した者の身体』とは、そ

の身体から移植術に使用されるための臓器が摘出されることとなる者であって脳幹を含む全脳の機能が不可逆的に停止するに至ったと判定されたものの身体をいう。」(下線は筆者による。)と規定し，同条3項は，「臓器の摘出に係る前項の判定は，当該者が第1項に規定する意思の表示に併せて前項による判定に従う意思を書面により表示している場合であって，その旨の告知を受けたその者の家族が当該判定を拒まないとき又は家族がないときに限り，行うことができる。」と規定している。

これらの規定からは，かりに脳死を人の死と認めるにしても，臓器移植の場合に限定する方向での解釈とならざるをえない規定の仕方が看取される。しかも，本人が臓器提供を希望して，家族もこれに反対しない場合に，脳死が人の死とされるので，いわば「死の相対化」を暗黙のうちに含んでいたのである。また，法文の「玉虫色」という性格から，脳死はまだ人の死ではないという解釈の余地も残されていた[3]。

3 これに対して，改正法6条1項は，「医師は，次の各号のいずれかに該当する場合には，移植術に使用されるための臓器を，死体(脳死した者の身体を含む。以下同じ。)から摘出することができる。」としている。すなわち，1号では「死亡した者が生存中に当該臓器を移植術に使用されるために提供する意思を書面により表示している場合であって，その旨の告知を受けた遺族が当該臓器の摘出を拒まないとき又は遺族がないとき。」という具合に従来とほぼ同義の規定をしているほかに，2号では「死亡した者が生存中に当該臓器を移植術に使用されるために提供する意思を書面により表示している場合及び当該意思がないことを表示している場合以外の場合であって，遺族が当該臓器の摘出について書面により承諾しているとき。」と規定している点が大きな変更点である。また，同条2項では，改正前の規定の下線部が削除され，「前項に規定する『脳死した者の身体』とは，脳幹を含む全脳の機能が不可逆的に停止するに至ったと判定された者の身体をいう。」と改められた。ここだけみると，脳死判定がなされれば一般的に脳死が人の死だと一応読めるよう

にも思われる。しかも，同条3項では，臓器摘出に係る判定（同条2項）に関して，「当該者が第1項第1号に規定する意思を書面により表示している場合であり，かつ，当該者が前項の判定に従う意思がないことを表示している場合以外の場合であって，その旨の告知を受けたその者の家族が当該判定を拒まないとき又は家族がないとき。」(1号) または「当該者が第1項第1号に規定する意思を書面により表示している場合及び当該意思がないことを表示している場合以外の場合であり，かつ，当該者が前項の判定に従う意思がないことを表示している場合以外の場合であって，その者の家族が当該判定を行うことを書面により承諾しているとき。」(2号) と規定する。

　この規定の仕方から，改正法は，現行法よりも鮮明に脳死を人の死と規定した，と解することができる。臓器提供年齢を撤廃したことは，それを補強するものである。なぜなら，同意能力のない幼児であっても，親の同意で臓器提供が認められる以上，脳死を人の死と解さないかぎり，臓器摘出は不可能だからである。それは，違法性阻却論ではもはや説明がつかないことを意味する。国会の審議が十分であったとは思われないが，臓器移植法が成立・施行されて以来の10年余りの間に行われた81例の脳死判定およびそれに基づく臓器移植が相当に慎重に運用されてきたことも，一定の社会的信頼を獲得してきた要因と考えざるをえない。これを「社会的合意」という観点からみると，本来的意味での積極的な「社会的合意」が形成されたとは言えないかもしれないが，強力な脳死反対論は（なお一部で存在するとはいえ）影を潜めつつあり，厳密な脳死判定と入念な看取りが行われれば国民も相当程度脳死に理解を示すという，いわば消極的な「社会的合意」は形成されつつあるように思われる。もちろん，本法はあくまで臓器移植法であることから，臓器移植の枠を超えて統一的に脳死が人の死とまで規定した，とは断言できない。基本的には，脳死を人の死とするにせよ，臓器移植法の枠内に限定すべきだ，と思われる。しかし，刑法で言えば，殺人罪の客体の是非に影響を及ぼすし[4]，民法で言えば，相続の問題に影響を及ぼすので，具体的問題が生じた場合，臓器移植の場面以外でもこの改正法が引き合いに出される可能性は高まっ

た，と言える。

4 臓器提供意思システムの変更の意義と問題点

1 つぎに，臓器提供意思システムの変更の意義と問題点に言及しなければならない。前述のように，本人の書面による拒否がなく，家族が摘出に対して書面により承諾する場合にも臓器提供が可能となった（6条1項2号）。これを「拡大された同意方式」と呼ぶことができる。従来の方式は，世界で唯一，本人が臓器提供意思を文書で示しているほか，家族の同意をも要件とする「最も厳格な同意方式」（オプティング・イン方式）であっただけに，この変更の意味は大きい。

2 海外に目をやると，ヨーロッパは，家族の同意を条件に臓器提供を認めるという「拡大された同意方式」をとっている国が多い[5]。例えば，デンマーク，ドイツ，ギリシャ，英国/アイルランド，オランダ，スイスがそうである。「拡大された同意方式」では，提供者が生前に何らの指示も行わなかった場合には，近親者もまた，臓器の摘出について決定することができるという方式であり，したがって，近親者が患者の意思を推定することが決定の基礎をなす，というのが原則となる。アジアでも，例えば，最近の中国の人体臓器移植条例（2007年3月21日成立，同年5月1日施行）8条も，この方式を採用している[6]。したがって，比較法的にみると，この方式は特異なものではない。いわゆる町野研究班の案もこの方式をモデルにしていたと思われるし，今回の改正法もこれを採用したものである[7]。

それ以外で多いモデルは，「反対意思表示方式」（オプティング・アウト方式）あるいは「推定された同意方式」である。これは，本人が生前に臓器を提供しない旨を意思表示していない以上，家族の同意の有無にかかわらず臓器摘出を認めるシステムであり，イタリア，ルクセンブルク，オーストリア，ポルトガル，スロヴェニア，スペイン，チェコ，ハンガリーという具合に，相当

な勢いで増えている。スペインなどで臓器移植数が多いのは，この制度によるところも大きい，と言われている。しかし，家族の役割が大きい日本でこの制度を採用するのは困難であろう。そういう中にあって，同じヨーロッパ内で，スイス，ドイツ，およびオランダが，「拡大された同意方式」に踏みとどまっている点に注目したい。これらの国には私も調査に行ったが，その中でもオランダの状況は，法改正論議はあるものの，やはり徹底したオプティング・アウトにはいかないで，ドナーリクルートのあり方を検討し，啓発活動等を中心にして，「拡大された同意方式」に踏みとどまっている点に興味を惹かれる[8]。

なお，その他若干違うモデルが，近親者もまた反対意思表示権を有するとする「近親者の異議申立権を伴う反対意思表示方式」(拡大された反対意思表示方式) であり，ベルギーやノルウェーがこれを採用している。また，これとやや異なるのが，フランスやスウェーデンであり，「通知方式」を採用している。チューリヒ大学のクリスチャン・シュワルツェネッガー教授の分析［本書資料2参照］によれば，この場合，立法者は，生前に反対意思表示がない場合には臓器提供への用意があるということを前提にしており，死者が生前に，例えば，反対意思表示登録簿において，臓器摘出に明示的な反対の意思を表示した場合にのみ，臓器を摘出することができないことになり，さらに，近親者は，いかなる場合でも，計画された摘出について知らされなければならないということになる。しかし，近親者には，異議申立権は与えられていない。

3　改正法は，「拡大された承諾意思表示方式」を採用したが，家族あるいは遺族の承諾の問題に関して，現行の「『臓器の移植に関する法律』の運用に関する指針（ガイドライン）」(平成9年10月8日付け厚生省保健医療局長通知) によれば，家族や遺族の範囲について説明がなされ，総意をまとめる，とされているので，この点が新法でも変わらないとすれば，そこで取りまとめられる「総意」とはいったいどういうものを指すのか，という点を詰めて考えておく必要がある[9]。家族が死者の意思を忖度して判断するのか，それとも死ん

しまった人について，遺族自身の判断として臓器を提供してよいと思うのか，特に小児の場合には忖度といったことがありうるのか，という問題を検討しておく必要がある。

また，6条3項1号によると，1人住まいの世帯も増えている中，高齢者から臓器提供があるかどうかわからないが，独身者の場合で家族がいなければ，結局，家族に関係なく臓器を取られるということになる懸念もある。これをどのようにチェックしていくかも，課題である。

5　小児の臓器移植の問題

1　最後に，小児の臓器移植の問題について若干の検討をしておく。今回の法改正には，2009年3月26日付けのWHOの勧告案（Human organ and tissue transplantation）の影響が強い。この勧告案は，要するに，臓器移植は原則として国内で実施し，基本的に海外に渡航して臓器提供・移植を求めない，というものである。国際移植医療学会も，すでに昨年（2008年）のイスタンブール宣言でそういう議論を展開している。こういう世界の動きが一方である中で，海外渡航移植に一定程度頼っていた日本としては，かなりこの要求を飲んだうえで，国内で今後どうやっていくか，ということが緊急の課題とならざるをえないし，法改正もそういうことでなされたという経緯がある。

このWHOの勧告案も，もとはと言えば，臓器売買に絡むところがあるわけで，特にフィリピンやインドなどでは，日本人が腎臓を買い求めに行ったり，中東から富裕層が一気に臓器を買い求めに行ったというようなこともあったりして，問題となった[10]。そういうことのないように，できるかぎり国内で問題解決を図るように，ということである。

2　こうした現状を踏まえて，それでは海外への道は本当に閉ざされるのか，という点も考える必要がある。脳死判定あるいは臓器提供意思システムが変わったことによって，一定程度臓器提供数は増えるであろうが，しかし

臓器不足は解消できないと思われる。当面，海外に移植の道を求める人もなお残るのではないか，と思われる。そこらあたりのバランスをどう考えたらよいか，ということが課題となる。そのためには，正確な実態把握が不可欠である[11]。

また，小児の脳死判定については，成人とは異なる側面もあることから，早急に明確な小児脳死判定基準を確定する必要がある。同時に，何よりも小児救急医療体制のさらなる整備も不可欠である[12]。十分な生存権の保障と十分な看取りの保障を確保すべきである。

6　結　語──残された課題──

以上，改正臓器移植法の意義と課題について論じてきたが，最後に，若干の残された課題について言及しておきたい。

第1に，人体組織等の移植の問題が挙げられる。これは，今回の改正では見送られたわけだが，Ｃ案では，人体組織等の移植も臓器移植法に組み込むべきだという案が入っていた。ドイツでは，2007年の改正で，人体組織も盛り込んだ[13]。日本では臓器だけが対象であるが，多くの国では人体組織も移植法に組み込まれている。今後は，人体組織も，同じ法律に一緒に盛り込むべきである。

第2に，生体間移植も同じ法律に一緒に規定した方がよい，と思われる。Ｃ案はこれを提案していたが，今回，この部分は議論が十分にされていない。現状のように，いわば解釈論でかろうじて成り立っている非常に不安定な状況は妥当でない[14]。生体間移植は，リスクが高い場合もあるので，いずれはこれも臓器移植法の中に盛り込むべきである。

第3に，今回の改正では，親族への優先的提供の意思表示を認める規定が盛り込まれているが，今まで臓器移植ネットワークを中心として「公平性」の確保という理念で運用されてきたものが多少変わってしまうのではないか，という懸念がある[15]。親族の範囲も含めて，これをどのように克服する

のか，注目したい。

いずれにせよ，この改正臓器移植法は，2010年7月に全面施行されるわけであるが，今後どのように整備され，どのように運営されていくか，という点を注視したい。

1) 国会の審議の模様については，衆議院小委員会議事録，第171回国会衆議院議事録，第171回国会参議院議事録参照。
2) 改正臓器移植法については，すでに別途座談会で分析した。甲斐克則（司会）＝岩志和一郎＝絵野沢伸＝有賀徹「〈座談会〉改正臓器移植法の意義と課題」Law & Technology 45号（2009）4頁以下参照。本章も，この座談会の成果に負うところが大きい。なお，これまでの臓器移植法改正論議の詳細については，町野朔＝長井圓＝山本輝之編『臓器移植法改正の論点』（2004・信山社）および「シンポジウム／臓器移植をめぐる今日的問題」年報医事法学20号（2005）参照。
3) この点については，甲斐克則「人体の利用と刑法・その2──刑法的観点から見た脳死体の法的地位(1)(2)」現代刑事法6巻7号（2004）103頁以下，6巻8号（2004）130頁以下［本書第6章］，町野朔「臓器移植──生と死」『田宮裕博士追悼論集(上)』（2001・信山社）370頁（町野ほか編・前出注(2)312頁）参照。なお，脳死をめぐる論争全体については，唄孝一『臓器移植と脳死の法的研究──イギリスの25年』（1988・岩波書店），同『脳死を学ぶ』（1989・日本評論社），同「脳死議論は決着したか──臓器移植法の成立」法律時報69巻10号（1997）34頁以下，中山研一『脳死・臓器移植と法』（1989・成文堂），同『脳死論議のまとめ──慎重論の立場から』（1992・成文堂），同『脳死移植立法のあり方』（1995・成文堂），同『臓器移植と脳死』（2001・成文堂），齊藤誠二『脳死・臓器移植の論議の展開──医事刑法からのアプローチ』（2000・多賀出版），井田良「脳死説の再検討」『西原春夫先生古稀祝賀論文集(3)』（1998・成文堂）43頁以下，同「生命維持治療の限界と刑法」法曹時報51巻2号（1999）1頁以下参照。
4) この点については，甲斐克則「脳死移植立法の意義と問題点」法律時報69巻8号（1997）4頁［本書第3章］参照。
5) ヨーロッパの臓器移植制度の詳細については，2009年9月25日にオランダのライデン市にあるEUROTRANSPLANTを訪問した際に学ぶことができた。EUROTRANSPLANTは，オーストリア，ベルギー，クロアチア，ドイツ，ルクセンブルク，オランダ，スロヴェニアが加盟する国際臓器移植協力機関である。なお，2009年7月21日に早稲田大学で行われたスイス・チューリヒ大学法学部のクリスチャン・シュワルツェネッガー（Christian Schwarzenegger）教授の講演「スイス臓器移植法」（早稲田大学比較法研究

所主催，早稲田大学グローバル COE《企業法制と法創造》医事法グループ・刑事法グループ共催）でも，その詳細が紹介された（講演訳［甲斐克則＝福山好典訳］として比較法学（早稲田大学）44巻1号〔2010〕1頁以下［本書資料2］参照）。以下のヨーロッパの叙述は，この講演に負うところが多い。また，2009年3月16日に早稲田大学で行われたドイツ・マックス・プランク外国・国際刑法研究所主任研究員のハンス=ゲオルク・コッホ（Hans-Georg Koch）博士の講演「補充交換部品貯蔵庫および生体試料供給者としての人か？」（早稲田大学比較法研究所主催，早稲田大学グローバル COE《企業法制と法創造》医事法グループ・刑事法グループ共催）では，ドイツの最新の臓器移植問題の状況が述べられた（講演訳［甲斐克則＝福山好典＝新谷一朗訳］として比較法学（早稲田大学）43巻3号〔2010〕155頁以下［本書資料1］参照）。

6）この点の詳細については，私の研究室で医事刑法を研究している中国からの留学生である劉建利氏（早稲田大学大学院法学研究科博士後期課程［現・中国東南大学法学院副教授］）のご教示による。

7）町野ほか編・前出注(2) 1頁以下参照。

8）ペーター・タック（甲斐克則編訳）『オランダ医事刑法の展開——安楽死・妊娠中絶・臓器移植』（2009・慶應義塾大学出版会）155頁以下参照。

9）甲斐ほか・前出注(2)「座談会」12-13頁（岩志発言）参照。

10）詳細については，ラリーン・シルーノ（甲斐克則＝新谷一朗訳）「フィリピンにおける腎臓提供」甲斐克則編『医事法講座第1巻　ポストゲノム社会と医事法』（2009・信山社）所収参照。また，粟屋剛教授の実態調査は，よく知られている。

11）実態に関する興味深い詳細については，甲斐ほか・前出注(2)「座談会」20-21頁および27頁（有賀，絵野沢発言）参照。

12）この点に関しては，甲斐ほか・前出注(2)）「座談会」13頁以下参照。なお，次のような日本小児科学会理事会の見解が平成21年4月29日付けで出されている。「臓器を提供する子どもの多くは小児救急医療から発生すると予想される。しかし小児救命救急医療を行う施設・設備は全国的に未整備であり，小児救命救急医の育成も不十分で，また脳死判定を実際に行う医師の配置もきわめて不十分であるなど，子どもの救命救急医療の環境が充分に整っているとはいい難い現状にある。臓器提供の可能性の有無にかかわらず，小児救命救急医療を提供する体制を可能な限り整備し，救急医療の環境を保証すること，とくに臓器提供にかかわる手続き等により救命救急医療の内容が変更されることがないように格別の配慮を求める。」

13）詳細については，コッホ・前出注(5)を参照されたい。

14）この問題の詳細については，城下裕二編『生体移植と法』（2009・日本評論社）参照。

15）この点に関しては，甲斐ほか・前出注(2)「座談会」29頁以下参照。

第 10 章
改正臓器移植法の施行とその後

1 序

　2009 年 7 月 17 日に成立した「臓器の移植に関する法律の一部を改正する法律」(以下「改正法」という。)は，2010 年 7 月 17 日に全面施行された (内容については，甲斐克則 (司会) ＝岩志和一郎＝絵野沢伸＝有賀徹「〈座談会〉改正臓器移植法の意義と課題」Law & Technology 45 号 (2009) 4 頁以下，甲斐克則「改正臓器移植法の意義と課題」法学教室 351 号 (2009) 38 頁以下 [本書第 9 章] 参照)。このわずか 2 か月余りの間 (2010 年 10 月 14 日現在まで) に，改正臓器移植法に基づく脳死段階での臓器提供は 15 例 (これまでの脳死臓器移植の合計は 102 例) となり，臓器提供数が著しく増加しつつある。そこで，本章では，まず，改正法のポイントを確認し，つぎに，改正法の施行が何をもたらしつつあるのかを分析しつつ論じることにしたい。

2 改正法のポイント

　改正法の大きなポイントは 3 点ある。
　第 1 に，最大のポイントは，本人の書面による拒否がなく，家族が摘出に対して書面により承諾する場合にも臓器提供が可能となったことである (6 条 1 項 2 号)。すなわち，同意システムが，「最も厳格な同意システム」(オプトイン方式) からいわゆる「拡大された同意システム」へと変更になったということである。

もう少し具体的にみよう。6条1項は、「医師は、次の各号のいずれかに該当する場合には、移植術に使用されるための臓器を、死体（脳死した者の身体を含む。以下同じ。）から摘出することができる。」としている。すなわち、1号では「死亡した者が生存中に当該移植術に使用されるために提供する意思を書面により表示している場合であって、その旨の告知を受けた遺族が当該臓器の摘出を拒まないとき又は遺族がいないとき。」という具合に従来とほぼ同義の規定をしているほか、2号では「死亡した者が生存中に当該臓器を移植術に使用されるために提供する意思を書面により表示している場合及び当該意思がないことを表示している場合以外の場合であって、遺族が当該臓器の摘出について書面により承諾しているとき。」と規定している点が大きな変更点である。また、同条2項では、改正前の規定の一部（「その身体から移植術に使用されるための臓器が摘出されることとなる者であって」）が削除され、「前項に規定する『脳死した者の身体』とは、脳幹を含む全脳の機能が不可逆的に停止するに至ったと判定された者の身体をいう。」と改められた。ここだけみると、脳死判定をされれば一般的に人の死だというように一応読めるようにも思われる。しかも、同条3項では、臓器摘出に係る判定（同条2項）に関して、「当該者が第1項第1号に規定する意思を書面により表示している場合であり、かつ、当該者が前項の判定に従う意思がないことを表示している場合以外の場合であって、その旨の告知を受けたその者の家族が当該判定を拒まないとき又は家族がないとき。」(1号) または「当該者が第1項第1号に規定する意思を書面により表示している場合及び当該意思がないことを表示している場合以外の場合であり、かつ、当該者が前項の判定に従う意思がないことを表示している場合以外の場合であって、その者の家族が当該判定を行うことを書面により承諾しているとき。」と規定する。要するに、家族の意思表示が重みを持つことになったのである。

第2に、これと関連して、臓器提供年齢の制限が撤廃されたので、家族の同意があれば、15歳未満の者の間での臓器移植も可能となったという点も重要である。これも実は大きな変更点になる。従来、小児の臓器移植が国内で

は実際上困難であったのが，この変更により，制度的に大きな方向転換をしたことになる。

　第3に，親族への優先提供の意思表示規定 (6条の2) が新設されたことにより，親族への優先的な移植の意思を書面により表示することが可能になった点である。これも，ある意味では特徴的なところであって，今までは公平性という観点から，「親族に提供したい。」とドナーのほうからは言えなかったのであるが，親族については優先的に移植の意思を書面によって表示することができるようになった。

3　改正法の施行は何をもたらしつつあるのか

　それでは，改正法の施行は何をもたらしつつあるのか。課題も含めて，この点を分析しておこう。

　第1に，旧法では，本人が臓器提供を希望して，家族もこれに反対しない場合に脳死が人の死とされるので，いわば「死の相対化」を暗黙のうちに含んでいた。また，法文の「玉虫色」という性格から，脳死はまだ人の死ではない，という解釈の余地も残されていた。しかし，改正法は鮮明に脳死を人の死と規定した，と解することができる。臓器提供年齢を撤廃したことは，それを補強するものである。なぜなら，同意能力のない幼児であっても，親の同意で臓器提供が認められる以上，脳死を人の死と解さないかぎり，臓器摘出は不可能だからである。強力な脳死反対論は（なお一部で存在するとはいえ）影を潜めつつあり，脳死が人の死である，ということに理解を示す傾向が強まりつつある。もちろん，本法はあくまで臓器移植法であることから，「臓器移植の枠を超えて統一的に脳死が人の死だ。」とまで規定したとは断言できない。しかし，刑法で言えば，殺人罪の客体の是非に影響を及ぼすし，民法で言えば，相続の問題に影響を及ぼすので，具体的問題が生じた場合，臓器移植の場面以外でもこの改正法が引き合いに出される可能性は高まった，と言える。

第2に，臓器提供意思システムの変更がもたらしている点に言及しなければならない。改正法が採用する「拡大された承諾意思表示方式」により，家族あるいは遺族の承諾が重視される結果，臓器提供数が著しく増加しつつあるのは，かつて「日本人は脳死移植に心情的抵抗が強い。」と言われたこととどのように関係するのであろうか。むしろ，「死後に家族の臓器を役立てて欲しい。」という談話が提供家族から聞かれる。同時に，家族に選択の重責が委ねられる結果，家族に想像以上のプレッシャーがかかりつつある。普段から臓器提供について話し合っていた場合はともかく，臓器提供の決断が短時間で迫られる場合は，決断のプレッシャーはなおさらである。適正な情報公開と家族の心理的動揺に対応するケアを行う専門家（臨床心理士等）の整備・充実が不可欠である。他方，医療者側にも，一方で，救命を望みつつも，他方で，どのタイミングで家族に臓器提供の話をもちかけるべきか，というジレンマが生じつつあるのではないだろうか。この点をいかに克服するかは，喫緊の課題である。また，家族が死者の意思を忖度して判断するのか，それとも遺族自身の判断として臓器を提供してよいと思うのか，という問題も重い課題である。家族の役割が問われ続けるであろう。

　第3に，小児の臓器移植の問題について若干の検討をしておく。臓器提供例は増加しつつあるが，小児の提供例はまだない。臓器提供年齢制限撤廃は，小児の臓器移植を目指したものであったが，現実は従前とあまり変わらないようである。そもそも小児の場合に臓器提供意思を忖度するということはあまり考えられない以上，両親が決断せざるをえないが，小児の看取りのすぐ後に臓器提供を申し出ることは心理的にも抵抗が強い，と思われる。そして，小児救急医療体制のさらなる整備も不可欠の前提であるし，何よりも十分な生存権の保障と十分な看取りの保障をすべきである。それでも困難はなお続くであろう。2009年3月のWHOの勧告案以来，臓器移植は自国で行うという原則が世界的に広まりつつあるが，小児の臓器移植に関しては，今後もアメリカ等の海外に渡航して行う方策がまだ続くことが予測される。

　第4に，臓器移植ネットワークを中心として今まで「公平性」の確保とい

う理念で運用されてきたが，臓器提供の親族優先主義が移植の公平性にどのような影響を及ぼすのであろうか。現段階ではなお不明確であるが，家族に提供のプレッシャーがかからないような配慮を様々に積み重ねる必要がある。

第5に，6条3項1号によると，独身者の場合で家族がいなければ，結局，家族に関係なく臓器を取られるということになる懸念にどのように対処し，これをどのようにチェックしていくか，も課題である。

第6に，臓器移植数がこのまま伸びれば，それを支える医療スタッフの不足がより深刻化するであろう。これが通常の医療に影響するのであれば，大きな問題となる。医療スタッフの確保は，国の責務である。また，臓器移植ネットワークの人材確保も不可欠である。

4　結　語

以上，改正法の施行とその後について分析をしてきたが，改正法の評価は，長期的スパンで行う必要がある。そして，適正な運用のためには，類似の臓器提供システムを採用する諸外国の運用状況（甲斐克則「ヨーロッパにおける臓器提供意思システム」Organ Biology Vol. 17, No. 1（2010）7頁以下［本書第11章］，甲斐・前出法学教室351号41-42頁［本書第9章］参照）を参考にしつつ，具体的な課題を自覚しつつ必要に応じて制度を充実させていくべきである。また，将来は，生体移植も同じ法律に一緒に規定した方がよい，と思われる。解釈論でかろうじて成り立っている非常に不安定な現状は妥当でない。

第11章
ヨーロッパにおける臓器提供意思システム
──ドイツ,スイス,イギリス,オランダを中心に──

1 序

臓器提供意思システムは,文化的背景,社会的背景および宗教的背景等,いろいろな要因が関わってくるので,当然ながら,国によって異なるところがある。本章の目的は,ヨーロッパにおける臓器提供意思システムについて,刑法・医事法の比較法的視点から,とりわけドイツ,スイス,イギリス,オランダを中心に述べ,日本の臓器提供意思システム(2009年改正臓器移植法を含む。)にとっての意義を模索することにある[1]。

2 ドイツ臓器移植法

まず,ドイツでは,以前は法律がない状態で臓器移植を行っていたが,1993年に,胎児を救うために脳死状態の妊娠4か月の妊婦を人工的に妊娠6か月まで「延命」させて帝王切開で分娩させようとした(結果的には失敗した)いわゆるエアランゲン・ベビー事件等を契機として,脳死が人の死か,という問題が再燃し,やはり臓器移植に関する法律を作ったほうがよいということで,1997年に臓器移植法(Gesetz über die Spende, Entnahme und Übertragung von Organ＝Transplantationsgesetz(＝TPG))が成立した。その後,人体組織も取り込んだ改正臓器移植法(正式には「臓器および組織の提供,摘出および移植に関する法律(Gesetz über die Spende, Entnahme und Übertragung von Organ und Geweben＝

Transplantationsgesetz（＝TPG））」：以下「ドイツ改正臓器移植法」という。）が成立している[2]。

このドイツ改正臓器移植法の特徴は，第1に，本人による生前の承諾があった場合に臓器摘出ができる，ということを原則としている点である（3条1項）。第2に，しかし，本人が拒否した場合には臓器摘出はできない（3条2項）。第3に，医師は臓器提供者の最近親者に臓器摘出を知らせなければならない（3条3項）。第4に，本人が承諾も拒否もしていない場合は，最近親者の承諾で臓器摘出ができるが，親族は，その決定に際して，臓器提供者の推定的意思を考慮しなければならない（4条1項）。この「推定的意思」という言葉が妥当なものかどうかは検討を要するが，あえて表現すれば，ドイツのシステムは，「広義の同意方式」ないし「拡大された同意方式」だと言える。すなわち，臓器提供意思モデルには，オプト・イン（オプティング・イン）方式とオプト・アウト（オプティング・アウト）方式があるが，特にそのオプト・イン方式について言えば，日本法は世界で最も厳格なオプト・イン方式を採っていたのに対して，ドイツ，あるいは後述のスイスやオランダでは，オプト・イン方式を原則としつつ，本人の提供意思がない場合には最近親者の承諾でもよいという形でこれを広げる「拡大された同意（承諾）方式」を採っているのである。この点に留意する必要がある。日本の2009年改正臓器移植法も，この方式を採用したわけである。なお，年齢制限については，ドイツでは承諾は16歳以上から可能であり，拒否については満14歳から可能としている（4条2項）。

3　スイス臓器移植法

つぎに，スイスでは，最近，目覚ましい動きある。スイスでは，2004年に，臓器移植法（Bundesgesetz über die Transplantation von Organen, Geweben und Zellen（＝Transplantationsgesetz），2004：以下「スイス臓器移植法」という。）が成立したが，施行され始めたのは，施行令ができた2007年からである[3]。スイス臓器移植法は，立法まで，そして立法から施行まで随分時間がかかったが，ドイツ，

フランス，イタリアおよびオーストリーに囲まれたスイスはどういう臓器移植法を作るのかにかねてより私自身関心を持っていた。結果的に採用されたのは，臓器，組織，細胞の摘出について原則として本人の承諾を要件とするオプト・イン方式であった（8条1項a）。しかも，承諾または拒否の文書が存在しない場合，最近親者が，本人の提供意思について照会することが義務づけられている（8条2項）。さらに，最近親者にこのような意思表示が知られていない場合，最近親者が摘出に同意すれば，摘出が許容される（8条3項）。もちろん，その際，脳死は人の死と考えられていることもあり，故人の推定的意思を顧慮することになる。したがって，ドイツのシステムとかなり近いものがある。最近親者がいないか連絡がつかない場合，摘出は許されない（8条4項）。このあたり，やはり少し限定を加えている。したがって，スイス臓器移植法は，スペイン臓器移植法に見られる徹底したオプト・アウト・システムとは明らかに異なる。

なお，故人の意思は，最近親者の意思に優先することになっている（8条5項）。したがって，スイスでは，本人の意思を家族の意思よりも重視するシステムになっている。しかも，故人が臓器等の摘出に関する決定を証明可能な程度で信頼の置ける人に委ねた場合，この者が最近親者に替わりうることになっている（8条6項）。家族に全権を与えないこのシステムは，スイスの特徴と言える。なお，提供意思は16歳以上の者が持ちうる（8条7項）。

以上のスイスのシステムは，オプト・アウト方式が広がりつつあるヨーロッパの中で，新しい法律でありながらもオプト・インを原則として採用したという点で，非常に注目に値する。

4 イギリス人体組織法

さらに，イギリスも，1961年人体組織法（Human Tissue Act 1961），1984年解剖法（Anatomy Act 1984）および1989年人体臓器移植法（Human Organ Transplants Act）[4]を全面統廃合改正して，2004年に新たな人体組織法（Human Tissue Act 2004：以下「イギリス人体組織法」という。)[5]を制定した。このイギリス人体組織法は，単に臓器移植だけではなく，ヒト組織の扱いおよびDNAの扱いをも含む非常に包括的な法律である。しかし，臓器移植のシステム自体は，1989年人体臓器移植法の枠組を基本的に維持している。

イギリス人体組織法は，原則として本人の「適切な同意 (appropriate consent)」を要件とするが，必ずしも厳格な意思表示を要求するものではない (5条)。そして，子どもの場合 (2条)，成人の場合 (3条)，同意能力を欠く成人の場合 (6条)，同意がなくても利用できる場合 (7条) のそれぞれの「適切な同意」について詳細に規定されている点に注意する必要がある。いずれにせよ，「適格性がある同意 (qualifying consent)」があればよいということであり，死亡前に与えられた本人の同意はもちろん一番尊重すべきものであるが，本人が同意を与えていなかった場合には，死亡前に本人と「適格性のある関係」にあった者の同意があればよいことになっている (2条2項)。「適格性のある関係」にある者の条件としては，例えば，子どもの場合は，親としての責任を持っている者 (必ずしも親権者とはかぎらない) の同意が必要だという要件が挙がっている (詳細は割愛する。)。したがって，イギリスのシステムは，臓器移植との関係では，ドイツやフランスに比べると緩やかな規定になっている，と言えよう。

5 オランダ臓器提供法

最後に，オランダでは，1998年に臓器提供法 (Regelen omtrent het ter beschikking stellen van organen (= Wet op de orgaandonatie；Organ Donation Act：以下「オランダ臓器提供法」という。)[6]が成立し，施行されている。実は，私が現在注目しているのは，このオランダであり，何度か調査にも行ったし，法学者や医学者等との親交がある。オランダと言えば，積極的安楽死を認める立法化をしたということで知られるが[7]，それ自体は問題だとしても，実はそれだけではなく，被験者保護法制[8]等，様々な医療制度の工夫が見られる国でもある。

臓器移植システムもそのひとつである。

オランダ臓器提供法[9]では、成人および12歳以上の未成年者に同意・反対意思表示の能力を認める（9条1項）。原則はオプト・イン方式であるが、「拡大された同意方式」である。また、同法34条に従って、保健福祉スポーツ大臣は、1998年に、地方自治データ登録で登録された18歳以上のすべての居住者がドナー登録の書式を受け取るよう手はずを整えた[10]。ドナー登録の書式は、4つの選択肢がある。その4つの選択肢とは、以下のようなものである。第1に、すべての臓器および組織もしくは一定数の臓器および組織のための死後のドナーとしての登録が義務づけられている（9条2項、10条2項）。この登録制度は、これまでの日本のように「ドナーカードを取りたい人はどうぞ」というシステムではなくて、一定の年齢に達したら全員に登録簿が送られるシステムである。もちろん、第2の選択肢として、「登録したくない」旨の登録もできる（9条2項、10条2項）。さらに、第3の選択肢として、最近親者に自己の死後の臓器を提供すべきか否かについての決定を委ねるという登録もできる（10条2項）。そして、第4に、特定の人に臓器提供の決定を委ねる登録もできる（10条2項）。

この登録制度は、きわめてユニークであり、しかも、9条に該当する者が臓器摘出に関する意思宣言をしていないときには、その死後、次の者によって同意が可能とされている（11条1項）。1番目に、その死まで一緒に生活していた夫または妻、2番目に、夫や妻がいないか連絡が取れない場合、直接に連絡が取れる二親等以内の成人の血族、3番目に、二親等以内の成人の血族がなく、または連絡が取れない場合、直接に連絡が取れる二親等以内の成人の姻族、そして4番目に、意思宣言の存在が知られていない12歳以上の未成年者の場合、親権を行使する両親または後見人、である。このように、それぞれ手順が詳細に決まっている。

オランダ臓器提供法は、1998年にできた法律であるが、どこの国でも臓器不足が指摘されているように、オランダでも当然ながら、オプト・アウト方式に変更してもっと臓器を増やしたらどうか、という意見はずっとあった。

ところが，最近オランダでは，いくつかの態度表現をして，結局，そういう安易な法改正はやめよう，ということになり，むしろ，臓器提供者リクルートシステムはとりあえず変更せずに，いろいろな工夫をすることになった。この点が非常に興味深いところである。まず，国レベルで様々な実態調査が行われたのである。若者が登録しないのはなぜか，等々，いろいろな心理社会的障害ともいうべき事情を分析して，そういう事情をいかにして克服できるか，ここ数年の間に教育プログラムの導入等，様々な取組みをした[11]。臓器提供法の運用に関して，定期的な評価も行っている。一連のドナー・リクルートシステムの工夫は，とりわけ学生登録数の増加を目指すものであり，2005年には臓器提供に関する若者向けキャンペーンを大々的に実施しており，その結果，学生の登録数は増加した。しかも2006年には，さらにそれを受けて，2006年1月以降，パスポートまたはIDカードを手渡すときに一緒にドナー登録証も受け取ってもらうというシステムにしたほか，電子ドナー登録の開発も行っている[12]。

ちなみに，死後の臓器摘出数は，1998年196件，1999年165件，2000年202件，2001年187件，2002年202件，2003年222件，2004年228件，2005年217件であり，また，2006年の臓器移植数は，446件（腎臓272件，肝臓67件，肺45件，心臓34件）であった[13]。しかも，最近親者との相談体制（consultation）を重視する取組みも行われている。

6 比較法的考察

以上，ドイツ，スイス，イギリスおよびオランダの臓器提供意思システムを概観してきた。結論として，ヨーロッパ諸国の臓器提供意思システムは必ずしも一様でないことがわかる。しかも，各国とも，様々な工夫をしている。ややデータが古いが，2002年段階で，居住者100万人あたりの年臓器提供率（PMP）は，スペインが33.7%，オーストリア24.3%，ベルギー21.9%，フランス20.0%，イタリア18.1%，ドイツ12.4%，オランダ13.6%，イギリス

13.1％，スウェーデン11.1％，スイス10.4％である[14]。スペインが圧倒的に多いのは，前述の臓器移植の法システムとも関係している。その次のオーストリアも，オプト・アウト・システムの国である。それから，ベルギーとフランスも，やはりオプト・アウトに近いシステムを採っている。オプト・イン・システムを採っている国は，総じて10％台である。

なお，その後の状況については，2009年9月25日にオランダのライデン市にあるEUROTRANSPLANTを訪問した際に学ぶことができた。EUROTRANSPLANTは，オーストリア，ベルギー，クロアチア，ドイツ，ルクセンブルク，オランダ，スロヴェニアが加盟する国際臓器移植協力機関である。その年次報告書によれば，2004年から2008年までのPMPは，オーストリア20.2％，ベルギー24.8％，クロアチア17.8％，ドイツ14.4％，ルクセンブルク18.6％，オランダ12.3％，スロヴェニア17.8％である[15]。

ここで，臓器提供意思システムを比較法的にまとめておこう。総じて，家族の同意を条件に臓器提供を認めるという「拡大された同意方式」を採っている国が多い。例えば，デンマーク，ドイツ，ギリシャ，イギリス，アイルランド，オランダ，スイスがそうである。「拡大された同意方式」では，提供者が生前に何らの指示も行わなかった場合には，近親者もまた臓器の摘出について決定することができる，という方式であり，したがって，近親者は患者の意思を推定することが決定の基礎をなす，というのが原則となる。アジアでも，例えば，最近の中国の人体臓器移植条例（2007年3月21日成立，同年5月1日施行）8条も，この方式を採用している。したがって，比較法的にみると，この方式は特異なものではない。

他方，「反対意思表示方式」（オプト・アウト方式）を採っている国も多い。これは，本人が生前に提供しない旨を意思表示していない以上，臓器摘出を認めるシステムであり，イタリア，ルクセンブルク，オーストリア，ポルトガル，スロヴェニア，スペイン，チェコ，ハンガリーという具合に，相当な勢いで増えている。スペインなどで臓器移植数が多いのは，この制度によるところも大きい，と言われている。フランスは，スペインとまったく同等では

ないが，やはりオプト・アウト方式であり，厳密には推定的意思を重視している。しかも，臓器あるいは身体というのはパブリックなものである，という前提でフランスでは議論し，法律もそうなっている。しかし，家族の役割が大きい日本でこの制度を採用するのは困難であろう。そういう状況下で，同じヨーロッパ内で，スイス，ドイツ，それからオランダが，「拡大された同意方式」に踏みとどまっている点に注目したい。

なお，その他若干違うモデルが，近親者もまた反対意思表示権を有するとする「近親者の異議申立権を伴う反対意思表示方式」（拡大された反対意思表示方式）であり，ベルギーとかノルウェーがこれを採用している。また，これとやや異なるのが，フランスやスウェーデンであり，「通知方式」を採用している。この場合，立法者は，生前に反対意思表示がない場合には臓器提供への用意があるということを前提にしており，死者が生前に，例えば，反対意思表示登録簿において，臓器摘出に明示的な反対の意思を表示した場合にのみ，臓器を摘出することができないことになり，さらに，近親者は，いかなる場合でも，計画された摘出について知らされなければならない，ということになる。しかし，近親者には，異議申立権は与えられていない。

7　結　語──日本の今後──

さて，以上の分析を踏まえて，日本で今後どのように考えていくべきか。特に臓器不足を理由としたオプト・アウト方式へ移行すべきだという提案もあるが，これはおそらく抵抗が強いであろう。日本の1997年臓器移植法は，世界で最も厳格なオプト・イン・方式を採っていたが，2009年改正臓器移植法は，「拡大された同意方式」を採用した[16]。これは，ヨーロッパのうち，特にドイツ，オランダ，スイスのシステムに近づいたように思われる。日本では，2010年1月末段階で85件の脳死臓器提供例にとどまるが，数は少ないものの，少なくとも本来の目的である公平性および公正さという観点からは，むしろ注目すべきことでもある。もちろん，需要数に提供数が追いつかない

という事実はあるが，それをどう克服するかは，今後の課題である。急激に制度変更をすると，信頼が揺らぐ懸念がある。したがって，それぞれ国民性があるので，どの国も一律にするわけにはいかない，と思われる。

　そこで，まず短期目標であるが，まず子どもの移植の問題がある。子どもの臓器提供年齢は，これまでは15歳であったが，改正法では年齢制限が撤廃された。今回の改正には，2009年3月26日付のWHOの勧告案（Human organ and tissue transplantation）の影響が強い。この勧告案は，要するに，臓器移植は原則として国内で実施し，基本的に海外に渡航して臓器提供・移植を求めない，というものである。国際移植医療学会も，すでに2008年のイスタンブール宣言でそういう議論をしている。こういう世界の動きが一方である中で，海外渡航移植に一定程度頼っていた日本としては，かなりこの要求を飲んだうえで，小児臓器移植を含め，国内で今後どう対応していくかということが緊急の課題とならざるをえないし，法改正もそういうことでなされたという経緯がある。このWHOの勧告案も，もともとと言えば，臓器売買に絡むところがあるわけで，特にフィリピンやインドなどでは，日本人が腎臓を買い求めに行ったり，中東から富裕層が一気に臓器を買い求めに行ったというようなこともあったりして，問題となったのである。そういうことのないように，できるかぎり国内で問題解決を図るようにという国際的要請がある。

　こうした現状を踏まえて，それでは海外への道は本当に閉ざされるのか，という点も考える必要がある。脳死判定あるいは臓器提供意思システムが変わったことによって，一定程度臓器提供数は増えるであろうが，それでもなお臓器不足は解消できない，と思われる。当面，海外に移植の道を求める人もなお残るのではないか，と思われる。そこらあたりのバランスをどう考えたらよいかと，いうことが課題となる。そのためには，正確な実態把握が不可欠である。

　つぎに，改正法は，「拡大された承諾意思表示方式」を採用したが，家族あるいは遺族の承諾の問題に関して，現行の「臓器の移植に関する法律の運用に関する指針（ガイドライン）」（平成9年10月8日付け厚生省保健医療局長通知）に

よれば，家族や遺族の範囲について説明がなされ，総意をまとめるとされているので，この点が新法でも変わらないとすれば，そこで取りまとめられる「総意」とはいったいどういうものを指すのか，とい点を詰めて考えておく必要がある。家族が脳死者の意思を忖度して判断するのか，それとも脳死者について，遺族自身の判断として臓器を提供してよいのか，特に小児の場合には忖度といったことがありうるのか，という問題を検討しておく必要がある。

また，6条3項1号によると，1人住まいの世帯も増えている中，今後高齢者から臓器提供があるかどうかわからないが，独身者の場合で家族がいなければ，結局，臓器を取られるということになる懸念もある。これをどのようにチェックしていくかも，課題である。

最後に，長期目標としては，いずれにせよ，改正法17条の2に基づき，地道な教育啓発活動を多角的観点から実施する必要がある，と思われる。改正法が医療現場や国民に定着するには，相当に時間がかかると思われるからである。再生医療との共存の道を模索しつつ，臓器移植の「公平性」と「公正さ」を確保していく必要がある。

1) 本章は，2008年11月23日に東京の六本木アカデミーヒルズで開催された第35回日本臓器保存生物医学会シンポジウム「ドネーションに関する欧米の相違——日本はどこを学ぶべきか——」において報告した原稿に，その後の臓器移植法改正および海外調査等の知見を踏まえて加筆修正を施したものである。
2) ドイツの旧臓器移植法の詳細については，町野朔＝長井圓＝山本輝之編『臓器移植法改正の論点』(2004・信山社) 173頁以下所収のアルビン・エーザー(長井圓＝井田良訳)「ドイツの新臓器移植法」等参照。また，改正臓器移植法の詳細については，2009年3月16日に早稲田大学で行われたドイツ・マックス・プランク外国・国際刑法研究所主任研究員のハンス-ゲオルク・コッホ (Hans-Georg Koch) 博士の講演「補充交換部品貯蔵庫および生体試料供給者としての人か?」(早稲田大学比較法研究所主催，早稲田大学グローバルCOE《企業法制と法創造》医事法グループ・刑事法グループ共催) では，ドイツの最新の臓器移植問題の状況が述べられた (講演訳 (甲斐克則＝福山好典＝新谷一朗訳) として比較法学 (早稲田大学) 43巻3号 (2010) 155頁以下［本書資料1］参照)。

3) スイス臓器移植法の詳細については，2009年7月21日に早稲田大学で行われたスイス・チューリヒ大学法学部のクリスチャン・シュワルツェネッガー (Christian Schwarzenegger) 教授の講演「スイス臓器移植法」（早稲田大学比較法研究所主催，早稲田大学グローバルCOE《企業法制と法創造》医事法グループ・刑事法グループ共催）でも，その詳細が紹介されたが，その講演訳（甲斐克則＝福山好典訳）として比較法学（早稲田大学）44巻1号（2010）1頁以下［本書資料2］参照。なお，それに先立つ2008年5月24日に慶應義塾大学で開催されたバーゼル大学法学部のクルト・ゼールマン（Kurt Seelmann）教授の講演（井田良教授訳）「スイス新臓器移植法（2007年7月以降）をめぐる重要問題」でも，有益な知見を得た。
4) イギリスの旧人体組織法の詳細な分析については，唄孝一『臓器移植と脳死の法的研究――イギリスの25年――』(1988・岩波書店) 参照。
5) イギリスの新人体組織法の詳細な分析については，田中嘉彦「英国――2004年人体組織法――人体組織・解剖・臓器移植関係法の再編」ジュリスト1287号（2005）131頁，宇都木伸＝佐藤雄一郎「人由来物質の研究利用――イギリスの新しい『人組織法』――」東海法科大学院論集1号（2006）55頁以下，佐藤雄一郎「The Human Tissue Act 2004」年報医事法学21号（2006）207頁以下，甲斐克則「イギリスの人体組織法と刑事規制――いわゆる『DNA窃盗』を中心に――」法学研究（慶應義塾大学）80巻12号（2007）273頁以下参照。
6) 本法の詳細については，臓器移植法研究会（山下邦也）「オランダの臓器提供法案――世界の臓器移植法(六)――」奈良法学会雑誌8巻2号（1995）163頁以下，同「オランダ臓器提供法の成立――世界の臓器移植法(七)――」奈良法学会雑誌9巻2号（1996）115頁以下，山下邦也「オランダにおける臓器提供法の現状――ドナー登録の開始に関連して――」香川法学18巻2号（1998）139頁以下参照
7) この点については，山下邦也『オランダの安楽死』(2006・成文堂) 233頁以下およびペーター・タック（甲斐克則編訳）『オランダ医事刑法の展開――安楽死・妊娠中絶・臓器移植――』(2009・慶應義塾大学出版会) 31頁以下参照。
8) この点については，甲斐克則『被験者保護と刑法［医事刑法研究第3巻］』(2005・成文堂) 113頁以下参照。
9) タック・前出注(7)（甲斐編訳）155頁以下参照。
10) タック・前出注(7)（甲斐編訳）155頁参照。
11) タック・前出注(7)（甲斐編訳）159頁以下参照。
12) タック・前出注(7)（甲斐編訳）167頁以下参照。
13) タック・前出注(7)（甲斐編訳）165頁および168頁参照。
14) タック・前出注(7)（甲斐編訳）163頁。
15) EUROTRANSPLANT INTERNATIONAL FOUNDATION, Annual Re-

port 2008, p. 26.
16) この点の詳細については，甲斐克則＝岩志和一郎＝絵野沢神＝有賀徹「〈座談会〉改正臓器移植法の意義と課題」Law & Technology No. 45 (2009) 4 頁以下，甲斐克則「改正臓器移植法の意義と課題」法学教室 351 号 (2009) 38 頁以下［本書第 9 章］，辰井聡子「脳死・臓器移植」甲斐克則編『レクチャー生命倫理と法』(2010・法律文化社) 102 頁以下等参照。

第12章

スペインにおける臓器移植
――バルセロナでの調査から――

1 序

　スペインは，脳死体からの臓器移植数が世界で最も多いことで知られている。しかし，スペインの臓器移植制度および実態の詳細については日本であまり知られていない。なぜスペインでは，臓器移植数が多いのだろうか。それは，いかなる制度，いかなる人材が支えているのであろうか。日本でも，臓器移植法が 2009 年に改正されて，本人の臓器提供意思のほかに家族の承諾を要件とする世界で最も厳格な「オプト・イン方式」から，本人の臓器提供意思がなくても家族の承諾で臓器提供が可能な方式へと移行した[1]。この「拡大された同意システム」は，ドイツ，スイス，オランダ，イギリス，アイルランド，デンマーク，ギリシャ等でも採用されている[2]。これに対して，スペインでは，本人が臓器提供拒否の意思表示をしていない以上，臓器を摘出してもよいとする「オプト・アウト方式」を採用している。このシステムは，他に，イタリア，ルクセンブルク，オーストリア，ポルトガル，スロヴェニア，チェコ，ハンガリーでも採用されている。その中でも，スペインは，臓器提供数が傑出している。その要因は何であろうか。

　このような問題意識から，私は，2011 年 3 月 20 日からスペインのカタルーニャ（Catalunya, Catalonia）地方の中心都市バルセロナ（Barcelona）に調査に出かけた[3]。東日本大震災の直後で，余震も続き，出張可能か危ぶまれた中で，何とか出発し，バルセロナに無事に行くことができた。3 月 23 日からはフラン

スのトゥールーズ大学法学部での第5回日仏生命倫理ワークショップ「ロボティクスと医療（Robotics and Medicine）」で「医療ロボティクスと法的倫理的責任」の問題について，そして同大学医学部での第2回日仏少年問題ワークショップ「校内暴力（School Violence）」で，「いじめ」の問題についてそれぞれ報告をすることになっていたので，バルセロナでの調査は，正味2日間であった。バルセロナは，スペインのカタルーニャ地方の中心に位置し，独自の文化的・歴史的地位を占めているが，臓器移植でもスペインをずっとリードしてきたし，現在もそうである。アントニ・ガウディの建築による「サグラダ・ファミリア聖堂」とサッカーのプロリーグである「バルサ」でも有名である。スペインでは，「アクティブな教育を受けた，臓器提供を専門とする医師や看護師を中心とする移植コーディネーターチームを救急現場に配備するプログラムである」TPM（Transplant Procurement Management）が，1990年代後半からバルセロナを中心に始まり，1993年以降に臓器提供数が飛躍的に増加した，と言われている[4]。それは，「スペイン・モデル」[5]とも呼ばれる。

　調査は，日程の都合上，2つの施設に絞った。3月21日には，アポイントメントを取っていたバルセロナ市内のバイ・デ・ブロン大学病院（Hospital Vall d'Hebron）を訪問し，Teresa Pont 博士と Núria Masnou 博士に対してスペインの臓器移植制度と実態についてヒアリングを行った。質問に対して丁寧な回答をしていただいたほか，貴重な資料もいただいた。特に Teresa Pont, Donation Process: Detection, Evaluation and Selection Criteria というパワーポイント・データ，N. Masnou, T. Pont, P. Salamevo, Activity and functions of the Coordination Team Transplant at Hospital というパワーポイント・データ，および Teresa Pont, Núria Masnou, Joan Gener, Myth and Facts―What should We know about Neurocritical Patients' Evolution and Organ Donation? A multicentric Study in Catalonia, Spain というパワーポイント・データは，実に参考になった。3月22日には，アポイントメントを取っていたバルセロナ市内の（（サッカーで有名な「バルサ」の拠点のサッカー場近くにある）カタルーニャ臓器移植機構（OCATT（Organització Catalana de Transplantaments＝Catalan Transplant Organization））の Alba Ribalta 博士に対してスペインの臓器移植制度と実態のほか，人材育成制度についてヒアリングを行った。Ribalta 博士からは，私のために独自に作成していただいた詳細なパワーポイント・データおよび貴重な資料を多くいただいた。これらの中には，日本でも参考になるものがある。

以下，本章では，これらの調査から得られたデータおよび資料に基づいて，まず，スペイン（特にカタルーニャ地方）における臓器移植制度の背景を述べ，つぎに，その現行の制度（臓器移植のための人材育成制度）について述べ，最後に，スペインにおける臓器移植の実態について述べることにする。なお，図表は，上記 Ribalta 博士が私のために作成していただいたスライド（Innovation in Donation and Transplantation—"from The Catalan Model to The Spanish Model"）に拠るものであり，その中から必要なものをピックアップして番号を付した。

2 スペイン（特にカタルーニャ地方）における臓器移植制度の背景

1 スペイン（特にカタルーニャ地方）における臓器移植発展の契機と背景

まず，スペイン（特にカタルーニャ地方）における臓器移植の背景から述べておくのが理解の前提として有益と思われる。

カタルーニャ地方は，人口約 740,000 人（2010 年段階），31,850 平方キロメートルの規模であり，スペイン自治区のひとつである。歴史的に自治を尊重することから，ヘルスサービス・システムもスペイン国内においても独自の発展を遂げたものがあり，1990 年には，カタルーニャ保健機構法（Catalonian Health Organization Law）が成立している。移植医療も 40 年前から盛んであり，1965 年には，スペインで初めての腎臓移植に成功している。1979 年には，詳細なデクレが付いたスペイン臓器移植法（Ley 30/1979, de 27 de octubre, sobre extracción y trasplante de órganos：the Spanish Law on Transplants）が成立した。本法では，本人が臓器提供を拒否していない以上臓器摘出可能とする「オプト・アウト方式」が採用された。しかし，Pont 博士と Ribalta 博士に対するヒア

リングによれば，実際は，ソフトな推定的承諾（soft presumed consent），すなわち，家族ないし近親者の承諾を得て臓器摘出が行われているとのことである。本法により，脳死を人の死とする神経学的基準に基づいて死亡診断がなされることになった。これにより，1980年代に，腎臓移植が著しく発達し，他の類型の移植も実施された。こうした発達により，移植プロセスのあらゆる点を組織しコーディネートすることができるシステムがカタルーニャ地方で誕生することになったのである。それは，移植の質と量を増進するためのものであり，「カタルーニャにおける移植のための組織的モデル（Organizational Model for Transplants）」と呼ばれた[6]。

このモデルの第1の核心部分は，1982年に機能し始め，カタルーニャ政府（Generalitat）の保健医療・社会安全省（Department of Health Care and Social Security）が「慢性腎臓疾患ケア・プログラム（Chronic Kidney Failure Care Program）」を作った。そのプログラムの目的は，とりわけ，すべての慢性腎臓疾患の全患者が治療モードにアクセスできる統合的ケア・プログラムを提供することにある。この目的を実現するために，この患者グループに注がれる医療上の注意をコーディネートすることが行われた。このプランは，腎臓移植と在宅人工透析を増進することを重要視する。「PAIR」プログラムも，アドバイザリー委員会（advisory commission）を生み出した。この委員会の仕事は，末期の腎臓疾患患者のケアの共通のクライテリアおよび臓器提供に関する公衆健康教育キャンペーンを含んでいた[7]。

2 カタルーニャ臓器移植コーディネーティング・センター設立からカタルーニャ臓器移植機構（OCATT）への改組

1984年，臓器修復（organ-retrieval）および臓器移植の病院が充足すべき要件が，1979年の臓器移植法に符合するように規定された。その要件のひとつは，各病院は，臓器を獲得する全体のプロセスに対して責任を有すべき者，すなわちコーディネーターを指名すべきである，というものであった。

移植実施数は増加し続けたので，組織の必要性が生じた。この組織は，移

植プログラムを有する異なった病院の待機リストを管理することになり，また，カタルーニャ地方のみならず，スペインにおける他の地域においても臓器修復および臓器移植センター間の臓器の配分および置換をコーディネートすることになった。かくして，1985年に，カタルーニャ臓器移植コーディネーティング・センター (Transplant Cordinationg Center of Catalonia) が，カタルーニャ政府 (Generalitat de Catalunya) の保健医療・社会安全省のコントロール下に設置された。このセンターの基本的機能は，スペイン全土のみならず，スペインとヨーロッパの他の諸国との間の臓器交換をコーディネートすることであった。

スペイン国内の他の地域における移植活動が増加した結果，1989年に，スペイン政府の保健医療省 (Ministry of Health Care of the Spanish Government) のコントロール下に，国立臓器移植機構 (National Transplant Organization＝(ONT)) が設置された。ONTは，カタルーニャ地方を除くスペインの全自治州内の臓器交換をコーディネートする仕事を担った。

臓器，人体組織および骨髄の移植という方法で行われるカタルーニャの保健行政を法的に支援する必要性を統合し強化する必要に迫られ，1994年5月26日付の勅令で，カタルーニャ臓器移植機構 (Catalan Transplant Organization＝OCATT) が設立されることにより，カタルーニャの臓器移植コーディネーティング・センターの再構築がなされたのである[8]。

OCATTには，現在（私が訪問した2011年3月段階），約30名のスタッフが勤務し，精力的に活動している。

3　スペインにおける2つの臓器移植コーディネーション機構：ONTとOCATT

かくして，現在，スペインでは，臓器置換のコーディネーションについて，2つの部局が共存する。すなわち，カタルーニャ地方を除く全自治体におけるコーディネーションを行うONTと，カタルーニャ内でのコーデネーティングに加えてスペインと国際機構との間の臓器置換をコーディネートする任

務を引き受ける OCATT である。カタルーニャ地方と他の自治体との間の臓器のコーディネーションは，ONT によって行われるが，それは，臓器移植分野の専門家の年毎のコンセンサスにより合意された配分基準に合致し，そして国民医療制度（National Health System（Comisión Permanente de Trasplantes del Consejo Interterritorial del Sistema Nacional de Salud））の国際評議会の移植に関する常設委員会によって承認される。この委員会は，17 の全自治体および ONT の代表者によって構成されており，国家規模での重要な臓器移植関連のあらゆるトピックに関する討論やコンセンサスのためのフォーラムとなっている[9]。

なお，スペイン全体で，155 の病院が臓器提供施設として認定を受け，48 の病院が臓器移植の施設として認定されている。

3　スペインにおける臓器移植制度の現状

それでは，スペインにおける臓器移植制度の現状の詳細はどのようになっているのであろうか。まず，スペインの臓器移植の組織化モデルは，提供—移植プロセスに関わる様々な専門分野の専門知識を有するプロフェッショナルたちの協力とチームワークに基づいていることが重要な特徴である。それは，また，ヘルスケアのプロフェッショナルとヘルスケアの行政との間の親密なコラボレーションにも基づいている点も重要である。彼らは，以下のような役割を伴うネットワークを形成している。

1　臓器移植関連の活動を行うセンター

カタルーニャは，臓器移植関連の活動を行う病院の広範なネットワークを有している。これを実践するために，各センターは，カタルーニャ政府（Generalitat）の保健医療・社会安全省から行政権限を得なければならず，その権限は，法的決定によって確立されかつヘルスケア計画の基準にも基づいた（インフラと人員に関する）一定のルールに従ったものでなければならない。こ

れらの権限は，臓器摘出，臓器移植，もしくは人体組織バンキング（tissue-banking）といった特殊な活動類型に限定して，また，移植される予定の臓器または人体組織の類型に関して細分化された活動類型の範囲内で認められるものである。

2　病院の移植コーディネーター

　移植コーディネーターの形態は，カタルーニャの組織化モデルのスムーズな作業にとってきわめて重要である。各コーディネーターは，彼または彼女の病院および地域のレファレンスの範囲内で，臓器および人体組織の最大数の獲得，ならびにその質の保証について責任を有する。

　臓器および人体組織を獲得し移植する権限を与えられたカタルーニャの各病院は，その処理において専門医の資格を有する常勤または非常勤の移植コーディネーターを有しており，それは，移植プログラムとセンターの活動量に依存している。活発な活動をしている病院では，コーディネーターは，医師および看護師から成るプロフェッショナルのチームによって支援される。通常，移植コーディネーターは，病院の医療上の管理に就いており，個別の移植プログラムから独立している。

3　人体組織適合試験実験室

　バルセロナの病院クリニックの人体組織適合試験実験室（histocompatibility laboratory）は，カタルーニャにおける腎臓移植のためのHLA分類の実践のためにレファレンスの実験室として認定されている。ここでは，異なる腎臓移植ユニット（Unidades de Trasplante Renal-UTR）からの待機者リストが集められ，腎臓の分配がカタルーニャ内での摘出を行う病院と移植を行う病院との間でコーディネートされる。スペイン国内の他の自治体もしくは他の国際的相互主義機構とコーディネーションが必要とされるときには，OCATTのみが介入する[10]。

　以上の活動を支えるのが，アドバイザリー委員会等である。それを概観し

ておこう。

4 アドバイザリー委員会

この委員会は，保健医療・社会安全省に十分な情報を提供する視点，および具体的なヘルスケア問題について相談する視点をもって構成される。利用可能な資源の費用対効果の高い利用のために，すべての患者に，各疾患と条件に見合う最も適切な治療へのアクセスを提供することが必要である。

様々な委員会が，臓器および組織の移植の組織的側面について議論してきた。このアドバイザリー委員会は，割り当てられた機能を実践する際に，カタルーニャ臓器移植機構（OCATT）と協力する。より具体的には，以下の委員会が存在する。各臓器移植の手順（腎臓・膵臓，肝臓，心臓，腎臓）のための委員会，角膜移植のための委員会，血管組織の摘出および移植のための委員会，骨組織の摘出，バンキング，および移植のための委員会，および造血幹（hematopoietic progenitors）のための委員会がある。

これらの各委員会は，相応のタイプの専門家である移植医とOCATTの代表者で構成されている。もうひとつの委員会も，臓器および組織の摘出のために特別に存在し，病院の移植コーディネーティング・スタッフとOCATTの代表者で構成される。これらの目的を達成するために，これらの委員会は，基本的に以下のような機能を有する。

- 各委員会が審議する移植類型を正当化する——スペイン国内の研究成果および国際的刊行物によって指導された——医学的基準を提言し，創出し，かつ定期的にアップツーデートなものにすること。
- 臓器および人体組織を獲得し，配分し，そして移植するという関係におけるプロトコールを提言し，創出し，かつ訂正すること。
- 移植患者待機リストの管理において，質が維持されることを保証すること。
- 各移植手順の効率性を参照して研究が行われるよう提言すること。
- 移植に関して保健医療・社会安全省からの一切の質問についてコンサルタントとして調査および報告書を準備し，かつそれに奉仕すること。

5　骨髄ドナー登録（REDMO）

　REDMO は，1991 年，白血病に対する闘いのための Josep Carreras（国際的に有名なオペラ歌手：筆者）国際基金のイニシャチブで創設された。それは，共同合意を確立したカタルーニャ政府の保健医療・社会安全省の支援で創出された。この合意により，カタルーニャ保健サービスは，REDMO において登録されたカタルーニャのドナーの HLA の分類に資金を支払う。カタルーニャ保健サービスは，適合性のある近親者がいないカタルーニャの患者に対する国際的な登録において，ドナーのための調査のマネジメントにも資金を出す。

　REDMO は，スペインにおける骨髄ドナー登録に責任があるし，また，自己自身の登録と国際的登録における調査のマネジメントについても責任があるし，家族以外の同種異系のドナーを必要とするすべての人々に対して責任がある。REDMO は，また，スペインの cord blood 設立において利用可能な cord blood ユニットについて登録の責任があるし，また，国際的な cord blood 設立におけるユニットの調査の管理をも行う[11]。

　以上の組織をまとめると，以下のようになる（図1）。

6　カタルーニャ臓器移植機構（OCATT）

　ヒトの臓器および人体組織の獲得を指導すべくデザインされた制度の創出およびヘルスケアの専門家の科学的な高度の専門的知識は，権限を付与された病院における移植手続の進歩に対して責任がある。しかしながら，この技術と相関的総合管理によって支援される患者の増加，および最も費用対効果の高い方法で利用可能な資源を利用するニーズにより，当該ステップ毎に移植プロセスを命令し，計画し，そしてプログラムする構造を有するのに好都合なコンセンサスが得られた。同時に，そのコンセンサスにより，臓器移植が増進されるであろうし，移植医療を行う患者の権利が必然的に保護されることになるであろう。

　こうした目的を果たすために，1994 年 5 月 26 日，OCATT が創設された。

図1 現行の OCATT の構成

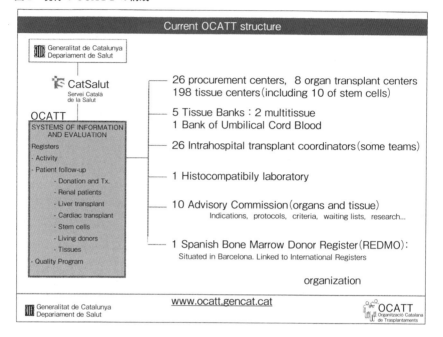

　OCATT は，カタルーニャ・ヘルスサービスの保健部門（Health Area）のコントロールの下で創設されたのであった。OCATT の目標は，治療目的のための臓器および人体組織の摘出，保存，配分，移植および置換に関係するすべての活動を計画し，命令し，かつコーディネートすることであり，それに以下のような機能を割り与えている。
　a）臓器および人体組織の提供の増進。
　b）移植分野における研究の増進。
　c）すべての摘出および移植手続を導くためのプロトコールの増進および入念な仕上げ。
　d）臓器置換のオーガナイズィング。
　e）共同合意の提案の準備。
　f）この領域での活動を計画する際に雇傭されるリソースの費用対効果の

高い利用をいかにマキシマムなものにするかを評価するための調査および報告書の準備。

g）新たな移植プログラムの水先案内をすることを考えるための調査および報告書の入念な仕上げ。

h）保健医療・社会安全省，およびこれらの問題を扱うその他の副次的団体に対して相談を提供すること。

OCATT は，臓器および人体組織の提供および移植に関わる専門職者によって支援され，アドバイザリー委員会によって外部からも支援される。OCATT は，ディレクター，テクニカル・チーム，行政ユニット，および臓器置換コーディネーション・ユニット（Organ Interchange Coordination Unit＝UCIO）から構成される。2000 年に行われた改正により，心臓，肺，肝臓，造血幹細胞移植の腎臓を受けた患者の登録を管理する専門職者は，OCATT に編入されている。これらの登録に関係する活動により，これらの患者の主な特徴を知ることができ，移植の結果およびフォローアップについての情報を提供してくれるし，リソースを計画し契約するのにカタルーニャのヘルスサービスにとって有益な情報提供ともなる[12]。

7　OCATT の現在の主な活動

OCATT の現在の主な活動は，2 つある。まず，A）カタルーニャ内，カタルーニャとスペイン国内の他の州（ONT を通して）との間の，そしてスペインと国際的な臓器置換のための機構との間の臓器置換のコーディネーションに由来する活動である。これらの活動は，UCIO によって行われ，UCIO は，年間を通じて毎日 24 時間体制でサービスを提供する。2 人が義務づけられており，1 名は常駐，もう 1 名は呼出しであり，テクニカル・チームのメンバーの追加的支援と監督を受ける。UCIO の最も重要な仕事は，以下の 4 点である。

1）カタルーニャの移植病院から肝臓，心臓，肺，および膵臓の移植のための候補者の待機リストをまとめ，アップツーデートなものにすること。

腎臓移植候補者のリストは，人体組織適合試験実験室に置かれる。
 2）病院移植コーディネーター，ONT，もしくは国際的な臓器置換機構によって提供された臓器の配分。これは，カタルーニャ移植アドバイザリー委員会によって規定され，かつ他の自治体と最終的に合意された優先づけ基準によって行われる。
 3）移植プロセスにおいてドナーとレシピエントをマッチングさせるのに関係する手法を促進すること。
 4）公衆に情報提供すること。

つぎに，B）提供および移植の増進に由来する活動である。これらの活動は，移植分野の医療専門職者およびこの分野での他の社会団体とのコラボレーションで行われる。主なものとして，以下の活動がある。
 1）専門的トレーニングと開発。これには，① 移植コーディネーションにおける国際的レベルのアドバンスト・コースである「TPM」，② ユーロトランスプラントによりデザインされたヨーロッパ・ドナー病院教育プログラム（European Donor Hospital Education Programme＝EDHEP），③ 移植のアドバンストコースがある。
 2）公共教育キャンペーン。
 3）移植を受けた患者の登録活動[13]。

以上のように，カタルーニャだけみても，臓器移植のための大きな制度的支柱とそれに伴う実に配慮の行き届いた細かい実践的制度が看取できる。これらが，スペイン全土に展開されていることが，スペインの臓器移植数と制度を支えている，と言えよう。

4　スペインにおける臓器移植の実態

最後に，スペイン全体の臓器移植の実態の概略をみておこう[14]。2009年段階で，スペインでは，腎臓移植が2,328件，肝臓移植が1,099件，心臓移植

が274件，肺移植が219件，膵臓移植が97件，骨髄移植が11件，人体組織および細胞移植（ただし2008年）が11,000件であり，全体で4,028件である（図2参照）。人口100万人当たりの割合（pmp）は，86と高い。

カタルーニャ地方では，2009年段階で，腎臓移植が524件，肝臓移植が202件，心臓移植が42件，肺移植が51件，膵臓移植が25件，骨髄移植が0件，人体組織および細胞移植（ただし2001-2008年）が3,071件であり，全体で3,071件である（図3参照）。スペイン全体の21％を占めるほど多いことがわかる。人口100万人当たりの割合（pmp）は，113であり，これもスペインの中でも最も高いことがわかる。

1984年から2009年までのカタルーニャにおける臓器移植数の推移は，図4のとおりである。1994年当たりからの増加が著しい。おそらく，これは，OCATTの創設時期（1995年）と大きく関係しているものと思われる。

図2　スペインにおける臓器移植数

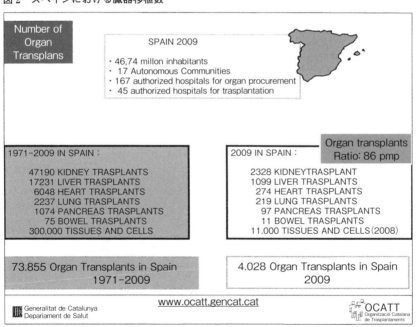

図3 カタルーニャにおける臓器組織および細胞移植数

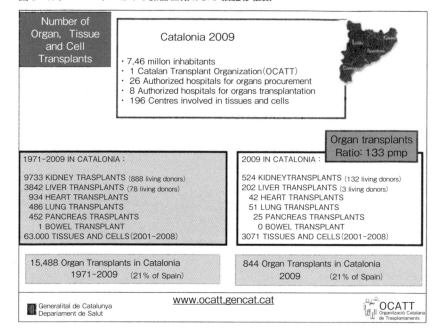

1984年から2009年までのカタルーニャにおける死体ドナー数の推移は，図5のとおりである。これも，OCATTの創設時期と符合して，1995年当たりからの増加が著しい。

5 結 語

以上，バルセロナでの調査に基づいて，スペイン，特にカタルーニャ地方における臓器移植制度とその実態について述べてきた。そこでは，臓器移植のための大きな制度的支柱とそれに伴う実に配慮の行き届いた細かい実践的制度が看取でき，示唆を得るものがいくつもあった。何よりも，徹底した情報公開には，大きな関心をもった。これらが，スペイン全土に展開されていることが，スペインの臓器移植数と制度を支えていることが改めて実感でき

図4 カタルーニャで実施された移植数の推移（1984年-2009年）

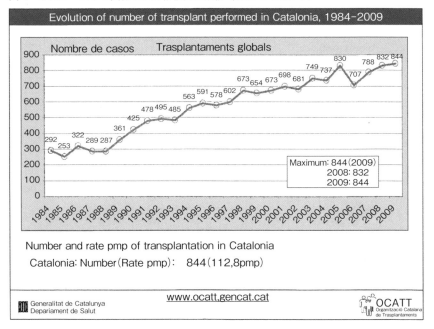

た。もちろん，そこには，表には出ない問題点があると思われる。例えば，終末期医療との関係で，しっかりした看取りがどの程度できているか，小児の臓器移植はどうなっているのか，生体移植はどうなっているのか等，調査しなければならない点もある[15]。それらは，今後の課題である。

1) 日本の臓器移植法改正については，甲斐克則＝岩志和一郎＝絵野沢伸＝有賀徹「〈座談会〉改正臓器移植法の意義と課題」Law & Technology No. 45（2009）4頁以下，甲斐克則「改正臓器移植法の意義と課題」法学教室351号（2009）38頁以下［本書第9章］，同「改正臓器移植法の施行とその後」法学セミナー672号（2010）34頁以下［本書第10章］，辰井聡子「脳死・臓器移植」甲斐克則編『レクチャー生命倫理と法』（2010・法律文化社）102頁以下等参照。
2) 甲斐克則「ヨーロッパにおける臓器提供意思システム──ドイツ，スイス，イギリス，オランダを中心に──」Organ Biology Vol. 17, No. 1（2010・臓器

図5 カタルーニャにおける死体ドナー数の推移（1989年～2009年）

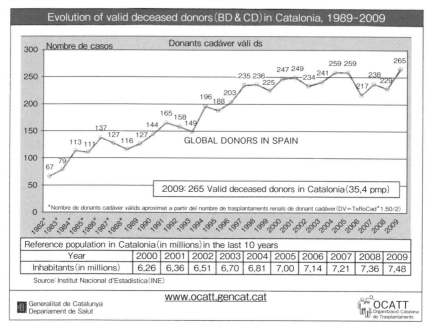

保存生物医学会）7頁以下［本書第11章］参照。
3) バルセロナに調査に行く準備段階で，スペインの友人である Salvador Ribas 氏と東京歯科大学市川総合病院角膜センター長の篠崎尚史先生に関係者との仲介の労をとっていただいた。ここに謝意を表したい。
4) 篠崎尚史「欧州モデルに学ぶ，医療文化と臓器提供推進機関のあり方」前出注(2)Organ Biology Vol. 17, No. 1, 27頁以下。
5) スペイン・モデルの詳細については，Teresa Pont 博士よりいただいた資料 Walking a Thin Line? Intensive Care Physicians as Hospital Trans Cordinators—New Challenges in the Donation Process に詳細に記されているほか，Rafael Matesanz, Beatriz Domínquez0Gil, Elisabeth Coll, Grolia de la Rosa and Rosario Marazuela, Spanish experience as a leading country：what kind of measures were taken?, Transplant International 24（2011）pp. 333-343 でも詳細に知ることができる。
6) See Generalitat de Catalunya, Department de Salut, CATALAN TRANSPLANT ORGANIZATION（OCATT）, December 2010, pp. 3-4.
7) See Generalitat de Catalunya, op. cit. note(6), p. 4.

第 12 章　スペインにおける臓器移植　　187

8) See Generalitat de Catalunya, op. cit. note (6), p. 4.
9) See Generalitat de Catalunya, op. cit. note (6), p. 5.
10) See Generalitat de Catalunya, op. cit. note (6), pp. 5-6.
11) See Generalitat de Catalunya, op. cit. (6), pp. 6-7.
12) See Generalitat de Catalunya, op. cit. (6), pp. 7-8 ; Generalitat de Catalunya, Department de Salut, Activitat de donació i trasplantament a Catalunya, 2009, p. 135ff.
13) See Generalitat de Catalunya, op. cit. (6), pp. 9-11.
14) 以下の図は，Ribalta 博士作成の Innovatio in Donation and Transplantation-"from The Catalan Model to The Spanish Model" というスライドから必要なものを取り出した。
15) See José Luis López del Moral, regulatory bases of living-donor transplantation, Nefrogia 2010 ; 30 (suppl), pp. 23-29. なお，Ribalta 博士からいただいた Generalitat de Catalunya, Department de Salut, Activitat de donació i trasplantament a Catalunya, Informe 2009 は，104 もの図表が入った詳細な報告書であるが，スペイン語という事情もあり（報告書の終盤に英文はある），今回は直接引用することを控えた。

第Ⅴ部

総括と展望

終 章

臓器移植問題の総括と今後の行方

1 序

　改正臓器移植法が2010年に施行されて、丁度5年になる。臓器移植は、社会にかなり定着してきたが、課題も多い。そもそも、臓器移植技術自体が、医療技術の中でも特殊な性格を有する。なぜなら、特に脳死臓器移植の場合、ドナーとなる脳死者からの提供を待って具体的に移植手続が始まるので、レシピエントの側も誰かに強く臓器提供を要求するわけにはいかないし（親族優先提供も基本的には同様。）、生体移植の場合も、ドナーは自らの健康を犠牲にしてでも「わが身を削って」臓器を提供するからである。したがって、臓器移植と医事法の関わりは多様であり[1]、人体の利用という観点から見ても、留意すべき点が必然的に多くなる。

　第1に、当然ながら、殺人罪ないし傷害罪の成否、すなわち、生命ないし身体の統合性という法益に関わる問題である以上、刑法が深く関係する。第2に、不法行為や相続とも関係することから、民法も深く関係する。第3に、中心法規である臓器移植法が深く関わることは、論を俟たない。その他、刑事訴訟法や医事関連法規とも関係する。まさに臓器移植は、医事法上の問題と関係する多様な現行法規範と深く関わらざるをえない。そこで、本章では、以上の点も含め、臓器移植問題の総括をすべく、全体の総論とも言うべき臓器移植と医事法の関わりについて、臓器移植法成立および改正の経緯等を中心に論じ、展望を示すべく課題を明示することにする。

2　臓器移植法成立までの経緯と医事法の関わり

1　脳死は人の死か。この問題は，欧米では人工呼吸器の中止の問題として議論されてきたが，日本では，1968年の札幌医大「和田心臓移植事件」以来，臓器移植問題と密接な関係をもって議論されてきた[2]。臓器移植を人体利用の一場面だとすると，生体であれ，純然たる死体であれ，脳死体であれ，被摘出体は，臓器移植供給源になる。このうち，脳死体は，脳死状態のことであるが，脳死を全脳の不可逆的機能停止（多くの国で採用されている全脳死説）とみるか，脳の中枢部分である脳幹の機能停止（イギリス等で採用されている脳幹脳死説）とみるか，大脳皮質の死（アメリカの一部の学説がかつて説いた大脳死説）とみるか，争いがあったが，現在では，全脳死説が一般的であり，日本でもこれが前提となっている。その判定基準としては，1985年（昭和60年）12月6日に公表された（旧）厚生省「脳死に関する研究班」（竹内一夫班長）の「脳死の判定指針および判定基準」（いわゆる「竹内基準」）があり，それによれば，(1)深昏睡，(2)自発呼吸の消失（人工呼吸器をはずして自発呼吸の有無をみる検査（無呼吸テスト）は必須である），(3)瞳孔固定（瞳孔固定し，瞳孔径は左右とも4mm以上），(4)脳幹反射の消失，(5)平坦脳波，(6)時間経過（(1)～(5)の条件が満たされた後，6時間経過をみて変化がないことを確認する。二次性脳障害，6歳以上の小児では，6時間以上の観察期間をおく。）が柱となっており，その後，いくつかの批判を受けつつ若干の補足を経て，現行法にもその基準が受け継がれている。

2　ところで，伝統的に人の死は，自発呼吸の停止，心臓の拍動の停止，および瞳孔の散大という3つの徴候の存否で判定されてきた（三徴候説）。これは，法律で明文化されていたわけではなく，そのような医療慣行を社会が暗黙のうちに受容していたのである。これによって，法的にも，民法上の権利・義務の消滅や相続をめぐる問題のみならず，刑法上の殺人罪の成否をめぐる問題も処理されてきた。ところが，人工呼吸器の普及に伴い，心臓の拍

動停止以前に脳死状態が発生することになったのである。そこで,「脳死こそが人の死ではないのか」,「そもそも脳死とは何か」,「脳死判定基準は何か」,「脳死は本当に人の死か」という問題提起がなされ,医事法学を含め,各方面で長年に亘り議論が展開されてきた[3]。そして,1990年(平成2年)2月に政府の諮問機関として設置された「臨時脳死及び臓器移植調査会」(いわゆる「脳死臨調」) が1992年1月22日付けで「脳死及び臓器移植に関する重要事項について(答申)」を公表し,多数意見は,竹内基準に基づき脳死を人の死と認めたうえで脳死体からの臓器摘出・移植を許容する,と提言した。少数意見は,脳死を人の死と認めずに,一定の条件下で脳死体からの臓器摘出・移植を認めるという違法性阻却論を主張したが,一定の条件さえ充足されれば脳死段階での臓器摘出・移植を許容するという点で多数意見と共通理解(いわゆる社会的合意) が得られた。

　これを契機に,国会に各種法案が出され,数度の廃案・提出の紆余曲折を経て,1997年(平成9年)6月17日に「臓器の移植に関する法律」(法律第104号。以下「旧臓器移植法」という。)が成立し,臓器移植については法的に「一応の決着」が着いたが,課題は多々残された。特に,脳死体の法的地位について,欧米では人工呼吸器の打切りの問題として脳死が議論されたが,日本では前述の「和田心臓移植事件」以来,臓器移植の問題と連動して議論されてきた,というところに特徴がある。したがって,脳死は法律上一律に人の死なのか,それとも臓器移植との関係だけで人の死なのか,あるいはそもそも脳死は人の死ではなく,法的に生体に属するのか,という問題が,臓器移植法成立後も続いた。

　3　問題となった旧臓器移植法6条1項は,「医師は,死亡した者が生存中に臓器を移植術に使用されるために提供する意思を書面により表示している場合であって,その旨の告知を受けた遺族が当該臓器の摘出を拒まないとき又は遺族がないときは,この法律に基づき,移植術に使用されるための臓器を,死体(脳死した者の身体を含む。以下同じ。)から摘出できる。」と規定してい

たため,「脳死体」について生体のようにも読めるし,死体のようにも読めるという「玉虫色」の文言が多様な解釈を生み出した。特に,脳死が人の死であるか否かの判断を本人の希望に委ねることに起因する「死の相対化」ないし二元論は,初期のころ,過剰報道がなされたこともあり,医療現場にも混乱をもたらした。しかも,世界で最も厳格な制度と言われていた本人の提供意思と家族が拒否しないという組合せによるオプトイン方式を採用したことも相俟って,提供数はあまり増えなかった。

3 臓器移植法改正諸案の概要

1 2009年7月17日に成立した「臓器の移植に関する法律の一部を改正する法律」(以下「改正臓器移植法」という。)は,「拡大された同意制度」へと衣替えをして2010年7月17日に全面施行された[4]。1997年の「旧臓器移植法」が成立して以後,この法律に基づく脳死判定は82例,臓器提供数は81例であったが,改正臓器移植法施行後,臓器提供数が一定程度増加し,日本臓器移植ネットワークによれば,2015年7月現在,331例［2016年8月現在,395例］の脳死臓器提供数である。さて,この制度変更と現状の変動をどのように受け止めるべきであろうか。

そもそも2009年度国会の改正論議の当初から複数の案があって,衆議院では後述のA案が採択されたとはいえ,参議院では議論が膠着して,廃案・再提出の可能性もあるかもしれないという予想もあった。ところが,周知のように,衆議院の解散という切迫した政治状況も絡み,参議院では,衆議院以上に多くの案が出されたにもかかわらず,予想外の速さで審議が行われ,A案が採択されたという経緯がある。しかし,参議院でも審議不十分な点もあり,採択されなかった案にも示唆深いものがある,と考えられる[5]。

2 まず,臓器移植法改正の経緯を簡潔に述べておこう[6]。旧臓器移植法が誕生して以来,臓器移植の年間数はあまり増えず,したがって臓器不足は

解消されてこなかった。もちろん，程度の差はあれ，臓器不足は海外でも同様である。この法律が施行後5年以内に予定していた見直しによる改正も行われないまま，10年以上経過したが，この間に，海外へ渡航して移植手術を受けた患者もたくさんいた。あるいは，それもできずに国内の移植を待ちつつ死亡した患者も多数いた。特に小児の場合は，国内での移植は困難であったということから，なお一層問題は深刻であった。

　こうした現状に対して，一方では，関係者からは国会の立法不作為ではないか，という批判も出されてきた。他方で，安易な法改正による対応に対しては批判的な声も根強く存在していた。こうした状況下で，第171回国会に複数の臓器移植法改正案が出され，旧臓器移植法が改正されたのである。

3　衆議院提出法案(1)――A案

そこで，つぎに，国会に出された改正案のポイントだけ簡潔に説明しておきたい。衆議院では4つの案が出された。まず，A案は，中山太郎議員ほかの提出に係るものであって，結論的には2009年6月18日の本会議において，投票総数430（欠席・棄権47）のうち，賛成263，反対167で，このA案が衆議院で可決された。最終的には，参議院でもこのA案が可決されたのである。

　このA案のポイントとして4点を挙げることができる。第1に，6条2項において，「その身体から移植術に使用されるための臓器が摘出されることとなる者であって」という文言を削除したという点が特徴である。これにより，脳死は一律に人の死である，という解釈が可能になったとの理解が広がる余地がある。ただし，この法律が依然として臓器移植のための法律であることから，この点についてはまだ不明確である。

　第2に，本人の書面による拒否がなく，家族が摘出に対して書面により承諾する場合にも臓器提供が可能となった（6条1項の2）。いわゆる同意システムがかなり変更になった，ということである。これは，重要な変更点となるので，あとで詳細に取り上げたい。これと関連して，年齢制限が撤廃されたので，家族の同意があれば，15歳未満の者の間での臓器移植も可能となった

という点も重要である。実は，これも大きな変更点になる。従来，小児の臓器移植が国内では実際上困難であったのが，この変更により，大きな方向転換をしたことになる。

　第3に，親族への優先的な移植の意思を書面により表示することが可能になった点である（6条の2）。これも，ある意味では特徴的なところであって，誰に提供するかということは，今までは公平性という観点から，「誰それに提供したい。」ということはドナーのほうからは言えなかったのであるが，親族については優先的に移植の意思を書面によって表示することができるようになったわけである。

　第4に，これは多くの案が規定しているが，移植医療に関する教育の充実，啓発に関する規定を設けている点（17条の2）も挙げておこう。

4　衆議院提出法案(2)——B～D案

つぎに，B案であるが，これは，石井啓一議員ほかの提出に係るものであり，特徴は3点ほどある。第1に，臓器移植の場合のみ脳死を人の死とし，12歳以上の者の意思表示を有効とするということで，枠組みとしては従来の法律の枠組みであるが，ただ，年齢を12歳まで下げたという点が特徴である。第2に，親族への優先的な移植の意思を書面により表示することが可能となったという点は，先ほどのA案と同じである。第3に，移植医療に関する教育の充実，啓発等に関する規定の創設もA案と同じである。したがって，B案固有の特徴は，第1の，年齢を12歳以上の者の意思表示を有効とした点である。

　さらに，C案は，阿部知子議員ほかの提出に係るものであるが，これは枠組みにかなり特徴がある。第1に，脳死判定基準を明確化・厳格化し，しかも検証機関を設置すべきであるという規定を盛り込んでいる点が特徴として挙げられる。しかも第2に特徴的なのは，生体からの臓器移植も規定に盛り込む，という点である。この生体からの臓器移植もあとで取り上げるが，非常に重要であり，ヨーロッパの多くの国ではこれを臓器移植法に同時に盛り込んでいる。しかし，日本の改正臓器移植法は，生体からの臓器移植につい

終章　臓器移植問題の総括と今後の行方　197

て結局取り込んでいない。第3に，臓器のほかに（人体）組織も規定に盛り込む，という点である。（人体）組織も，多くの国で臓器移植法の中に盛り込んでいるが，日本ではA案に（人体）組織はやはり含まれていない。C案は，これを盛り込んだらどうか，という提案であった点で特筆すべきである。それから，小児については，15歳未満の子どもの移植については変更がないということなので，小児移植をどう扱うのかという課題は，このC案だと，依然として残ったままになる。

　最後に，D案であるが，これは根本匠議員ほかの提出に係るものである。特徴として，第1に，家族の代諾と第三者の確認により15歳未満の子どもの臓器提供を可能にする，という点が挙げられる。これは，小児の移植の道を，家族の代諾と第三者の確認という方式で打開しよう，という提案である。第2の特徴は，前述のA案，B案と同じように，移植医療に関する教育の充実，啓発等に関する規定の創設，という点にある。

　以上の案のうち，上述のように，結局，A案が可決されたわけである。

5　参議院提出法案　このA案が参議院の審議に移ったが，参議院では，それを含めてもっと深い審議がなされるのではないか，という期待・予測に反して，結局，審議は不十分であった。確かに，案は，A案，B案，C案，D案のほかに，A案の修正案というのも提出された。このA案の修正案というのは，A'案とも言われるが，臓器移植の場合のみ脳死を人の死とするもので，この部分については従来の枠組みを残しつつA案に近い内容を盛り込む，という趣旨の案であった。

　その他，E案も提出された。これは，「子どもに係る脳死及び臓器の移植に関する検討等その他適正な移植医療の確保のための検討及び検証等に関する法律案」というやや長い法律案であり，略して「子ども脳死臨調法案」と言われるものであった。ところが，参議院の審議においては，結局，すでにA案が可決されていたので，E案の採決はされないままであった。したがって，参議院では，結局，A案と修正A案が実質的に採決に付され，最終的にA案

が可決されたのである。

4　改正臓器移植法の意義と課題

1　国会に提出された諸法案は，ある意味では今までの日本の臓器移植制度が抱えていた問題点を明らかにして，これを克服しようという側面もあった。そこで，それらを考慮しつつ，なお検討すべき課題をいくつか抽出しておこう。まず，改正臓器移植法は，同時に脳死体からの臓器提供という道をかなり広くしたので，脳死が法的にどのようになったか，を確認する必要がある。

2　旧臓器移植法6条1項は，「医師は，死亡した者が生存中に移植術に使用されるために提供する意思を書面により表示している場合であって，その旨の告知を受けた遺族が当該臓器の摘出を拒まないとき又は遺族がいないときは，この法律に基づき，移植術に使用されるための臓器を，死体（脳死した者の身体を含む。以下同じ。）から摘出することができる。」と規定していた。また，同条2項は，「前項に規定する『脳死した者の身体』とは，<u>その身体から移植術に使用されるための臓器が摘出されることとなる者であって</u>脳幹を含む全脳の機能が不可逆的に停止するに至ったと判定されたものの身体をいう。」（下線は筆者による。）と規定し，同条3項は，「臓器の摘出に係る前項の判定は，当該者が第1項に規定する意思の表示に併せて前項による判定に従う意思を書面により表示している場合であって，その旨の告知を受けたその者の家族が当該判定を拒まないとき又は家族がいないときに限り，行うことができる。」と規定していた。

ここからは，かりに脳死を人の死と認めるにしても，臓器移植の場合に限定する方向での解釈とならざるをえない規定の仕方が看取される。しかも，前述のように，本人が臓器提供を希望して，家族もこれに反対しない場合に，脳死が人の死とされるので，いわば「死の相対化」を暗黙のうちに含んでいたのである。また，法文の「玉虫色」という性格から，脳死はまだ人の死で

はない，という解釈の余地も残されていた[7]。

3　これに対して，改正臓器移植法6条1項は，「医師は，次の各号のいずれかに該当する場合には，移植術に使用されるための臓器を，死体（(脳死した者の身体を含む。以下同じ。)から摘出することができる。」として，1号では「死亡した者が生存中に当該移植術に使用されるために提供する意思を書面により表示している場合であって，その旨の告知を受けた遺族が当該臓器の摘出を拒まないとき又は遺族がいないとき。」という具合に従来とほぼ同義の規定をしているのに対して，2号では「死亡した者が生存中に当該臓器を移植術に使用されるために提供する意思を書面により表示している場合及び当該意思がないことを表示している場合以外の場合であって，遺族が当該臓器の摘出について書面により承諾しているとき。」と規定している点が大きな変更点である。

また，同条2項では，旧規定の下線部が削除され，「前項に規定する『脳死した者の身体』とは，脳幹を含む全脳の機能が不可逆的に停止するに至ったと判定された者の身体をいう。」と改められた。ここだけみると，脳死判定をされれば一般的に人の死だというように一応読めるようにも思われる。しかも，同条3項では，臓器摘出に係る判定（同条2項）に関して，「当該者が第1項第1号に規定する意思を書面により表示している場合であり，かつ，当該者が前項の判定に従う意思がないことを表示している場合以外の場合であって，その旨の告知を受けたその者の家族が当該判定を拒まないとき又は家族がないとき。」(1号)または「当該者が第1項第1号に規定する意思を書面により表示している場合及び当該意思がないことを表示している場合以外の場合であり，かつ，当該者が前項の判定に従う意思がないことを表示している場合以外の場合であって，その者の家族が当該判定を行うことを書面により承諾しているとき。」と規定された。

この規定の仕方から，改正臓器移植法は，旧臓器移植法よりも鮮明に脳死を人の死と規定したと解することができる。臓器提供年齢を撤廃したことは，

それを補強するものである。なぜなら，同意能力のない幼児であっても，親の同意で臓器提供が認められる以上，脳死を人の死と解さないかぎり，臓器摘出は不可能だからである。国会の審議が十分であったとは思われないが，臓器移植法が成立・施行されて以来の10年余りの間に行われた81例の脳死判定およびそれに基づく臓器移植が相当に慎重に運用されてきたことも，一定の社会的信頼を獲得してきた要因と考えざるをえない。これを「社会的合意」という観点からみると，積極的な「社会的合意」が形成されたとはいえないかもしれないが，強力な脳死反対論は（なお一部で存在するとはいえ）影を潜めつつあり，脳死に理解を示すという消極的な「社会的合意」は形成されつつあるように思われる。もちろん，本法はあくまで臓器移植法であることから，臓器移植の枠を超えて統一的に脳死が人の死とまで規定したとは断言できない。しかし，刑法で言えば，殺人罪（刑法199条）の客体の是非に影響を及ぼすし[8]，民法で言えば，相続（民法887条）の問題に影響を及ぼすので，具体的問題が生じた場合，臓器移植の場面以外でもこの改正臓器移植法が引合いに出される可能性は高まった，と言える。

4 つぎに，臓器提供意思システムの変更の意義と問題点に言及しなければならない。前述のように，本人の書面による拒否がなく，家族が摘出に対して書面により承諾する場合にも臓器提供が可能となった（6条1項の2）。これを「拡大された同意方式」と呼ぶことができる。従来の方式は，世界で唯一，本人が臓器提供意思を文書で示しているほか，家族の同意をも要件とする「最も厳格な同意方式」（オプティング・イン方式ないしオプト・イン方式）であっただけに，この変更の意味は大きい。

海外に目をやると，ヨーロッパは，家族の同意を条件に臓器提供を認めるという「拡大された同意方式」をとっている国が多い[9]。例えば，デンマーク，ドイツ，ギリシャ，英国/アイルランド，オランダ，スイスがそうである。「拡大された同意方式」では，提供者が生前に何らの指示も行わなかった場合には，近親者もまた，臓器の摘出について決定することができる，という方

式であり，したがって，近親者が患者の意思を推定することが決定の基礎をなす，というのが原則となる。アジアでも，例えば，中国の人体臓器移植条例（2007年3月21日成立，同年5月1日施行）8条も，この方式を採用している[10]。したがって，比較法的にみると，この方式は特異なものではない。いわゆる町野研究班の案もこの方式をモデルにしていたと思われるし，改正臓器移植法もこれを採用したのである[11]。

　それ以外で多いモデルは，「反対意思表示方式」(オプティング・アウト方式ないしオプト・アウト方式) である。これは，本人が生前に提供しない旨を意思表示していない以上，臓器摘出を認めるシステムであり，イタリア，ルクセンブルク，オーストリア，ポルトガル，スロヴェニア，スペイン，チェコ，ハンガリーという具合に，相当な勢いで増えている。スペインなどで臓器移植数が多いのは，この制度によるところが大きい，とも言われている[12]。しかし，家族の役割が大きい日本でこの制度を採用するのは困難であろう。そういう中にあって，同じヨーロッパ内で，スイス，ドイツ，それからオランダが，「拡大された同意方式」に踏みとどまっている点に注目したい。これらの国には私も調査に行ったが，その中でもオランダの状況は，法改正論議はあるものの，やはり徹底したオプト・アウト方式にはいかないで，ドナー・リクルートのあり方を検討し，啓発活動等を中心にして，「拡大された同意方式」に踏みとどまって提供数を増やしている点に興味を惹かれる[13]。

　なお，その他若干違うモデルが，近親者もまた反対意思表示権を有するとする「近親者の異議申立権を伴う反対意思表示方式」(拡大された反対意思表示方式) であり，ベルギーやノルウェーがこれを採用している。また，これとやや異なるのが，フランスやスウェーデンであり，「通知方式」を採用している。スイスのクリスチャン・シュワルツェネッガー教授の分析[14]によれば，この場合，立法者は，生前に反対意思表示がない場合には臓器提供への用意があるということを前提にしており，死者が生前に，例えば，反対意思表示登録簿において，臓器摘出に明示的な反対の意思を表示した場合にのみ，臓器を摘出することができないことになり，さらに，近親者は，いかなる場合でも，

計画された摘出について知らされなければならない，ということになる。しかし，近親者には，異議申立権は与えられていない。

5　改正臓器移植法は，「拡大された承諾意思表示方式」を採用したが，家族あるいは遺族の承諾の問題に関して，「臓器の移植に関する法律の運用に関する指針（ガイドライン）」（平成9年10月8日付け厚生省保健医療局長通知）によれば，家族や遺族の範囲について説明がなされ，総意をまとめる，とされているので，この点が改正臓器移植法でも変わらないとすれば，そこで取りまとめられる「総意」とはいったいどういうものを指すのか，という点を詰めて考えておく必要がある[15]。家族が死者の意思を忖度して判断するのか，それとも死んでしまった人について，遺族自身の判断として臓器を提供してよいと思うのか，特に小児の場合には忖度といったことがありうるのか，という問題を検討しておく必要がある。

また，6条3項1号によると，1人住まいの世帯も増えている中，高齢者から臓器提供があるかどうかわからないが，独身者の場合で家族がいなければ，結局，家族に関係なく臓器を取られるということになる懸念もある。これをどのようにチェックしていくか，という点も課題である。

6　最後に，小児の臓器移植の問題について若干の検討をしておく。2009年の法改正には，2009年3月26日付のWHOの勧告案（Human organ and tissue transplantation）の影響が強い。この勧告案は，要するに，臓器移植は原則として国内で実施し，基本的に海外に渡航して臓器提供・移植を求めない，というものである。国際移植医療学会も，すでに2008年の「イスタンブール宣言」でそういう議論をしている[16]。こうした世界の動きがある一方で，海外渡航移植に一定程度頼っていた日本としては，かなりこの要求を飲んだうえで，国内で今後どう対応していくかということが喫緊の課題とならざるをえないし，法改正もそういう事情でなされた，という経緯がある。

このWHOの勧告案も，もとはといえば臓器売買に絡むところがあり，特

にフィリピンやインドなどでは，日本人が腎臓を買い求めに行ったり，中東から富裕層が一気に臓器を買い求めに行ったというようなこともあったりして，問題となった[17]。そういうことのないように，できるかぎり国内で問題解決を図るべきだ，ということである。

こうした現状を踏まえて，それでは海外への道は本当に閉ざされるのか，という点も考える必要がある。脳死判定あるいは臓器提供意思システムが変わったことによって一定程度臓器提供数は増えるであろうが，しかし臓器不足は解消できない，と思われる。当面，海外に移植の道を求める人も残るのではないか，と思われる。そこらあたりのバランスをどう考えたらよいか，ということが課題となる。そのためには，正確な実態把握が不可欠である[18]。

また，小児の脳死判定については，成人とは異なる側面もあることから，早急に公的な小児脳死判定基準を確定する必要がある。同時に，何よりも小児救急医療体制のさらなる整備も不可欠である[19]し，十分な生存権の保障と十分な看取りの保障を確保すべきである。

5　医事法的観点から見た脳死臓器移植制度の行方

1　それでは，脳死臓器移植制度は今後どのような方向に向かうのであろうか。医事法的観点から，課題も含めて，この点を分析しておこう。

第1に，旧臓器移植法では，本人が臓器提供を希望して，家族もこれに反対しない場合に脳死が人の死とされるので，いわば「死の相対化」を暗黙のうちに含んでいた。また，法文の「玉虫色」という性格から，脳死はまだ人の死ではないという解釈の余地も残されていた。しかし，改正臓器移植法は，鮮明に脳死を人の死と規定したと解することができる。臓器提供年齢を撤廃したことは，それを補強するものである。なぜなら，同意能力のない幼児であっても，親の同意で臓器提供が認められる以上，脳死を人の死と解さないかぎり，臓器摘出は不可能だからである。強力な脳死反対論は（なお一部で存在するとはいえ）影を潜めつつあり，脳死が人の死であるということに理解を

示す傾向が強まりつつある。もちろん，本法はあくまで臓器移植法であることから，臓器移植の枠を超えて統一的に脳死が人の死だとまで規定した，とは断言できない。しかし，前述のように，刑法で言えば，殺人罪の客体の是非に影響を及ぼすし，民法で言えば，相続の問題に影響を及ぼすので，具体的問題が生じた場合，臓器移植の場面以外でもこの改正臓器移植法が解釈論として引合いに出される可能性は高まった，と言える。

2　第2に，臓器提供意思システムの変更がもたらしている点に言及しなければならない。改正臓器移植法が採用する「拡大された承諾意思表示方式」により，家族あるいは遺族の承諾が重視される結果，臓器提供数が増加しつつあるのは，かつて日本人は霊肉一体的心情から脳死移植に心理的抵抗が強いと言われたこととどのように関係するのであろうか。むしろ，「死後に家族の臓器を役立てて欲しい。」という談話が提供家族から聞かれ，臓器提供数の増加もそのことを示しつつある。同時に，家族に選択の重責が委ねられる結果，家族に想像以上のプレッシャーがかかりつつある点も否定できない。普段から臓器提供について家族間で話し合っていた場合はともかく，臓器提供の決断が短時間で迫られる場合は，決断のプレッシャーはなおさらである。適正な情報公開と家族の心理的動揺に対応するケアを行う専門家（臨床心理士等）の整備・充実が今後も不可欠である。

　また，医療者側にも，一方で，救命を望みつつも，他方で，どのタイミングで家族に臓器提供の話をもちかけるべきか，というジレンマが生じつつあるのではないだろうか。この点をいかに克服するかは，喫緊の課題である。また，家族が死者の意思を忖度して判断するのか，それとも遺族自身の判断として臓器を提供してよいと思うのか，という問題も重い課題である。この領域での家族の役割が問われ続けるであろう。

3　第3に，小児の臓器移植の問題について若干の検討をしておこう。臓器提供例は増加しつつあるが，小児の提供例は少ない（2015年7月時点で14

件)[20]。臓器提供年齢制限の撤廃は，小児の臓器移植を目指したものであったが，現実は従前とあまり変わらないようである。そもそも小児の場合に臓器提供意思を忖度するということはあまり考えられない以上，両親が決断せざるをえないが，小児の看取りのすぐあとに臓器提供を申し出ることは心理的にも抵抗が強い，と思われる。そして，小児救急医療体制のさらなる整備も不可欠の前提であるし，何よりも生存権の保障と十分な治療および看取りの保障をすべきである。それでも困難はなお続くであろう。

　前述のように，2009年3月のWHOの勧告案以来，臓器移植は自国で行うという原則が世界的に広まりつつあるが，小児の臓器移植に関しては，今後もアメリカ等の海外に渡航して行う方策がまだ続くことが予測されるが，アメリカでも臓器不足という現状があり，渡航移植の途は狭くなっている，と言えるかもしれない[21]。

4　第4に，臓器移植ネットワークを中心として今まで「公平性」の確保という理念で運用されてきたが，臓器提供の親族優先主義が移植の公平性にどのような影響を及ぼすのであろうか。現段階ではなお不明確な部分もあるが，家族に提供のプレッシャーがかからないような配慮を様々に積み重ねる必要がある。また，医師も家族への提供をどのように切り出すべきか，現場で悩むに違いない[22]。その苦悩と方法を共有する必要がある。

　なお，6条3項1号によると，独身者の場合で家族がいなければ，結局，家族に関係なく臓器を取られるということになる懸念にどのように対処し，これをどのようにチェックしていくかも，課題である。

5　第5に，臓器移植数がこのまま伸びれば，それを支える医療スタッフの不足がより深刻化するであろう。これが通常の医療に影響するのであれば，大きな問題となる。医療スタッフの確保は，国の責務である。また，臓器移植ネットワークの人材確保とさらなる質的向上も不可欠である[23]。さらに，医療費の負担をどのようにするか，も喫緊の課題である。

6　生体移植と医事法の関わり

1　最後に，生体移植と医事法の関わりについて簡単に論じておきたい。この問題は，本書でも2つの章［第7章および第8章］で検討されているので，詳細はそちらを参照していただきたい。

生体間の移植（以下「生体移植」という。）は，実施数が多いにもかかわらず，その法的問題点はあまり正面から議論されてこなかったし，刑事法的観点からも十分には論じられてこなかったが，ようやく最近関心がもたれるようになった[24]。1979年（昭和54年）に成立し，1980年（昭和55年）に施行された旧・角膜及び腎臓の移植に関する法律は，死体からの眼球または腎臓の摘出を，原則として遺族の書面による承諾がある場合に限定し，ドナーが生存中に書面による承諾をしている場合であって，医師がその旨を遺族に告知し，遺族が摘出を拒まない場合，および遺族がいない場合を例外としていた（同法3条3項）。また，変死体または変死の疑いのある死体からの摘出を禁止していた（同法4条）。要するに，同法は，摘出対象体を同法4条が禁止する対象以外の死体としていたのである。したがって，例えば，腎臓が各人に2個あるがゆえに実態としてはむしろ生体からの1つの腎臓摘出が「被害者の承諾」を論拠としてより多く行われていたにもかかわらず，その精密な理論的検討は十分になされてこなかったし，何よりもこれに関する明文規定は現在まで設けられていない。

ところが，従来あまり表に出なかった生体移植の問題性が，愛媛県宇和島市内で起きた腎臓・臓器売買事件（2005年9月実行，2006年10月逮捕）およびM医師による病気腎移植事件が表面化（2006年11月）するに及び，クローズアップされた。第1に，生体から腎臓（しかも病気の腎臓）の1個を摘出してそれをレシピエントへ移植する「生体腎移植」はどこまで許されるか，あるいは近親者がドナーとなることが多い点（特に生体部分肝移植）に，提供意思を含めて法的・倫理的問題はないのか，第2に，臓器売買罪をどのように考えるべきか，という問題が注目されたのである[25]。

2 生体移植全体の問題として，理論的には，まず，生体移植の正当化根拠が問題となる。ドナーの方は，前述のように，明文規定を欠く現状では，生体からの臓器摘出は，治療行為の正当化根拠として通常引合いに出される刑法35条の正当業務行為を適用できず，「被害者の承諾」の法理を中心に正当化根拠を考える必要がある[26]。なぜなら，健常者であるドナー自身が何らかの身体的な優越的利益をそこから得ることはなく，むしろ身体的には一方的な不利益を被ること(傷害罪成立可能性)を覚悟の承諾だからである。ただし，現実には，腎臓にせよ肝臓にせよ，人体を構成する重要部分であるだけに，生命の危険に直面するほどの内実を伴うがゆえに医療行為の一環として摘出行為が行われることから，通常の同意傷害の問題におけるように単純に「被害者の承諾」の法理だけを考えればよい，というものではない。もちろん，承諾が有効でなければ，傷害罪(刑法204条)が成立する。他方，レシピエントの側にも，インフォームド・コンセントを中心とした正当化根拠が必要であり，しかも，利益(ベネフィット)とリスクの衡量，場合によっては緊急性と補充性(他に代替手段がないということ)も必要となる。要するに，生体移植の場合は，ドナーとレシピエントの双方の正当化要件が充足されなければならず(ある意味では，これは脳死移植の場合も同様である。)，したがって，そこに自ずと生体移植の限界もある[27]。

3 そこで，承諾が有効であるためには，第1に，ドナーに承諾能力(同意能力)がなければならない。この能力は，旧臓器移植法を受けて策定された「『臓器の移植に関する法律』の運用に関する指針(ガイドライン)」(第1)とパラレルに考え，それが予定していた15歳以上の年齢の者であって，かつ合理的な判断能力を有する者に限定すべきである。それ以外は，原則として無効である。

第2に，承諾が任意のものでなければならない。強制や錯誤がある場合には，その承諾は無効となり，傷害罪が成立する。強制は，例えば，生体移植の場合，家族間で行われることが多いが，提供への過度なプレッシャーがか

けられているとすれば、それは承諾としては無効である。また、錯誤は、実はインフォームド・コンセントと関わる。すなわち、ドナーは、何よりもまず、どのような侵襲が自己の身体のどの部分にどの程度加えられるのか、当該摘出に伴うリスクはどの程度か、あるいは摘出後の回復ないし社会復帰の見通しはどのようなものか、を詳細に説明されたうえで承諾を与える必要があり、法益に大きく関わるこの点に錯誤があると、いわゆる「法益関係的錯誤」となり、承諾は無効である。特に肝臓の一部切除は、再生可能とはいえ、高度のリスクを伴う、と言われており[28]、さらに、ドナーは、臓器提供により患者を救うことが目的であり、自己の臓器が真に有効かつ公正に提供されることを信じて摘出を承諾するのであるから、それに著しく反する提供となる場合には、やはり承諾自体が無効となる。後述の臓器売買になりうる利益誘導がある場合も、承諾は無効である[29]。

4　他方、レシピエントの側でも、臓器提供を受けるために身体を切開するのであるから、その医療行為が正当と評価されるためには、有効な承諾が決め手となる。もっとも、生体部分肝移植の場合には、緊急な場合が多いので、緊急性および補充性（他の代替手段がないこと）を加味する必要がある。ただし、いずれの場合も、ベネフィットとリスクの衡量が必要であり、リスクの方が著しく高い場合は、正当化は困難である。

　では、具体的に、生体から腎臓（しかも病気の腎臓）の1個を摘出してそれをレシピエントへ移植する「生体腎移植」はどこまで許されるであろうか。摘出臓器の範囲が問題となる。病気腎移植の問題について、前述の宇和島市の腎移植事件では、腎移植の前提となる疾患者（ネフローゼ、尿管狭搾、腎動脈瘤、腎結石、がんの患者を含む。）の提供臓器（摘出臓器）の適格性が問題とされた。何よりも、腎がん患者の腎臓をレシピエントに移植すれば、がんが転移する危険性があることは重大である。日本移植学会等も調査に乗り出し、2007年3月31日、関連4学会が、こうした実験的医療が医学的・倫理的な観点から実施されたことに対して非難声明を出した。もちろん、当該疾患が厳密に危険

性を伴う不適格な臓器であるかどうかは，医学的判断を参考にするほかないが，その情報を十分に当該患者および国民（潜在的患者）に提供しておくべきである。そこに法益関係的錯誤（法益処分についての重大な錯誤）があると，承諾自体が無効となり，傷害罪が成立する余地がある。もっとも，レシピエントが提供用の病気の腎臓のリスクを十分承知のうえで移植術を受けた場合，刑法上は「危険（リスク）の引受け」論ないし自己答責性論により不可罰の途が残る余地もある[30]。

5 この種の医療行為は，「治療的実験」ないし「実験的治療（医療）」の段階にあるものであり，したがってプロトコール作成のうえで，ドナーとレシピエント双方についてインフォームド・コンセントの徹底をし，ベネフィットとリスクの衡量を入念にしてリスクが著しく上回らないことを確認し，倫理委員会の審査を経て臨床研究・臨床試験のルール（メディカル・デュープロセスの法理）に則って実施されるべきであって，これらが充足されれば，「正当化事由の競合」として正当化されるのである[31]。この議論の前提として，必要な範囲でこれまでの国内外のこの手術に関する医学的データが公表されるべきである。この点が無視されてはならない。

他方，臓器不足の現状からして，腎移植であれ，アメリカでの実施例にならって「第三の道」として病気腎移植の禁止に反対する見解も根強い。結局，病気の種類も様々であり，ドナーの希望が強く，レシピエントの希望とも合致し，かつ双方に高度の危険性（リスク）がない場合，全面禁止することには抵抗もある点を考慮し，前述のように，プロトコール作成のうえで，ドナーとレシピエント双方についてインフォームド・コンセントの徹底をし，ベネフィットとリスクの入念な衡量をしてリスクが著しく上回らないことを確認し，厳格な第三者的倫理委員会の審査を経て（現段階では施設内倫理委員会の審査だけで十分かはやや疑念がある），臨床研究・臨床試験のルール（メディカル・デュープロセスの法理）に則って実施する場合にかぎり例外的に認めるべきことになろう[32]。

なお，2008年5月18日付で公表された日本移植学会倫理委員会の「生体

腎移植ガイドライン」は，腎臓提供者（ドナー）適応基準として，a．全身性の活動性感染症，b．HIV抗体陽性，c．クロイツフェルト・ヤコブ病，d．悪性腫瘍（原発性脳腫瘍及び治癒したと考えられるものを除く），を適応除外としているが，これに対しては，厳しすぎるという批判も出されている。また，気質的腎疾患の存在（疾患の治療上の必要から摘出されたものは移植の対象から除く。）については「慎重に適応を決定する。」としている。

6 最後に，臓器売買の問題について簡潔に触れておこう。第1に，臓器移植法11条による臓器売買禁止の具体的内容は，① 移植術に使用されるための臓器（以下「移植用臓器」という。）を提供する（した）ことの対価として財産上の利益の供与を受け，またはその要求もしくは約束をすること（同条1項），② 移植用臓器を提供すること・受けたことの対価として財産上の利益を供与し，またはその申込み・約束をすること（同条2項），③ 移植用臓器を提供すること・その提供を受けることのあっせんをする（した）ことの対価として財産上の利益の供与を受け，またはその要求・約束をすること（同条3項），④ 移植用臓器を提供すること・その提供を受けることのあっせんを受ける（受けた）ことの対価として財産上の利益を供与し，またはその申込み・約束をすること（同条4項），⑤ 臓器が①〜④のいずれかに違反する行為に係るものであることを知って，当該臓器を摘出し，または移植術に使用すること（同条5項），である。これらの禁止規定に違反すると，5年以下の懲役もしくは500万円以下の罰金，またはその併科に処される（20条1項）。しかも，この罪は，国民の国外犯（刑法3条）の適用を受けるので（同条2項），海外でこの種の行為を行っても処罰される。なお，②〜④の対価には，交通，通信，移植用臓器の摘出，保存もしくは移送または移植術等に要する費用であって，移植用臓器を提供すること・その提供を受けることまたはそれらのあっせんをすることに関して通常必要であると認められるものは，含まれない（同条6項）。

これに関して，上記宇和島市のM医師は売買には関与していなかったが，レシピエント側の会社役員が内縁関係のある者に仲介を依頼してドナー側に

見返りとして現金30万円と普通乗用車（150万円相当）を渡したことで，前二者が2006年10月1日，施行後はじめて上記臓器移植法違反の罪で逮捕・起訴され，同年12月26日，松山地裁宇和島支部でともに懲役1年執行猶予3年の有罪判決が下された（確定。ドナーは略式で罰金100万円，追徴金30万円，乗用車没収。）。レシピエントからすれば，自己の願望を充足するために有償であっても腎臓を手に入れるべく，このような事態に及んだようである。なお，その後，養子縁組を偽装して暴力団関係者らが総額1,800万円で臓器売買を行った事案について，第1審（東京地判平成24・26）および第2審（東京高判平成24年5月31日判例集未登載）で有罪が認定されている[33]。

そもそも臓器売買（世界的にはTraffickingの問題として議論されている。）の処罰根拠の根底には，やはり「人体の尊重」の礎としての「人間の尊厳」があり，したがって人体から切り離された人体構成体である臓器には，なお人格権に準じたものとして尊重すべき「不可売買性」ともいうべきものがある，と思われる。また，死後の臓器についても，人格権を直接引き合いに出すことはできないにせよ，なお「人体構成体の尊重」を「人間の尊厳」から導き出すことができる，と考える[34]。

7　以上のように，生体移植の問題は，医事法的観点からも様々な問題を提起しており，このことは，何よりも公的な明文のルールが存在しなかった，あるいはルール策定の動きが強くなかったところにも原因がある。今後は，生体移植の問題についても，詳細はガイドラインに譲るとしても，現行の改正臓器移植法の中に，ドイツのように一定の範囲で基本的な事項を盛り込む必要があるのではないだろうか。また，近親者からの臓器提供に関わる提供意思に関わる問題について，生体腎移植にかぎらず，生体部分肝移植も含め，総じて生体移植の場合，近親者としての愛情が強ければ強いほど，レシピエントを救うべく，大きな自己犠牲を払ってでもドナーになろうとする傾向があり，プレッシャーもかかる場合もあるが，任意性・自発性に疑義が残らないよう，様々なコンサルテーションを行い，真のインフォームド・コンセン

トを確保して限定的に生体移植が実施されるような法的・倫理的ルールを策定すべきである。

7　結　語

　以上，医事法との関わりに留意して，臓器移植問題の総括と展望について論じてきたが，改正臓器移植法の評価は，長期的スパンで行う必要があるので，最後に，なお3点を指摘しておきたい。

　第1に，人体組織等の移植の問題が挙げられる。これは，2009年の改正では見送られたわけだが，ドイツでは，2007年の改正で，人体組織も盛り込んだ。日本では臓器だけが対象であるが，多くの国では人体組織も移植法に組み込まれている。今後は，人体組織も，同じ法律に一緒に盛り込むべきである。

　第2に，生体移植も同じ法律に一緒に規定した方がよい，と思われる。現状のように，いわば解釈論でかろうじて成り立っている非常に不安定な状況は妥当でない。

　第3に，再生医療の発展状況や人工臓器の開発状況等も視野に入れておく必要がある。

　いずれにせよ，適正な運用のためには，類似の臓器提供システムを採用する諸外国の運用状況を参考にしつつ，具体的な課題を自覚し，信頼を積み重ねて，必要に応じて制度を充実させていくべきである[35]。そのためには，適正な情報公開と啓発活動も不可欠であろう。いずれにせよ，公平性と公正さを確保しつつ，移植医療に対する社会の信頼を損なうことなく移植医療を実施することが望まれる。

　　1) 岩志和一郎「臓器移植」宇都木伸＝平林勝政編『フォーラム医事法学』（1994・尚学舎）88頁以下参照。［臓器移植と医事法に関する最近の問題状況を幅広く論じたものとして，甲斐克則編『医事法講座第6巻　臓器移植と医事法』（2015・信山社）がある。］
　　2) 唄孝一『臓器移植と脳死の法的研究――イギリスの25年――』（1988・岩

波書店），同『脳死を学ぶ』(1989・日本評論社），中山研一『脳死・臓器移植と法』(1989・成文堂），同『脳死議論のまとめ——慎重論の立場から——』(1992・成文堂），同『脳死移植立法のあり方』(1995・成文堂），町野朔＝秋葉悦子編『脳死と臓器移植〔第2版〕』(1996・信山社），丸山英二「脳死と臓器移植——臓器移植法の成立——」神戸法学雑誌47巻2号 (1997) 229頁以下，甲斐克則「医事刑法への旅　第18講　人体の利用と刑法・その2——刑法の観点から見た脳死体の法的地位(1)(2)——」現代刑事法6巻7号 (2004) 103頁以下，6巻8号 (2004) 130頁以下［本書第6章］等参照。
3) 甲斐・前出注(2)「(1)」では，その経緯を5期に分けて整理している。
4) 改正臓器移植法の内容については，甲斐克則（司会）＝岩志和一郎＝絵野沢伸＝有賀徹「〈座談会〉改正臓器移植法の意義と課題」L＆T45号 (2009) 4頁以下，甲斐克則「改正臓器移植法の意義と課題」法学教室351号 (2009) 38頁以下［本書第9章］，同「改正臓器移植法の施行とその後」法学セミナー672号 (2010) 34頁以下［本書第10章］参照。［なお，秋葉悦子「脳死・臓器移植と刑法」甲斐編・前出注(1) 51頁以下参照。］
5) 国会の審議の模様については，衆議院小委員会議事録，第171回国会衆議院議事録，第171回国会参議院議事録参照。
6) これまでの臓器移植法改正論議の詳細については，町野朔＝長井圓＝山本輝之編『臓器移植法改正の論点』(2004・信山社），宇都木伸ほか「シンポジウム/臓器移植をめぐる今日的問題」年報医事法学20号 (2005) 38頁以下所収の諸論文等参照。
7) この点については，甲斐・前出注(2)，町野朔「臓器移植——生と死——」町野ほか編・前出注(6) 312頁参照。なお，脳死をめぐる論争全体については，唄・前出注(2)の諸文献，中山・前出注(2)の諸文献，齊藤誠二『脳死・臓器植の論議の展開——医事刑法からのアプローチ——』(2000・多賀出版），井田良「脳死説の再検討」『西原春夫先生古稀祝賀論文集　第三巻』(1998・成文堂) 43頁以下，同「生命維持治療の限界と刑法」法曹時報51巻2号 (1999) 1頁以下参照。
8) この点については，甲斐克則「脳死移植立法の意義と問題点」法律時報69巻8号 (1997) 4頁［本書第3章］，井田良「改正臓器移植法における死の概念」町野朔＝山本輝之＝辰井聡子編『移植医療のこれから』(2011・信山社) 17頁以下参照。
9) ヨーロッパの臓器移植制度の詳細については，2009年9月25日にオランダのライデン市にあるEUROTRANSPLANTを訪問した際に学ぶことができた。EUROTRANSPLANTは，オーストリア，ベルギー，クロアチア，ドイツ，ルクセンブルク，オランダ，スロヴェニアが加盟する国際臓器移植協力機関である。なお，2009年7月21日に早稲田大学で行われたスイス・チューリヒ大学法学部のクリスチャン・シュワルツェネッガー（Christian Schwarzenegger）教授の講演「スイス臓器移植法」（早稲田大学比較法研究

所主催，早稲田大学グローバル COE《企業法制と法創造》医事法グループ・刑事法グループ共催）でも，その詳細が紹介された（講演訳（甲斐克則＝福山好典訳）として比較法学（早稲田大学）44巻1号（2010）1頁以下［本書巻末資料2］参照）。また，2009年3月16日に早稲田大学で行われたドイツ・マックス・プランク外国・国際刑法研究所主任研究員のハンス-ゲオルク・コッホ（Hans-Georg Koch）博士の講演「補充交換部品貯蔵庫および生体試料供給者としての人か？」（早稲田大学比較法研究所主催，早稲田大学グローバルCOE《企業法制と法創造》医事法グループ・刑事法グループ共催）では，ドイツの最新の臓器移植問題の状況が述べられた（講演訳（甲斐克則＝福山好典＝新谷一朗訳）として比較法学（早稲田大学）43巻3号（2010年）145頁以下［本書巻末資料2］参照）。なお，甲斐克則「ヨーロッパにおける臓器提供意思システム」Organ Biology Vol. 17, No. 1（2010）7頁以下［本書第11章］，朝居朋子「ドネーションに関する欧米の相違　日本はどこを学ぶべきか──特に米国のドネーションと比較して──」同誌15頁以下，篠崎尚史「欧州に学ぶ，医療文化と臓器提供推進機関のあり方」同誌27頁以下，神馬幸一「臓器移植医療に関するEU指令の概要」静岡大学法政研究15巻1号（2010）1頁以下，町野ほか編・前出注(8)207頁以下の第3部所収の各論稿参照。［海外の状況については丸山英二「アメリカにおける臓器移植」甲斐編・前出注(1)125頁以下，佐藤雄一郎「イギリスにおける臓器移植」甲斐編・前出注(1)147頁以下，神馬幸一「ドイツ・オーストラリア・スイスにおける臓器移植」甲斐編・前出注(1)159頁以下，磯部哲「フランスにおける臓器移植」甲斐編・前出注(1)185頁以下をも参照。］

10) この点の詳細については，劉建利「中国の『人体臓器移植条例』について」早稲田大学法研論集133号（2010）265頁以下参照。

11) 町野ほか編・前出注(6)1頁以下参照。なお，ドイツでは，2012年にさらに移植法を改正し，意思決定推進方式を改正したが，「移植医療に関する意思表示の機会が国民の間で増加するという以外には，従前における承諾意思表示方式の在り方から抜本的な変更が行われたわけではない。」という評価がなされている。神馬幸一「2012年改正ドイツ移植法」静岡大学法政研究17巻3-4号（2013）345頁以下，特に351頁参照。

12) もっとも，2011年にスペインに実態調査に行ったところ，オプト・アウト方式を実践するに際して，家族の理解を得るべく様々な努力がなされているほか，移植コーディネーターの徹底した教育システムが臓器移植に大きく貢献していることが判明した。詳細については，甲斐克則「スペインにおける臓器移植──バルセロナでの調査から──」比較法学46巻2号（2012）35頁以下［本書第12章］参照。

13) ペーター・タック（甲斐克則編訳）『オランダ医事刑法の展開──安楽死・妊娠中絶・臓器移植』（2009・慶應義塾大学出版会）155頁以下参照。ちなみに，死後の臓器摘出数は，1998年196，1999年165件，2000年202件，2001

年 187 件，2002 年 202 件，2003 年 222 件，2004 年 228 年，2005 年 217 件であり、また、2006 年の臓器移植数は、446 件（腎臓 272 件、肝臓 67 件、肺 45 件、心臓 34 件）であった。しかも、最近親者との相談体制（consultation）を重視する取組みも行われている。

14) シュワルツェネッガー（甲斐＝福山訳）・前出注(9)参照。
15) 甲斐ほか・前出注(4)「座談会」12-13 頁（岩志発言）参照。
16) この点については、小林英司「イスタンブール宣言と世界の動向」町野ほか編・前出注(8)209 頁以下参照。
17) 詳細については、ラリーン・シルーノ（甲斐克則＝新谷一朗訳）「フィリピンにおける腎臓提供」甲斐克則編『医事法講座 第 1 巻 ポストゲノム社会と医事法』（2009・信山社）99 頁以下参照。また、粟屋剛教授の実態調査は、よく知られている［最近の論文として、粟屋剛「臓器売買と移植ツーリズム」甲斐編・前出注(1) 239 頁以下がある。］。
18) 実態に関する興味深い詳細については、甲斐ほか・前出注(4)「座談会」20-21 頁および 27 頁（有賀＝絵野沢発言）参照。
19) この点に関しては、甲斐ほか・前出注(4)「座談会」13 頁以下参照。なお、次のような日本小児科学会理事会の見解が平成 21 年 4 月 29 日付で出されている。「臓器を提供する子どもの多くは小児救急医療から発生すると予想される。しかし小児救命救急医療を行う施設・設備は全国的に未整備であり、小児救命救急医の育成も不十分で、また脳死判定を実際に行う医師の配置もきわめて不十分であるなど、子どもの救命救急医療の環境が充分に整っているとはいい難い現状にある。臓器提供の可能性の有無にかかわらず、小児救命救急医療を提供する体制を可能な限り整備し、救急医療の環境を保証すること、とくに臓器提供にかかわる手続き等により救命救急医療の内容が変更されることがないように格別の配慮を求める。」というものであるが、これは妥当な指摘である。［なお、中山茂樹「小児の臓器移植と法理論」甲斐編・前出注(1) 207 頁以下参照。］
20) 日本経済新聞 2015 年 7 月 18 日付朝刊による。
21) 日本経済新聞 2015 年 6 月 19 日付夕刊によれば、受入れ国が減少しているほか、円安で渡航および手術の費用が高騰している、という。［小児の臓器移植の現状と課題についての専門家による最新の文献として、絵野沢伸「小児の臓器移植」甲斐克則編『医事法講座第 7 巻 小児医療と医事法』（2016・信山社）211 頁以下がある。］
22) 親族優先提供の唯一の例と家族の苦悩について、毎日新聞 2015 年 7 月 16 日朝刊報道参照。
23) 最近も、日本臓器移植ネットワークによる脳死に伴う腎臓移植患者の選定ミスが問題になった（日本経済新聞 2015 年 3 月 6 日朝刊）。［最近の運用状況を伝える論稿として、朝居朋子「臓器移植制度の運用と課題」甲斐編・前出注(1) 257 頁以下参照。

24）生体移植については，石原明「臓器移植の法律問題」同著『医療と法と生命倫理』（1997・日本評論社）185頁以下，特に206頁以下，大野真義「臓器移植をめぐる法的課題」同著『刑法の機能と限界』（2002・世界思想社）267頁以下，特に292頁以下，加藤久雄『ポストゲノム社会における医事刑法入門〔新訂版〕』（2004・東京法令）441頁以下，旗手俊彦「生体臓器移植の問題点」年報医事法学20号（2005）41頁以下，城下裕二編『生体移植と法』（2009・日本評論社）等がある。［なお，城下裕二「生体移植と刑法」甲斐編・前出注(1)71頁以下，岩志和一郎「生体臓器移植と民法」甲斐編・前出注(1)97頁以下参照］

25）この問題については，簡潔ながら，甲斐克則「生体腎移植」法学教室321号（2007年）2頁以下［本書第7章］で論じておいた。

26）大野・前出注(24)292頁参照。なお，甲斐克則「医療行為と『被害者の承諾』」現代刑事法6巻3号（2004年）26頁以下および佐久間修「医療行為における『被害者の承諾』」同著『最先端法領域の刑事規制』（2003・現代法律出版）102頁以下では，医療行為と「被害者の承諾」の問題の一般論が述べられている。

27）甲斐克則「生体移植をめぐる刑事法上の諸問題」城下編・前出注(24)99頁［本書第8章］。

28）毎日新聞2007年7月7日付朝刊報道によれば，日本肝移植研究会ドナー安全対策委員会の調査では，国内で実施された生体肝移植で，ドナーの3.5％に再手術が必要となるなど重い症状が出ていたとのことである。また，最近でも，神戸市の民間病院「神戸国際フロンティアメディカルセンター」で生体肝移植を受けた患者4人が術後1か月以内に死亡したと報道されている。毎日新聞2015年6月5日付夕刊参照。

29）甲斐・前出注(27)99-100頁。

30）甲斐・前出注(27)100-101頁。

31）詳細については，甲斐克則『被験者保護と刑法』（2005・成文堂）64頁参照。

32）この点は，甲斐・前出注(27)において論じたところである。2007年7月に出された厚生労働省の生体臓器移植に関する通達は，病腎移植が「現時点では医学的に妥当性がない」として，臨床研究以外は原則禁止としているが，基本的にはこの方向にあると思われる。もっとも，その研究成果から安全性が確認された場合，部分的に限定して認める余地はあろう。

33）本件の詳細については，城下祐二「判批」甲斐克則＝手嶋豊編『医事法判例百選［第2版］』（2014・有斐閣）202-203頁参照。

34）甲斐克則「人体構成体の取扱いと『人間の尊厳』」法の理論26（2007）3頁以下，特に14頁以下［本書序章］，同「人体・ヒト組織・ヒト由来物質の利用をめぐる生命倫理と刑事規制」刑法雑誌44巻1号（2004年）101頁以下，同「人体およびヒト組織等の利用をめぐる生命倫理と刑事規制」唄孝一先生賀寿記念論文集『人の法と医の倫理』（2004・信山社）481頁以下［本書第1章］参照。なお，イギリスの人体組織法（Human Tissue Act 2004）32条で

は，Trafficking の禁止規定が 11 項にわたり詳細に規定されている。
35) ［医療現場からの提言として，絵野沢伸「臓器移植医療に見る課題と展望」甲斐編・前出注(1) 281 頁以下参照。］

第VI部
資　料

1 ハンス・ゲオルク・コッホ「補充交換部品貯蔵庫および生体試料供給者としての人か？――ドイツにおける人の臓器および組織の採取と利用に関連する法的諸問題――」

はしがき

　まず，本日ここで皆様にお話しする機会を得たことに心より感謝申し上げる。とりわけ，甲斐克則教授には，教授が2008年11月にフライブルクのマックス・プランク外国・国際刑法研究所を訪問された際に，このような光栄なお話を頂き，感謝申し上げる。また，私の2つの講演を日本語に翻訳し，皆様に理解できるようにして下さった方々にも感謝申し上げたい。
　次のような架空の事例を叙述することで本講演を始めることとしよう。

I．事例：特異な経歴

　Xは，遺伝学上の両親AとBの子どもである。Xは，試験管内受精（In-vitro-Fertilisation）［体外受精］によって生まれた。ここでは，精細胞はAが癌に罹患したために数年間精子バンクに冷凍保存されていた。受精も特異な経過を辿った。前核段階（Vorkernstadium）において，「X」（この統一体からXが発生した。）は，同様に（1か月間）冷凍保存されていたのである。
　X出生の際，両親の希望で臍帯血が採取され，貯蔵された。これは，Xの治療に必要となる場合にそれを利用できるようにするためであった。胎盤は，助産師によって，両親の了解を得ずに「謝礼（Anerkennungshonora）」と引き換

えに，化粧品製造会社に譲渡された。

　6歳の時，Xは，腎臓移植を受けざるをえない状態となり，母親がその腎臓を提供した。その際，輸血（血液バンクからの輸血）も必要であった。20歳の時にXは，火傷を負い，大腿部から顔面への自家皮膚移植の治療を受けた。

　保管された臍帯血に関する記録を手がかりにして，医師であり研究者でもあるFは，この臍帯血には，彼の研究の枠内で利用でき，かつこの細胞にきわめて大きな価値を付与するような特殊性があることを知った。Fは，Xに断らずに，この細胞を使って莫大な経済的利益を得た。Xは，このことを偶然に知った。

　Xは，17歳の時に，臓器提供証明書（Organspendeausweis）を使って，自分が死んだ場合に角膜を提供するとの指示を行ったが，その他の臓器または組織については指示をしなかった。24歳の時に，Xは事故死した。未婚であったXの，いまだ存命の両親は，心臓の摘出をも承諾する意思表示を行った。医師は，これに従って心臓と角膜を摘出し，法律上予定された配分手続（Allokationsverfahren）を開始した。

　ドイツの法律家たちは，法的諸問題を多少は現実味のある事例の中に詰め込むことに長けていることで有名である。学生たちは，筆記試験や宿題の中で，このような事例を厳密な作成上のルール（Aufbauregeln）に従って解決するという課題を負う。私は，日本においてこうしたメソッドがどのように考えられているのかを知らないし，僅かなスペースに法的諸問題を意識的に寄せ集めることによって聴衆諸氏をあまり困惑させることにならないよう願っている。ケース・メソッド（Methode der Fallpräsentation）は，現代的テーマにとって重要な多くの例を一挙に提供できる，という利点がある。

　もっとも，私はいまや，ドイツの学生たちに期待されているように上記の事例を時系列に従って処理するというようなことを行うつもりはない。その代わりに私は，一定の体系化を試み，しばしば事例から離れるつもりである――なお，このようなことを，事例解決者としてのドイツの学生たちが行うならば，学生たちを悪く思う者もいるであろう。

この事例から明らかとなるのは，様々な利益が言及される，ということである。「自己の問題」に関わる配慮が重要であるが，第三者への医学的な配慮もまた重要でありうるし，あるいは「個人的なものでない」研究もしくは営業上の利用もまた重要でありうる。健康の利益と並び，適切な「管理が行われていない」という問題も重要でありうる。さらに，これらの問題とは異なり，医学の手を借りた生殖ないし治療のような領域に関わる場合には，まったく違った問題がテーマ化されることも明らかである。われわれは，いわば最後の問題から始めることとしよう。

II. 移植医療：臓器，臓器の一部および組織——採取と移植——

臓器移植の法的規制は，ドイツ連邦共和国においては1997年にはじめて登場した。もちろん，臓器移植はまた，以前からすでに行われてもいた。法的規制——このような規制を最初に始めようとした1970年代には，うまくいかなかった——がなくても，死後の臓器提供が一般的に許されるためには，生前に表明されたドナーの承諾がなければならない，とされたのであった。実務は，「代替的な同意による解決策 (alternative Einwilligungslösung)」のモデルを志向した。すなわち，死後の臓器提供のためには，ドナーが生前に表明した承諾がなければならないか，または最近親者の同意がなければならない，とされたのであった。もちろん，後者の同意は，生前にドナー自身が表明した指示に反してはならなかった。(脳)死の確認は，(今日と同様)移植という事柄に自ら関与していない医師によって行われなければならなかった。(西)ドイツの移植医療は，自らのイニシャティヴで，すでに1968年に，オランダにある私的公益財団である「ユーロトランスプラント (Eurotransplant)」という西欧の配分システムに加わった[1]。臓器売買は，良俗違反とみなされた[2]。

(旧)東ドイツ (DDR〔=Deutsche Demokratische Republik〕)には，死亡したドナーの臓器移植に関して，1975年以降，いわゆる「極端な反対意思表示による解決策 (extremen Widerspruchslösung)」の意味での法的規制[3]が存在してい

た。これは，医師が脳死のドナーの反対意思表示を知らなかったにすぎない場合にも，当該ドナーからの臓器摘出が当該医師に許容される，ということを意味するものであった。臓器移植を行う用意のある医師には，何らの調査義務も課されていなかった。市民は，拒絶が医師まで届かないというリスクを負わなければならなかった——いわば法律上推定された提供への用意 (Spendebereitschaft) が前提となっていたのである。1990/1991 年の再統一後，このような規制は，全ドイツの臓器移植法が公布されるまでは，確かに，新たに加わった連邦諸州において形式的には引き続き通用していたが，しかし，明らかに西ドイツにおいて定着していたモデルを優先するために，もはや使用されることはなかった。

　振り返ってみると，法的規制が長期間に亘り存在しなかったといっても，それが（西）ドイツの移植医療を決定的に妨げるものにはならなかった。1997年の臓器移植法[4]によって，とりわけ臓器提供および臓器配分の際に遵守されるべき手続規定が明確なものにされた。さらに，生体臓器提供の要件が明確に規定されることとなった。臓器移植法の中心的な命題として堅持できるのは，以下の点である。

- 脳死を決定的な区切りとして，少なくとも黙示的に承認すること（これについては，立法手続において特に徹底的に議論された。）
- 摘出を個々の臓器に制限する可能性および決定を近親者に委ねる可能性を含めた，事前指示の可能性（「臓器提供証明書」）に関する明確な規制
- ユーロトランスプラントによる配分という確立したシステムの承認の下での，死亡したドナーの臓器の場合の臓器配分に関する規制
- 特に腎臓の生体臓器提供を許容できるものと評価するが，それを，死体臓器の利用に対して補充的なものとし，レシピエントと親密な関係にある人的範囲に限定し，かつ特別な手続規定に服させて許容できるものと評価すること
- 軽くはない刑罰威嚇によって，臓器売買の厳格な禁止を強化すること

死後の臓器提供に関して，ドイツの立法者は，1997 年以降，医療側によって展開されかつ実績のある国境を越えた臓器配分システムに依拠することができたし[5]，そのシステムのさらなる発展を促すことができた。このシステムでは，——しばしば批判されるが[6]——「特に緊急性および成功の見込みに応じて」（臓器移植法 12 条 3 項第 1 文参照），個別事例についての判断が下されるが，後者［成功の見込み］は，とりわけ移植される臓器がレシピエントに適合する見込みに関する判断基準を手がかりにして判断される。立法者は，原則に関する規制に止めて，連邦医師会に次のような課題を委ねた。すなわち，とりわけ臓器あっせんのルールに関して指針において医学の知識水準を確立する，という課題を委ねたのである（臓器移植法 16 条 1 項 5 号)[7]。権限の委譲というこの方法も，ドイツでは若干の原則論的な批判を受けたし[8]，この点は，行為委任を具体的に実行するのが連邦医師会であることについても同様であった[9]。

　特に腎臓の生体臓器提供，さらには肝臓片の生体臓器提供もまた，すでに法的規制がないまま医学的な治療可能性のあるものとして定着していた。1997 年臓器移植法によって創設された規制（8 条）は，われわれの事例において困難な問題とはならないであろう。X の母親は，一般に提供が正当化される人的範囲（配偶者，1 親等もしくは 2 親等の親族，登録された人生のパートナー，婚約者，もしくはレシピエント候補者と特別な人的結び付きがあり，明らかに親密な関係にあるその他の人物：臓器移植法 8 条 2 項）に属する。ただし，母親は，臓器提供に対する同意が自由意思で行われていないことを，あるいは禁じられた臓器売買が存在することを裏づけるに足る事実的根拠が存在するかどうかについて，移植が行われることになっている医療施設に鑑定意見を表明する任務を負う特別な委員会による聴取を受けなければならない（臓器移植法 8 条 3 項第 2 文)[10]。

　臓器移植法の臓器概念は広範であり，人の臓器，臓器の一部および組織を包括する（1997 年臓器移植法 1 条 1 項における当初の定義がそうである。)。この定義は，2007 年組織法[11]（Gewebegesetz）によって一層明確化された。法律（2007 年

［組織法］の枠内での臓器移植法1a条1号）がいまや「臓器」と呼ぶのは、「皮膚を除くが、臓器全体と同一の目的で人体において利用されうる臓器の一部および臓器の個々の組織または細胞を含めて、構造、血液供給および生理学的機能の遂行能力に関して機能的統一体を成すところの、様々な組織から成る人体の全構成部分」である。心臓、肺、肝臓、腎臓、膵臓および腸といった臓器は、それらが死者から摘出される場合には、あっせんを義務づけられた臓器（vermittlungspflichtige Organe）であり（2007年臓器移植法1a条2号。1997年臓器移植法9条も同様）、認可を得た移植センターにおいてのみ移植することが許される（臓器移植法9条1項第1文）。さらに、臓器の配分は、移植センターの待機リストに登録された患者の機会均等を保障することを特に目的とする中央集権化されたあっせんシステムに服する。このことは、特に腎臓移植に関して（数の点でも）[12]大きな意義がある。腎臓移植のためのドイツにおける待機時間——これを乗り切るには、透析による相当な負担を甘受しなければならない——が6年以上であることは、稀ではないのである。2番目に大きな利益を得ているのが、（多くは直接的に生存に不可欠な）肝臓移植である[13]。著しい臓器不足に鑑みて、立法者は、2007年の臓器移植法改正の際、あっせんを義務づけられた臓器の摘出および移植が可能である場合に、それを組織採取に対して明示的に優先させる立法（臓器移植法9条2項）が指示されている、と考えた。

　臓器配分に関する臓器移植法の法的規定は、法律が施行されるはるか以前から定着していたところの[14]、臓器移植法11条の意味でのコーディネート機関（Koordinierungsstelle）としてのドイツ臓器移植財団（Deutsche Stiftung Organtransplantation）が臓器取得を主に統括し、ユーロトランスプラントが国際的な臓器あっせんを主に統括するというシステムが持続するのに適するように整備されている[15]。生体臓器提供は、この配分システムには服さない。それどころか反対に、特定のレシピエントのために「適した提供（gerichtete Spenden）」としてのみ許容されるにすぎない[16]。

　臓器売買の禁止は、死後の提供と同様に生体［臓器］提供にも妥当する。

これは，特別刑法の僅かな規定の1つとして，一定の重大な犯罪行為について普通主義（Ubiquitätsprinzip）と積極的属人主義（aktives Personalprinzip）を予定している刑法5条および6条のカタログにも加えられている。これによって，ドイツの立法者は，人体および人体の一部はそれ自体経済的利益を獲得するために利用されてはならない，という「生物医学に関するヨーロッパ人権条約」（Europäisches Menschenrechtsübereinkommen zur Biomedizin）21条に含まれる要求を引き受けた[17]。外国での所為にまで対象を拡大することによって，ドイツの立法者は，同時に，第三世界の国々出身の人との臓器売買を防止することに寄与しようとしている。治療目的を達成するために必要な措置，特に臓器または組織の摘出，保存，感染防止措置を含むさらなる選別（Aufbereitung），保管および輸送に対する相当な対価の供与および受領は，臓器売買とはみなされない（臓器移植法17条1項1号）。これによって，ドナーの利益のための一定の給付，特に収入の減少または旅費もしくは滞在費に対する補償もまた，許されるものと評価されることになる。臓器提供によって生じた，ドナーの通院治療費または入院治療費は，保険法上，レシピエントに認められるべき疾病治療の構成要素である[18]。それゆえ，ドナー自身に保険がかけられているかどうかは，重要でない[19]。法律上健康保険をかけられたレシピエントがいる通常事例において，レシピエントの健康保険団体（Krankenkasse）は，ドナーの本来の治療費を直接に移植センターに支払い，ドナーに収入の減少を補償することになろう。このことは，生体ドナーの住所または通常の居所が外国にあるという決して稀ではない事例にも当てはまる[20]。それにとどまらず，臓器または組織の生体ドナーは，法律に基づいて，法律上の傷害保険をかけられる（社会福祉法Ⅶ2条1項13b号）。このことは，通常の経過を辿った臓器または組織の摘出による健康侵害を超えた，提供と因果関係のある健康被害のリスクを考えると，重要である。これによって，治療に関連する合併症がカバーされるだけではなく，例えば，必要な［提供］前後の検査（Vor- oder Nachuntersuchung）の機会のいわゆる通院事故（Wegeunfall）によってドナーが被る健康被害もカバーされることになる[21]。もっとも，ドナーが提供の結

果として早めに就業無能力となるか，もしくは自己の職務を限定的にしか果たせなくなるかぎりでは，保険によるドナー保護には一定の間隙が存在する[22]。このようなリスクに関連してドナーにさらに保険をかけることを，臓器のレシピエントまたは第三者が承諾する場合に，これを禁止された臓器売買と評価する必要はないであろう。

　臓器売買の禁止を補足するものとして，禁止された売買の対象たる臓器または組織を摘出すること，他人に移植すること，もしくは自己に移植させることも，臓器移植法17条2項，18条1項により，刑罰を用いて禁止されている。しかしながら，関与者たる臓器のドナーまたはレシピエントについては，刑が免除され，または裁判所の裁量により減軽されうる（臓器移植法18条4項）。

　もっとも，臓器売買の禁止には異論がないわけではない[23]。さらに，何が「売買（Handel）」なのかは，様々な点で不明確である。立法者は，明らかに，取引（Handeltreiben）という麻薬法上の概念を志向していた[24]。もちろん，学説においては，これでは広すぎる，と正当にも批判されている[25]。それにもかかわらず承認されているのは，臓器提供の枠内で受けた苦痛に対する清算（「慰謝料（Schmerzendgeld）」）という形態でさえ反対給付がなされてはならないこと[26]，反対給付は常に金銭である必要はなく，例えば，臓器のドナーへの反対給付として有給休暇を供与するなら，あるいは不動産を贈与するなら，それは可罰的な売買であること，である。これに対して，様々なドナーとレシピエントの間でのいわゆるクロスオーバー提供[27]（Crossover-Spende）の場合に存在する間接的な臓器取引（mittelbares Organ-Tauschgeschäft）は，臓器売買の構成要件を充足しない[28]。贈り物を事後的に受領することもまた，その供与についてドナーが提供時にまったく予想できなかった場合には，臓器の可罰的な売買ではない。

　死後の臓器提供に関して言えば，臓器売買は，ユーロトランスプラントの配分手続によって事実上排除されている。ユーロトランスプラントによらずにあっせんされた，死亡したドナーの臓器は，移植センターを配分システムから（経済的には由々しくも）排除するためのユーロトランスプラントのルール

に従って移植される。

　生体［臓器］提供に関して言えば，とりわけ，ドナーとレシピエントとの人的に親密な関係の必要性，およびいわゆる「生体［臓器］提供委員会 (Lebendspendekommission)」による鑑定意見によって，禁止された臓器売買が防止されることになる。これによって，匿名の生体臓器提供もまた，ドイツ法上排除されることになるが，この法政策的決定は，連邦憲法裁判所によって臓器移植法の公布直後に下された判決の中で是認された[29]。

　冒頭で挙げた架空の患者Xの人生において，われわれは，臓器移植の法的諸問題に幾度となく関わり合わねばならない。6歳のXのために行われた母親による生体腎臓提供に関連する諸問題は，すでに取り上げた。しかし，すでに胎盤の利用に関連する出生時の行為については，今日の法的状況によれば，その臓器移植法上の意義を検討しなければならないであろう。なぜなら，胎盤の場合にも，1997年の臓器移植法1条1項または2007年の臓器移植法1a条1号の意味での「臓器」が問題となるからである。もっとも，胎盤は，臓器移植法17条および18条の売買禁止の対象とはならない。すなわち，化粧品産業への譲渡がなされても，それによって臓器移植法17条1項が要求するような他人の治療に利用されるという決定はなかったのである[30]。それにとどまらず，胎盤は，臓器移植法1条1項によって画される法規の適用領域が前提とするような，母親から摘出されたものではなく，子の出生後に自然に排出された（少なくとも通常の場合にはそうである。）ものである，と主張することが容易に思い付く[31]。しかしながら，2007年組織法による臓器移植法の改正以来，「摘出」概念は，同法1a条6項によって，あまり「自然主義的に」は定義されず，慎重により広く定義されており，あらゆる種類の「取得」を，例えば，解剖または手術の残存物の場合をも包摂する。

　これに対して，事故によって顔面へ受けた傷を治療するための自家皮膚移植は，臓器移植法に関係する事例ではない。すなわち，ある同一の外科的侵襲内でただちに帰還移植（Rückübertragung）する目的である人物から採取された組織[32]には，臓器移植法は適用されないのである（臓器移植法1条2項1号）。

最後に，Xの死体からの死後の臓器摘出に関する決定について言えば，臓器移植法3条および4条から，ドナーが生前に行った書面による意思表示が優先されることが明らかとなる。その際，この意思表示が臓器提供の用意があること（Bereitschaft）を含むのか，その拒否を含むのか，それとも特定の臓器または組織への限定を含むのかは，その拘束力にとっては重要でない。他人，特にドナー候補者の近親者は，臓器提供に関する書面による意思表示がない場合か，もしくはその意思表示の中で決定が特別に指定された人物に明示的に委任された場合（臓器移植法2条2項第1文）にはじめて，そしてその場合にのみ，決定権限を有するのである。臓器提供の拒否は，14歳以上であることが前提となり，同意または決定の委任は，16歳以上であることが前提となる。Xは，自己の指示を作成した時に17歳だったので，このハードルを飛び越えていたことになる。Xの書面による意思表示が存在したので，最近親者[33]としての両親に判断を求めることは，もはや決して許されない。この場合には（日本の法的状況とは異なり），両親は，ドナーの決定を修正する権利，とりわけその他の臓器または組織の摘出を許容する権利を有していない。それゆえ，心臓の摘出は，臓器移植法19条1項の犯罪構成要件を充足しており[34]，3年以下の自由刑または罰金に処される。もっとも，ドイツの実務においては，ドナー候補者の積極的指示がある場合でさえ，提供臓器がきわめて不足しているにもかかわらず，医師が臓器摘出に対する近親者の留保を尊重することは通常行われている（そして可罰的ではない。）[35]。

それはさておき，心臓を摘出する場合には，あっせんを義務づけられた臓器の問題となる[36]。角膜に関しては，臓器移植法8d条2項から導かれる記録作成義務を考慮することはできるが，配分手続を考慮することはできない。2007年の組織法によって角膜は医薬品に指定されたが，これは，1997年の臓器移植法によって薬事法に挿入された例外規定（薬事法2条3項8号）に相応の修正を施すという仕方で行われた。これによって，角膜は，その他の組織と同様に，薬事法3条3項の意味での試料（Stoffe）および2条1項1号の意味での医薬品に該当することになる。ただし，角膜は，人体に利用することに

よって疾患，苦痛，身体の損傷または病的な不調を治療，緩和または予防することが決定されているものであることが要件となる。角膜の特別扱いを廃止することは，「2004 年 EU 組織指針」の帰結である。立法理由書によれば，「角膜もまた，移植用皮膚，腱，血管，心臓弁のようなその他の組織の場合，あるいは組織加工医薬品（Blutzubereitungen）の場合にかなり以前から行われているように，品質および安全性の要件に服する，ということは，専門的な見地からの帰結であるし，納得できる[37]。」

III. 狭義の組織の取扱い——「通常事例」に関する規制——

本稿はこれまで，時おり「臓器」と並んでその直後に「組織」にも言及することがあったが，偶々そうなったわけではない。なぜなら，多くの規制は，臓器および組織に適用されるからである。他方，組織に関しては，それがそのままレシピエントに移植されるのではなく，移植までの間に加工されることが多いというかぎりで，すでに規制の必要性はより大きい。さらに，組織は他人への移植でさえなく，医薬品，医療品または——われわれの冒頭の事例で胎盤を用いて行われたように——化粧品の製造に使用されることが度々ある。

すでに1997 年の臓器移植法は，組織の摘出および移植にも適用可能な規制を含んでいた。しかしながら，本法は，血液，骨髄，胚の臓器ならびに組織，および特殊な生殖細胞のような個々の細胞には適用されなかった。「人の組織および細胞の提供，調達，検査，加工，保存，保管および配分に関する，品質および安全性基準を定めるための」2004 年 3 月 31 日の欧州議会（Europäischen Parlament）および EU 評議会（Rat der Europäischen Union）の指針 2004/23/EG，いわゆる組織指針[38]（Gewebe-Richtlinie）を（［期限から］遅れて）国内法化[39]する過程で，臓器移植法の適用領域は有意な修正を受けた。すなわち，胚性の臓器および組織の除外はなくなり，個々の細胞がいまや「組織」として把握されているのである[40]。

臓器移植法は，もっぱら移植目的での組織（および臓器）の利用を規制するが（臓器移植法1条1項），例えば，非臨床研究の枠内で利用する目的でのそれについては規制していない[41]。臓器移植法と並んで，あるいは同法に代わって，薬事法（Arzneimittelgesetz）の適用可能性（も）認められうる。確かに，組織は，日常用語の意味において医薬品ではない[42]。しかしながら，組織の採取，加工，保存および流通は，その安全な取扱いを保障するために，薬事法上の特別規制に服する[43]。それゆえ，法的な意味において，心臓弁，角膜，胎盤，骨，それどころか腫瘍組織すらも医薬品なのである[44]。利用のために臓器移植法1a条4号の意味での人の特定の組織を採取する施設は，官署の認可を必要とする（薬事法20b条参照）。工業的な処理によって工作または加工されておらず，その本質的な工作または加工処理が欧州連合において広く知られている（か，あるいは，確かに新規ではあるが，周知の処理と比肩可能である）ところの組織および組織加工医薬品（Gewebezubereitunge）を取り扱う[45]施設について，薬事法20c条は，簡略な認可手続を予定している。そのような組織加工医薬品の流通もまた，——通常の医薬品と比べて——簡略な要件の下で認可される。しかしながら，新規で比肩しえない処理によって製造される組織加工医薬品，および工業的な処理によって製造される組織製品（Gewebeprodukte）については，薬事法13条による「通常の」製造認可およびそれと関連して薬事法21条以下による認可が必要である。組織の採取および移植は，臓器移植法組織指令[46]（TPG-Gewebeverordnung）の規制に服する。

狭義の組織についても，臓器提供の場合と同様，売買禁止は適用される。臓器移植法17条以下は，構成要件および刑罰威嚇の点で区別を行うことなく，両者を捕捉している。EU組織指針12条は，自由意思による無償の組織提供を理想像として掲げるが，ドナーは「提供との関連で生じた出費および不愉快な思いに厳格に制限された」補償を受領することができる，との明示的な許容がなされている。

臓器移植法の適用領域から血液および血液成分を除外することは，特別法上の規制の存在，すなわち輸血法（Transfusionsgesetz）によって説明がつく。

輸血法は，血液および血液成分の採取ならびに血液製品（Blutprodukte）の利用に関する規定を含んでいる。その間にある製造，保管および流通という出来事については，（医薬品たる狭義の組織とまったく同様に）薬事法が取り扱っており[47]，取引の全局面での品質保証のために様々な手段を備えている（例えば，製造認可，製造，保管および販売に従事する施設に対する官署による監督，輸出入の統制）。この点で，ドイツの立法者は，HIVに感染した血液および血液から製造された医薬品を用いたAIDS移植事例に特に反応して，そのような製品を必要とする患者の保護に万全を期することに気を配ってきた[48]。このように法律の下位にある諸々の規制によってもきわめて詳細に規格化されている物質の詳細に，ここで立ち入ることはできない。少なくとも今日，われわれの事例のXは，おそらく，輸血から生じる健康被害を心配しないで済むであろう。

臓器および組織とは異なり，血液および血液成分には売買禁止は適用されない。輸血法は，臓器移植法17条以下に比肩可能な禁止および刑罰威嚇を含んでいない。確かに，輸血法10条第1文によれば，提供と採取（Spendeentnahme）は，無償で行われるものとされている。しかし，輸血法10条第2文によれば，それぞれの提供方法（例えば，全血（Vollblut），血小板（Thrombozyten））に応じた直接的な費用に相応する補償金を提供者に供与するための，かなりの余地が残されている。これは，実務において，きわめて重大な区別をもたらしている。フライブルク大学病院の輸血センターの申告によれば，1度の全血提供が約25ユーロ，血小板提供が20ないし40ユーロである[49]。全体として，ドイツにおいては約50から100の献血業者が活動しており，自称だが毎年300万件から500万件の献血を行っている[50]。そして当然ながら，臓器売買の禁止は，臓器から製造され，または臓器を利用して製造されている（その他の）医薬品にも適用されない[51]。

IV．生殖医療：生殖細胞，前核段階および胚

それでは，これからわれわれは，生殖補助医療という特別事例に取り組む

234 第Ⅵ部 資 料

こととしよう。生殖細胞を体外で取り扱うことは，今日もはや珍しいことではない。唯一試験管内受精という方法のみが，ドイツにおいては，不妊症の治療のために，毎年数え切れないほど利用され，毎年約1万人の新生児が誕生している[52]。冒頭の事例のＸの運命は，その他の人物が遺伝学上の親として，あるいは子どもを懐胎する者として登場しないというかぎりでは，単純な事例である。この点で，ドイツ法は明確な限界を設定しているが，未解決の事柄も多くある。明確な限界は，卵細胞を提供すること，または他の女性の代わりに妊娠することは許されない，という点にある（胚保護法1条1項2号，7号参照）[53]。生殖医学が折り合わなければならないその他の制限は，1月経周期内の試験管受精の許容回数に関わる。すなわち，胚保護法1条1項5号は，1月経周期内に女性に移植されることが予定されているよりも多く当該女性の卵細胞を受精させることを禁止している。これによって，「余剰」胚の発生が回避されることになる。卵細胞を採取するためになされる，子どもを持てることへの期待によって埋め合わされる負荷のかかる侵襲から当該女性を免れさせるために，生殖医療は，前核段階での冷凍保存という方法を考え出した。これは，受精を確かに開始させるが，意識的かつ最初の計画どおりにその終了前に中止させ，発生済みの「中間的産物（Zwischenprodukt）」を凍結することを意味する。ドイツの立法者は，生殖医療上の中間的産物を未受精生殖細胞（unbefruchtete Keimzellen）と同様に取り扱う。

冒頭の事例において，前核段階としての「Ｘ」は，法的な規制のない領域にいるわけでは決してなかった。この段階の「Ｘ」が毀滅されたなら，それは器物損壊（刑法303条），ことによるとそれどころか生殖細胞提供者の身体傷害（！）[54]として訴追され，処罰されえたであろう。このことは，凍結保存されたもはや不要な胚の単純な毀滅が，精々それに関連するのは胚保護法2条1項であるところ，同項についての支配的見解によれば可罰的でないというかぎりでは，奇妙なことであるように思われる[55]。したがって，財産性（前核段階）から初期の人（胚）へ移行すると，法的保護が（一時的に）より弱くなりうるのである。もちろん，前核段階において与えられる法的保護は，この過渡的段

階の（生命）利益のためではなく，生殖細胞提供者の生殖の利益の保護，または財産の保護として位置づけられるものであり，また，後者との関連では，法的意味での「被害者」とみなされるべきであるのが，「生殖細胞供給源」としての遺伝学上の両親であるのか，それとも受精という出来事を主導する「加工者[56]」としての医師[57]であるのかについては，争われる余地があろう。

　卵細胞提供とは異なり，精液提供は禁止されておらず，再生医療の蓄積の中で重要な役割を担っている。もっとも，ドイツ法には，その他の法と比べて，法的不確実性を増幅させる若干の不備がある[58]。例えば，いかなる基準に従い，いかなる人物から精液提供者が選ばれるべきなのか，いかなる範囲で精液提供者は行動することができるのか，いかなる要件の下で誰が出来事の記録を閲覧する権利を有するのかは，規定されていないのである。記録の保存期間に関しても，精液提供には不明確な部分がある。「精液カクテル（Samencocktail）」の利用という問題でさえ，連邦憲法裁判所が認めた自己の出自を知る子どもの権利を前にすると，これを思い止まるべきであることは自明であるにもかかわらず，規定されていない。これらの規定の不備は，精液提供者の利益にも関係する。すなわち，売買禁止に違反することなく，いかなる補償を彼は期待することができるのか，また，彼はどれくらいの頻度で，どれくらいの女性のために遺伝学上の父親候補者として登場することが許されるのかは，法によって明確に確定されていないのである。胚保護法は，死後人工授精（post-mortem-Insemination）を禁止し（胚保護法4条），それを刑罰で威嚇している。しかしながら，提供者が自己の精液が利用されるときになお生存していることを保障するためには，いかなる措置が捕捉されなければならないのかは，不明確である。

　生殖細胞を体外で取り扱うような生殖補助医療（例えば，試験管内受精，精液提供，冷凍保存）を実践する者は，2007年以降のドイツにおいては，次のような組織法上の要件もまた考慮しなければならない。

・薬事法上，主に次の点が，定義，例外，「適用される」および「適用されない」という規制のかなり分かりにくい協働に委ねられている。人の生殖細

胞は，医薬品でもなければ組織加工医薬品（Gewebe*zubereitung*）（薬事法4条20項第2文）でもない。しかし，人の生殖細胞は，臓器移植法1a条4号の意味での組織である。それゆえ，人の生殖細胞には，薬事法が（未加工の）組織の取扱いに関して設けている様々な規定が適用されることになる。すなわち，（生殖細胞の採取に関しては）薬事法20b条による認可，（試験管内受精の関連する生殖細胞の工作または加工，もしくは生殖細胞および胚の前段階の冷凍保存の関しては）薬事法20c条による認可，ことによると（行われる余地がある輸入に関しては）薬事法72b条による認可という一部前出の要件，さらには活動中の関連する企業および施設に対する官署による監督に関わる規制（薬事法64条），がそれである[59]。

- 生殖細胞を体外で取り扱うような生殖補助医療を実践する者は，さらに，臓器移植法組織指令と並び臓器移植法から導かれる安全性要件を充足しなければならない。これに属するものとしては，特に，精液提供者の健康状態が，提供された不適当な精細胞を他人のために利用することによって生じる健康上のリスクを排除するのに適したものであるかを検査すること（臓器移植法組織指令6条2項），および非配偶者間精子提供（heterologe Samenspende）によって生まれた子の利益を不十分な仕方で保護するにとどまるけれども，包括的な記録作成義務（臓器移植法組織指令7条）がある[60]。

臓器移植法からは，いまや，刑罰によって強化された，配偶子（Gameten）および前核段階の売買禁止もまた明らかとなる（臓器移植法17条以下）。無償譲渡は許される。試験管内胚（In-vitro-Embryonen）についても売買は許されない。これは，とりわけその「譲渡」を処罰する胚保護法2条1項から導かれる。ただし，——奇妙なことに——臓器売買に向けられる臓器移植法の刑罰規定は，より厳格である（［胚保護法2条1項違反に対する］最高刑は3年の自由刑であるのに対して，［臓器売買に対する］最高刑は5年の自由刑であり，犯罪を業として行う場合には刑の短期が引き上げられる。）。

V. 「損壊事例」：刑法上および民法上の視点からみた臓器 および組織の毀滅または合意に反する利用

　従来，われわれは，とりわけ，人の臓器および組織の「正しい利用」に関する規制を問題としてきた。しかしながら，法的な視点からみると，その（過失または故意による）毀滅，あるいはその合意に反する利用といった濫用に対してもまた，規制は必要である。起こりうる事例は，非常に多様であり，理論的な重要性のみを有するのでは決してない。例えば，考えられる事例として，死亡したドナーから摘出された臓器が，予定されていたレシピエントに届く途中で紛失する，自己血液提供（Eigenblutspende）が予定された手術の前に誤って同じ血液型の他の患者に利用される，診断目的で摘出された組織が実験室での不適切な研究実施において使用不能となり，それゆえ摘出が何度も行われなければならない，あるいは女性への生殖補助医療の枠組みでいくつかの卵細胞が摘出されるが，不適切な取扱いによってもはや受精には利用できない，という事例を挙げることができる[61]。

　法的な評価を行うためには，何よりもまず，全体としての生存している人の身体は民法的な意味でも刑法的な意味でも「物（Sache）」ではない，ということを出発点としなければならない[62]。そのような人の身体は，例えば，故意および過失による侵害を捕捉する殺人罪や身体傷害罪によって，さらには中核刑法および特別刑法における一連の危険犯によっても[63]，人格として法的保護を受けている。身体と強く結び付いている自然の身体の一部が，身体に属していることは明白である。人工的に移植された物もまた身体の一部となりうるし，それによって人工的に移植された物の物としての性格は失われるが，この点については詳しくは取り上げないこととする[64]。

　人の死体を法的な意味で「物」とみなしてよいか否かについては，意見の一致をみていない。通説はこれを肯定しているが[65]，問題となるのは，死体もしくは死体の一部に所有権が存在することの可否およびその程度であり，

そのようなことが，場合によっては販売可能性ないし流通可能性という意味に転換されうる程度である[66]。いずれにせよ，死体について，正当な方法で摘出された臓器および組織には，第三者の先占権が肯定される（したがって，相続人が自動的に所有権を取得するわけではない。）[67]。（例えば，移植医療施設によって）そのような先占が行われるならば，臓器あるいは組織は，他人の物として，窃盗罪や器物損壊罪といった所有権侵害犯および財産犯の客体となる可能性が生じるであろう。

　（自然の）身体の一部は，通説によれば，いずれにせよ生存している人の身体からの最終的な切離しによって，法的な意味で「物」となるが，人格権的な側面もまた付加され，あるいは存続しうる[68]。これに対して，短期間の再移植という目的での単なる一時的な切離しにおいては（例えば，われわれの出発事例における，自家皮膚移植に関して），刑法においても，「身体の一部」の性質を維持する通説が出発点となる[69]。事故による身体の切断が起こった場合に，再移植の試みが実際上可能であり，かつ医療上十分な見込みをもっていると思われるかぎりで，同じことが承認されうるであろう[70]。したがって，例えば，手術の前に，この手術のために用意されている自己の血液が万一に備えて分離されているが，これが誤って毀滅された場合には，器物損壊だけでなく，身体傷害にもなるであろう。上述の合併症もなく経過した手術の後に，同様の事態が生じたならば，解決はまったく逆にならざるをえない。すなわち，せいぜい器物損壊であり，いずれにせよ身体傷害とはならない。しかし，これとは逆の見解――［身体という］貯蔵庫から出された身体の一部については，常に器物損壊しか成立しえないとする見解[71]――が，無条件に［保護が］より劣るという刑法上の結論に至るわけではない。この見解には，ひとつには，生体全体に対する後の結果を引合いに出す可能性が残されている。例えば，自己血液がもはや利用できないので，他人の血液を輸血しなければならず，これによって患者が感染を受けた場合，この感染は，身体傷害として，自己血液を利用できなくした者に帰属されうる。もうひとつには，健康侵害という意味での，傷害行為の精神的結果をみる代替案が存在している[72]。

いずれにせよ，重大な概念上の区別が残ったままである。（一時的に）切り離された身体の一部について犯された身体傷害の可能性を肯定する者は，機能的に整理された考察方法を示している。この考察方法にとっては，反対説とは異なり，身体がただひとつの場所からのみ，また，ただひとつの場所においてのみ表象しうる客体であることは必然的ではない。

反対に，生存している人からの切離しが一時的なものにとどまらない身体の一部を物としての性格づけることは，この身体の一部がもはや健康に関係する目的で利用される予定がない（そうではなく，例えば，引き抜かれた歯がアミュレットとして身に付けられる予定である）かぎりでは，確かに，事物の実体に即している（！）。そのような物がどの程度「流通可能」であるのか，したがってそれを売買することが許されるのかは，取引をどう捉えるかの問題である。髪の毛の許されない切断事例が示すように，［物でないものの］物への「変換」という出来事は，人格権侵害として，いやそれどころか身体的虐待として評価されうるが[73]，そのことは，事後の経済的利用（例えば，かつら製造者への販売）の障害とはならない。

評価するのが困難であるのは，以下の諸事例である。すなわち，切り取られた身体の一部の，健康に関係する利用が依然として問題となっているが，分離と利用との間に長期で不確定な時間的間隔が存在する事例，事後の利用が多少とも不確定である事例，および/または，確かに，物質が由来する人物の利益のために利用が行われる予定であるが，それは当該人物自身への再移植ではない事例，がそれである。約15年前に，ドイツにおいて議論の素材となるある事件が起きた。ある癌患者が，治療により劣性が生じるにもかかわらず自己の子孫をもつ可能性を維持しようとして，自己の精液を凍結保存した。治療後にその患者が結婚した際に，彼は，子どもが欲しいという願いを，彼のパートナーの夫婦間授精（homologe Insemination）によって実現しようとしたが，「精子バンク」業者が誤ったために，精子保存容器が過失により毀滅されたことを知ることとなった。連邦通常裁判所民事部は，患者に，身体傷害という観点の下で（民法832条），慰謝料という形式での損害賠償（民法847条）

を認めた[74]。これに対して，作用が（単なる）物の損壊としてみなされるならば，慰謝料を認めることは，民法上問題とならないであろう。この結論の間にある第3の見解は，人格権の侵害という観点において（身体傷害とは切り離して）事態を評価しているようである[75]。

　刑法上の観点から，短期間一時的に摘出するだけでも，分離された身体の一部についての身体傷害の構成要件の該当可能性を否定する者は，これらの事例状況についても別のように評価することはないであろう。しかし，反対説にとっては，はじめから，切り取られた身体の一部もまた上述の要件の下で，「主要な身体」とともに，なお機能的統一体を形成すること，もしくは攻撃客体の際に他の「人[76]」が重要であり，そしてそれゆえに分離されたものへの侵害的な作用が刑法223条および229条の意味での身体的虐待[77]もしくは健康侵害[78]として理解されうることは，排除されない。この見解によると，刑法上の保護は，非常に包括的なものとなる。刑法223条（身体傷害）は，5年以下の自由刑または罰金を予定しており，刑法303条（器物損壊）は，単に2年以下の自由刑を予定しているにすぎないのである。さらに——そしてこのことは，非常に実務的な重要性を有するのだが——，身体傷害の場合にのみ過失犯があり（刑法229条），器物損壊の場合には［過失犯に対して］刑罰による威嚇はない。

　われわれの出発事例で示したように，毀滅の客体は良い臍帯血（もしくはそれから得られ分離された幹細胞標本）でありえ，その臍帯血はすでに誕生の際に，両親の指示に従って保存され，万一のための後の利用という観点から，場合によっては数10年間も保存されることになる。身体傷害という刑法上の構成要件は，この例においてはいずれにせよ，「幹細胞保存容器（Stammzell-Reserve）」の毀滅により被害者の後の病気の持続性が生じることによって充足される[79]。これに対して，精子事例による連邦通常裁判所の論証もまた，健康利益において万一のために保管されている血液幹細胞の毀滅に転用するならば，それに対して身体傷害は，すでに血液幹細胞の利用可能性を損なうことにおいて，したがって本来予定されていた目的にとって使用不能としたこ

とにおいて成立するであろう。われわれの事例におけるXの健康利益のために（存在していると思い込まれている）幹細胞に手を出すことが実際上必要であるかは，それゆえ，この見解によると重要でないことになるであろう。刑法の通説は，器物損壊（刑法303条）の構成要件の適用を優先するであろう。Xが現実に，年月が経過した後に，発病の処置のために幹細胞を必要として，そしてまだ幹細胞が利用できると仮定しよう。通説によると，身体の一部への（再？）変更が，輸血という出来事によって初めて生じるのか，それともすでに幹細胞を直ちに治療のために利用するという医療上の決定の中に見いだされうるのかは，なお争いがある。

　行為客体としての分離された身体の一部に関する様々な立場の評価は，ここでは大雑把にしか行えない。このような事例を刑法上の身体傷害として罰することを望むことは，利用が想定されている事態が生じるのか否かが，場合によっては数10年間未決定であり，しかもそのような事態が生じた場合に，不可能となった利用によって治療が成功していたのか否かがまったく不明確であるというかぎりでは，問題となるように思われる。貯蔵庫から出された組織と「主要な身体」との間には「機能的な統一性」があり，それは，前者［貯蔵庫から出された組織］に対する作用が身体傷害ゆえに可罰的であることの根拠であるとする考え方は，評価にとって重要な，後者［主要な身体］に対する不都合な作用を，その作用が生じないうちは捉えることができない。さらに言えば，その作用がそもそも生じるかどうかが，きわめて不確実なのである。そして最後に，少なくとも貯蔵庫から出された細胞への高価な技術的処理プロセスが行われる場合には，この考え方は，可能な法律解釈の限界（基本法103条2項）と衝突しかねないのである[80]。

　われわれの出発事例に関しては，総括すれば，以下のことが明らかである。すなわち，FがXの臍帯血を事後的に[81]合意に反して利用することは，Xの健康への配慮を挫折させている。通説によると，このことは，ドイツ民事裁判所の当時の現行民法［の解釈］に従って人格権侵害として，そして刑法上は器物損壊として評価される。Fの動機に直面して，慰謝料請求のために必

要な侵害の強さは,確かに,肯定されうる。

しかし,以上のことから,XおよびXの健康利益を直接に侵害するFの態度の側面のみが明らかになり,逆に,いまだ,Fによる利益をもたらすXの細胞の利用については明らかになっていない。Xは,それについて何も知らず,それゆえ承諾を与えることができない。それが再生製品に関して認められ,そのかぎりで,処置を行う医師または当該医師が勤務する医療施設への(黙示のもしくは推認的な)所有権の委譲が根拠づけできるような患者の無関心さでさえ[82],Xに関しては問題とならない——ただし,その種の所有権の委譲が,通常の利用という(黙示のもしくは推認的な)条件においてのみ生じる,ということへの十分な理由が述べられたと推定できることは,扨置くこととする[83]。しかし,この権利侵害から,Xの「利潤参加」請求権が導き出せるのか否かについては,いまだ不明確である。なぜなら,Xが彼の幹細胞の価値を心得ている場合でさえ,すなわち,すでに彼の細胞の独自性の中にこの価値が存在する場合でさえ,この利用は,XについてもFについても可罰的な組織売買となりうるであろうからである。これに対して,Fの加工処理から初めて価値が生じた(そしてそれによる可罰的な組織売買は確実に存在しない)場合には,確かに,Fは,本来的な価値創造者とみなされるであろう。もちろん,この結論は,不十分なものと思われうる。なぜなら,この事例は,ここでどちらか一方が欠けても成功しない2人の幸運児が出会っているからであり,そのため,経済的な成果の分け前を双方が得るなら,それは,正当なことのように思われる印象を呼び起こすからである[84]。

VI. 総括と展望

総括しよう。現代医療は様々な点で人の臓器および組織を,破壊され,または機能を喪失した「オリジナル」の「補充交換部品 (Ersatzteile)」として利用しているが,医薬品および医療品の元となる製品 (Basisprodukt) としても利用している。とりわけ,臓器および組織採取の要件,供給に比して多すぎ

る需要がある場合における配分，および品質保証のことを考えると，規制の必要性は存在する。死後の臓器提供および生体臓器提供は，1997年にようやく法律上規制されることになった。前者の場合，生前に表明されたドナーの意思の明確な優先性が法的に認められている。死亡したドナーの臓器を一定のレシピエントの有利に分配することは，緊急性および成功の見込みという医学的な基準に従って，中央ヨーロッパ諸国の連携の下で行われている（ユーロトランスプラント）。提供臓器が著しく不足していることに鑑みて，レシピエント候補者の範囲を，原則的に自ら提供への用意がある者に限定することが提案された[85]。もっとも，これに対しては，重大な憲法的および法政策的な疑念が表明された[86]。それゆえ，ドイツの立法者は，このモデルを従来取り上げてこなかったし，そうすることは今後もほぼ確実にないであろう。現在，ドイツでは，特に，自らは臓器移植を行わない病院が臓器摘出に進んで協力するよう促す試みが行われている[87]。

再生不能臓器を，例えば，特に腎臓を生きている人から提供するための中心的な要件は，──包括的な説明後の同意と並んで──臓器のレシピエント候補者との特別な人的関係が存在することである。立法者は，特別な刑法上の注意を臓器売買に払ってきた。

ますます増大する経済的な意義に鑑みて，2004年，人の組織および細胞の提供，調達，検査，加工，保存，保管および配分に関する，品質および安全性基準の確立のためのEU指針が発された。この指針を国内法化する際，ドイツの立法者は，必要な規制を現行法（臓器移植法，輸血法，薬事法）に統合した。とりわけ薬事法は，これによって，元々分かりにくかったものがさらに分かりにくくなった。また，生殖医療にとって重要なルールがよりによって「臓器移植法による組織の摘出および移植の質および安全性に対する要求に関する指令」の中に見いだされるというようなことを，数年前のドイツにおいて想像できた者がいたかと言えば，それはほとんどいなかったであろう。それどころか，ドイツの立法者は，組織の安全性を目的として，部分的にEU法上の基準には留まっていないように思われる。これによって，ドイツの立

法者は，欧州委員会（Europäische Kommission）での異議申立手続のリスクに身をさらすことになる。ともかく，現在，薬事法上およびその他の諸規定の改正法案が議会で審議されている。その法案では，とりわけ新薬事法 20d 条によって，個人的に自己の患者に使用する組織加工医薬品を製造する過程に関わる医師については，薬事法 20b 条 1 項および 20c 条 1 項所定の認可義務の例外とすることが予定されており[88]，それによってある種の行政上の簡略化が目指されている。

冒頭の事例におけるように，臍帯血を用いて医学的な備えをすることは，実際上ますます重要なものとなるであろう。しかしながら，刑法上の見地からは，とりわけ，分離されたが，少なくとも場合によっては長期的にみて健康に関連する目的に役立つ，生きている人の組織の保護については，いまだ納得のいく解決が得られていないように思われる。器物損壊としての可罰性の支持者と身体傷害としての可罰性の支持者との争いに対して，ここでは「第 3 の道」を簡潔に法政策的に論じることにする。

万一に備えて保管されていた組織を毀滅する，あるいは利用不可能にするという行為を，現代に即して犯罪構成要件に取り込もうとするなら，所為の不法が最適に示されうるのは，身体傷害としてでもなければ器物損壊としてでもなく，健康の危殆化（Gesundheitsgefährdung）としてであろう。それゆえ，立法論としては，――おそらくは主に臓器移植法に補充することを通じて――相当する（抽象的）危険犯を創設し，毀滅によって故意または過失により目的を挫折させることを（同意されていない目的での消費的な利用を含めて）捕捉することが考えられるであろう。

最後にもう一度，個々の臓器または組織から離れて，全体としての人間に目を向けてみよう。死後の臓器摘出および組織採取に関するドイツのルールは，それに基づく医療を推進しようとするものであるが，死体の可及的な統合性（Integrität）という観念をその他の多くのヨーロッパの法秩序よりも尊重している。しかし，ますます多くの人が移植医療の可能性から利益を得るようになればなるほど，こうした不可侵性（Unversehrtheit）は，理想像として現

在いっそう疑われることになる。この点で，よりによって幹細胞研究が，生きている人を「自分自身のための補充交換部品製造者（Ersatzteilproduzenten）」へと変えるような技術を考え出すことによって，再考を促しうるかもしれない[89]。

（訳者あとがき）
　ここに訳出したのは，早稲田大学グローバル COE《企業法制と法創造》の刑事法研究グループと医事法研究グループの招きで来日されたドイツ・マックス・プランク外国・国際刑法研究所主任研究員のハンス—ゲオルク・コッホ博士が 2009 年 3 月 16 日に早稲田大学比較法研究所主催の講演会で行った講演原稿（原題は，*Hans-Georg Koch*, Der Mensch als Ersatzteillager und Rohstofflieferant？Rechtsfragen im Zusammmenhang mit Gewinnung und Verwendung von Menschlichen Organen und Gewerben in Deutschland）である（翻訳了解済み）。コッホ博士は，その師であるアルビン・エーザー博士（マックス・プランク外国・国際刑法研究所名誉所長）とともに，医事刑法全般，そしてこの先端医療の分野でもドイツの学界をリードして立法等にも大きな影響を与えてこられた方である。本講演でも，その力量をいかんなく発揮されており，ドイツの臓器・組織移植の法制度とその実状および議論状況がよく分かる。
　なお，もうひとつの講演訳（甲斐克則＝三重野雄太郎＝福山好典訳）「法的問題としての幹細胞研究と『再生医療』」（*Hans-Georg Koch*, Stammzellforschung "regenerative Medizin" als Rechtsprobleme）は，すでにジュリスト 1381 号（2009 年）80 頁以下に掲載されている。
　いずれの講演でも甲斐が通訳をしたが，討論の通訳では，東洋大学法学部の武藤眞朗教授に大変お世話になった。ここに謝意を表したい。また，今回の早大訪問では，マックス・プランク外国・国際刑法研究所所長のウルリッヒ・ズィーバー（Ulrich Sieber）教授およびマルク・エンゲルハルト（Marc Engelhardt）研究員も同時に来日され，企業犯罪ないしヨーロッパ刑法についてそれぞれ講演をされた。早稲田大学とマックス・プランク外国・国際刑法研究所との学術交流の絆がますます強くなったと実感した次第である。（甲斐克則・記）

1）新たに加わった連邦諸州の臓器移植センターは，1990 年 10 月の（旧）東ドイツの加盟にともなって続いた。*Nickel/Schmidt-Preisigke/Sengler*, Transplantationsgesetz, Kommentar mit einer umfassenden Einführung, 2001, vor §9 TPG Rn. 5 参照。ユーロトランスプラントについての詳細は，*Carstens*, Das Recht der Organtransplantation, 1978, *Conrads*, Eurotransplant und UNOS—Modelle der Organallokation, Medizinrecht 1996, 300-309（ただし，一部情報が古い）；*Schroth/König/Gutmann/Oduncu*, TPG—Transplantationsgesetz, Kommentar, 2005, §12 Rn. 10；*Rahmel*, Eurotransplant und die

Organverteilung in Deutschland, in：*Krukemeyer/Lison* (Hrsg.), Transplantationsmedizin, 2006, S. 65-80 参照。
2) Sozialgericht Lüneburg, Neue Juristische Wochenschrift (NJW) 1994, 1614-1616；(Landessozialgericht Niedersachsen, NJW 1995, 3080 および Bundessozialgericht, NJW 1997, 3114-3116 によって追認された。)；Bundessozialgericht, NJW 1997, 823-824 参照。
3) 1975 年 7 月 4 日の臓器移植の実施に関する指令（Verordnung über die Durchführung von Organtransplantationen vom 4.7.1975), Gesetzblatt der DDR 1975 Ⅰ, S. 597-599.
4) 本法は，1997 年 6 月 25 日にドイツ連邦議会において可決され，1997 年 9 月 26 日に連邦参議院において可決された。1997 年 11 月 11 日付けで，連邦官報（1997 Ⅱ, S. 2631-2639）において公布されている。大部分の規定は 1997 年 12 月 1 日に施行されたが，生体臓器提供に関する若干の規定は，1999 年 12 月 1 日にようやく施行された。というのは，そのことに管轄を有する連邦諸州に対して，必要な施行規則と施設を創設するために時間を与えなければならなかったからである。
5) Schroth/König/*Gutmann*/Oduncu (前出注 1), §12 Rn. 6；*Höfling* (Hrsg.), Transplantationsgesetz, Kommentar, 2003, vor §9 Rn. 3f.
6) これに批判的なのは，例えば，*Gutmann*, Für ein neues Transplantationsgesetz, 2006, S. 115-123 *Höfling*, Verteilungsgerechtigkeit in der Transplantationsmedizin?, JZ 2007, 481-486, 486 およびそこに掲載されているその他の文献ならびに特にスイス（2004 年 10 月 8 日の臓器移植法（Transplantationsgesetz vom 8.10.2004) および 2007 年 3 月 16 日の臓器分配指令（Organzuteilungsverordnung vom 16.3.2007）ならびに 2007 年 5 月 2 日の内務省臓器分配指令（Organzuteilungsverordnung EDI vom 2.5.2007））の法的状況との比較である。Schroth/König/*Gutmann*/Oduncu (前出注 1), §12 Rn. 24 によれば，特に腎臓と肝臓の場合には，緊急性と成功の見込みとの間に目標の衝突状況があり，それについては，医学的に根拠のある決定または衡量が存在しない。Beckmann/Kirste/*Schreiber*, Organtransplantation, 2008, S. 80 も，同旨である。
7) http://www.bundesaerztekammer.de/downloads/RiliOrga20080628d.pdf が，現在の基準である。
8) ただし，*Schmidt-Aßmann*, Grundrechtspositionen und Legitimationsfragen im öffentlichen Gesundheitswesen, 2001, S. 103-106；*Gutmann*, Für ein neues Transplantationsgesetz, 2006, S. 124f.；Schroth/König/*Gutmann*/Oduncu (前出注 1), §12 Rn. 20ff. および §16 Rn. 5ff., 29；*Höfling* (前出注 5), §16 Rn. 1；*Höfling* (前出注 6), S. 483ff. 参照。これに対して，立法者に原則的に賛成するのは，*Taupitz*, Richtlinien in der Transplantationsmedizin, NJW 2003, S. 1145-1150, 1147ff.；Beckmann/Kirste/*Schreiber* (前出注 6), S.

82ff. である。
9) Schroth/König/*Gutmann*/Oduncu（前出注1），§16 Rn. 3, 13-16.
10) 生体［臓器］提供委員会の法的地位および活動についての詳細は，*Fateh-Moghadam/Schroth/Gross/Gutmann*, Die Praxis der Lebendspendekommissionen—Eine empirische Untersuchung zur Implementierung prozeduraler Modelle der Absicherung von Autonomiebedingungen im Transplantationswesen, Teil 1：Medizinrecht 2004, S. 19-34；Teil 2：Medizinrecht 2004, S. 82-90.
11) Bundesgesetzblatt 2007 I, S. 2206-2220. これについての詳細は，後出Ⅲ. 注39。
12) 2008年，ドイツでは全体で2,753件の腎臓移植が実施され，そのうち2,188件は死亡したドナーの臓器を用いたものであり，565件は生体提供であった。同一の期間に，約3,000名の新たな患者が待機リストに登録された。ドイツ臓器移植財団年報2008 or Jahresbericht der DSO 2008（http://www.dso.de/pdf/DSO_JB2008_deutsch.pdf）参照。
13) 2008年，ドイツでは，死後提供による肝臓移植が1,067件行われ，生体ドナーの部分肝移植が55件行われた（前出注12の資料）。代替組織に関する需要と現在の供給不足については，*Karbe* u.a., Das neue deutsche Gewebegesetz unter Berücksichtigung des TPG-Gewebeverordnungsentwurfs hinsichtlich praktischer Umsetzung der postmortalen Gewebespende, Rechtsmedizin 2007, S. 380-386, 380 参照。
14) Höfling-*Rixen*（前出注5），vor §9 Rn. 3f.；Beckmann/Kirste/*Schreiber*（前出注6），S. 78参照。前出注1をも見よ。
15) *Lilie*, Zur Zukunft der Organ- und Gewebespende, in：*Kern/Wadle/Schroeder/Katzenmeier*（Hrsg.）, Humaniora（Festschrift für Adolf Laufs zum 70. Geburtstag）, 2006, S. 959-971, 962参照。法律に定められている諸機関の任務分配と共同については，Höfling-*Rixen*（前出注6），vor §9 Rn. 2の簡明の確な叙述をも参照。
16) Bundesverfassungsgericht, Beschluss vom 11.8.1999, NJW 1999, 3399-3404 参照。
17) ただし，ドイツは今日まで本条約に加盟していない。加盟をめぐる論争については，*Taupitz*（Hrsg.）, Das Menschenrechtsübereinkommen zur Biomedizin des Europarates—taugliches Vorbild für eine weltweit geltende Regelung?, 2002, S. 2-8, *Eser*（Hrsg.）, Biomedizin und Menschenwürde, 1999 参照。
18) *Nickel/Schmidt-Preisigke/Sengler*（前出注1），§8 TPG Rn. 38.
19) *Nickel/Schmidt-Preisigke/Sengler*（前出注1），§23 Rn. 2.
20) *Nickel/Schmidt-Preisigke/Sengler*（前出注1），§23 Rn. 6.
21) *Nickel/Schmidt-Preisigke/Sengler*（前出注1），§23 Rn. 7.

22) *Nickel/Schmidt-Preisigke/Sengler*（前出注 1），§ 23 Rn. 11.
23) 経済性を志向する様々なモデルが，生体［臓器］提供および死後［臓器］提供のいずれについても議論されている。例えば，*Schroeder*, Gegen die Spendenlösung bei der Organgabe, Zeitschrift für Rechtspolitik（ZRP）1997, S. 265-267；*Buyx*, Anreize in der postmortalen Organspende：Belohnte Spendebereitschaft, Ethik in der Medizin 2009, S. 7-20 ならびに *Gutmann*, Probleme einer gesetzlichen Regelung der Lebendspende von Organen, Medizinrecht 1997, S. 147-155, 154 に掲載されている文献参照。
24) これについては，立法理由書，Bundestags-Drucksache 13/4355, S. 29. *Nickel/Schmidt-Preisigke/Sengler*（前出注 1），§ 17 Rn. 4 参照。
25) 例えば，Schroth/*König*/Gutmann/Oduncu（前出注 1），§ § 17, 18 Rn. 16；Höfling-*Rixen*（前出注 5），§ 17 Rn. 9f.；Beckmann/Kirste/*Schreiber*（前出注 6），S. 86 参照。
26) *Nickel/Schmidt-Preisigke/Sengler*（前出注 1），§ 17 Rn. 5.
27) その問題性についての詳細は，Schroth/König/*Gutmann*/Oduncu（前出注 1），§ 8 Rn. 36ff.；*Nickel/Schmidt-Preisigke/Sengler*（前出注 1），§ 8 Rn. 19ff. Höfling-*Esser*（前出注 5），§ 8 Rn. 84f.；*Koch*, Aktuelle Rechtsfragen der Lebend-Organspende, in：*Kirste*（Hrsg.）, Nieren-Lebendspende, 2000, S. 49-68（54ff.）およびそこに掲載されているその他の文献参照。
28) *Nickel/Schmidt-Preisigke/Sengler*（前出注 1），§ 18 Rn. 4；*Sengler*, Stellungnahme zu rechtlichen Aspekten der Lebendspende aus der Sicht des Bundesgesundheitsministeriums, in：*Kirste*（Hrsg.）, Nieren-Lebendspende, 2000, S. 100-124, 112 参照。
29) Bundesverfassungsgericht, Beschluss vom 11. 8. 1999, NJW 1999, S. 3399-3403.
30) それゆえ，助産師に支払われた「謝礼」が臓器移植法 17 条 1 項 1 号の例外規定の意味での「相当な対価」に当たるかどうかについては，立場決定しないでおくこともできる。
31) 結論において同旨であるのは，*Gropp*, Wem gehört die Plazenta?, in：*Arnold* u.a.（Hrsg.）：Grenzüberschreitungen, Beiträge zum 60. Geburtstag von Albin Eser, S. 299-315, 314；*König*, Strafbarer Organhandel, 1998, S. 148 である。
32) 臓器移植法 1a 条 1 号の概念規定によれば，皮膚は，法的な意味においては——医学的な用語法においてとは異なり——「臓器」でないが，臓器移植法 1a 条 4 号の意味での「組織」として，本法の多数の規定に服する。
33) これについては，2007 年の臓器移植法 1a 条 5 号（以前は 1997 年の臓器移植法 4 条 2 項）における「序列」参照。
34) *Schroth*/König/Gutmann/Oduncu（前出注 1），§ 19 Rn. 29 も，同旨である。
35) これについて批判的であるのは，さしあたり *Koch*, Jenseits des Straf-

rechts—mitten im Medizinrecht : Über einige Regelungsprobleme der Organtransplantation, in : *Arnold* u.a.（Hrsg.）, Grenzüberschreitungen, 1995, S. 317-340, 331.

36）2007年臓器移植法1a条2号ないし1997年臓器移植法9条第2文参照。

37）Bundestags-Drs. 16/3146, S. 37. 1997年臓器移植法による角膜の特別な地位の根拠づけについては，Bundestags-Drs. 13/8017参照。

38）Amtsblatt der Europäischen Union L 102 vom 7.4.2004, S. 48-58.

39）国内法化は，2007年7月20日の組織法（*Gewebegesetz*）（Bundesgesetzblatt 2007 Ⅰ, S. 1574-1594）によって行われた。その際，一連の現行法，すなわち臓器移植法（新名称：2007年9月4日の臓器および組織の提供，摘出および移植に関する法律（Gesetz über die Spende, Entnahme und Übertragung von Organen und Geweben（Neubekanntmachung vom 4.9.2007）, Bundesgesetzblatt 2007 Ⅰ, S. 2206-2220），輸血法（1998年7月1日の輸血制度の規制のための法律（Gesetz zur Regelung des Transfusionswesens（Transfusionsgesetz—TFG）vom 1.7.1998）, Bundesgesetzblatt 1998 Ⅰ, S. 1752-1760；Neubekanntmachung am 28.8.2007, Bundesgesetzblatt 2007 Ⅰ, S. 2169-2177）および薬事法（1976年8月24日の医薬品の流通に関する法律（Gesetz über den Verkehr mit Arzneimitteln（Arzneimittelgesetz—AMG）vom 24.8.1976）, Bundesgesetzblatt 1976 Ⅰ, S. 2445-2482；Neubekanntmachung am 12.12.2005, Bundesgesetzblatt 2005 Ⅰ, S. 3394-3469）ならびにそれらに附属する各指令を追加する，いわゆる条項法（Artikelgesetz）が問題とされた。そういうわけで，法令集（Gesetzessammlungen）の中に「組織法」を探しても無駄である。

40）2007年の臓器移植法1a条4号は，「組織」を「1号によれば臓器ではないところの，人の個々の細胞を含めて，細胞から成る人体の全構成部分」と定義する。

41）組織法立法理由書，Bundestags-Drs. 16/3146, S. 23；成立史を指摘する *Heinemann/Löllgen*, Die Umsetzung der Europäischen Geweberichtlinie durch das deutsche Gewebegesetz, Pharmarecht 2007, S. 183-189, 184参照。このような制限の根拠は，2004/23/EG指針の考慮事由11である。採取された組織の「移植」をなお語りうるためには，それをどの程度工作または加工することまでが可能であるのかは，依然不明確である。——しかしながら，臓器移植法の射程のこうした制限は，臓器および組織の売買には当てはまらない。臓器移植法1条1項第2文参照。これについては，前出注30をも見よ。

42）*Deutsch/Spickhoff*, Medizinrecht, 6. Aufl. 2008, Rn. 1197参照。薬事法は，組織加工医薬品という概念でもって運用されており，これを「臓器移植法1a条4号の意味での組織に該当する医薬品またはこのような組織から製造された医薬品」と定義している（4条30項第1文）。換言すれば，臓器移植法の意味での組織は，薬事法の意味では組織加工医薬品でありえ，薬事法2条1項

の要件が存在する場合には医薬品でありうるが，(正確に言えば，薬事法4条30項第2文の場合には) 単なる組織でもありうるのである。もっと分かり易くならないのだろうか，という疑問を抱かざるをえない。

43) *Rehmann*, Arzneimittelgesetz-Kommentar, 3. Aufl. 2008, §2 Rn. 35 参照。
44) *Rehmann*（前出注43），§4 Rn. 32. 参照。
45) 「取扱い」とは，ここでは包括的に，工作もしくは加工，保存，保管または流通を指す。これは，患者に対する利用を捕捉するものではない。
46) 正式名称：2008年3月26日の臓器移植法による組織の採取およびその移植の質および安全性に対する諸要求に関する指令（Verordnung über die Anforderungen an Qualität und Sicherheit der Entnahme von Geweben und deren Übertragung nach dem Transplantationsgesetz（臓器移植法組織指令（TPG-Gewebeverordnung）—TPG-GewV）vom 26.3.2008), Bundesgesetzblatt 2008 I, S. 512-520.
47) *Lippert*/Flegel, Kommentar zum Transfusionsgesetz und zu den Hämotherapierichtlinien, 2002, S. 100 参照。
48) Lickert/*Flegel*（前出注47），S. 119；法案理由書，Bundestags-Drs. 13/9594, S. 13ff. 参照。
49) これに批判的なのは，*Deutsch/Spickhoff*（前出注42），Rn. 1682（「かなり少ない一定額の出費である」）および *Lickert*/Flegel（前出注47），S. 219（「他の諸国と比べて高額と考えられる」）である。
50) フライブルク大学病院輸血センター長である医学博士マルクス・ウムハウ（Markus Umhau）氏からの私信である。
51) 臓器移植法17条1項第2文2号。これについては，*Lilie*（前出注16），S. 960；*Parzeller/Henze/Bratzke*, Gewebe- und Organtransplantation—Verfehlte und praxisferne Regelungen im Transplantationsgesetz., KritV-Kritische Vierteljahresschrift für Gesetzgebung und Rechtswissenschaft 2004, S. 371-396, 374 参照。
52) *Häussler/von Zahn*, Umfang invasiver reproduktionsmedizinischer Eingriffe in Deutschland als Gegenstand der Versorgungsforschung, Bundesgesundheitsblatt 2003, S. 655-658, 656 参照。
53) もっとも，特に卵細胞提供の禁止にはかなり争いがある。ただし，*Zumstein*, Keimzellspende—Juristische Thesen, in：*Arndt/Obe*（Red.), Fortpflanzungsmedizin in Deutschland, 2001, S. 134-142, 138f.；*Eser/Koch*, Rechtsprobleme biomedizinischer fortschritte in vergleichender Perspektive, in：Strafrechtsprofessoren der Tübinger Juristenfakultät/Justizministerium Baden-Württemberg, Gedächtnisschrift für Rolf Keller, 2003, S. 15-36, 19；Günther/*Taupitz*/Kaiser, Embryonenschutzgesetz, 2008, §1 Abs. 1 Nr. 1 Rn. 5ff. 参照。
54) これについての詳細は，後出V.

55) *Eser/Koch*（前出注 53），S. 30；*Günther*/Taupitz/Kaiser（前出注 53），§ 2 Rn. 34ff. 参照。──胚保護法 2 条 2 項（「妊娠を生じさせる以外の目的で、ヒト胚を体外でさらに生育させる者も罰する。」）に鑑みると、それどころか、胚を「見捨てること」に許容性を限定すること（*Günther*/Taupitz/Kaiser（前出注 53），§ 2 Rn. 37 がそうである）は、耐え難いであろう。
56) 民法 950 条（加工による所有権取得）参照。
57) 人工受精、胚移植および凍結保存に関する医師の専権事項という要件（Arztvorbehalt）については、胚保護法 9 条参照。
58) 以下の点についての詳細は、*Eser/Koch*（前出注 53），S. 20ff.；*Koch*, Fortpflanzungsmedizin im Rechtsvergleich, in：*Arndt/Obe*（前出注 53），S. 176-184, 177ff. 参照。
59) 委員会報告書（Ausschussbericht），Bundestags-Drs. 16/5443, S. 56 をも参照。
60) *Diedrich* u.a., Reproduktionsmedizin im internationalen Vergleich, 2008, S. 96；*Pühler/Middel/Hübner*（Hrsg.），Praxisleitfaden Gewebegesetz, 2009, S. 262 参照。
61) その他の事例については、Münchener Kommentar-*Joecks*, Strafgesetzbuch, Band 3, 2003, vor § 223 Rn. 16.
62) ほとんど全員の一致をみている見解である。ただし、*Deutsch/Spickhoff*（前出注 42），Rn. 857. *Otto*, Der strafrechtliche Schutz des menschlichen Körpers und seiner Teile, Jura 1996, S. 219-220, 219；Schönke-Schröder/*Eser*, Strafgesetzbuch, 27. Aufl. 2006, § 242 Rn. 10；*Taupitz*, Der deliktsrechtliche Schutz des menschlichen Körpers und seiner Teile, NJW 1995, S. 745-752, 745 参照。
63) 例えば、憂慮すべき医薬品の流通禁止である。薬事法 8 条 1 項 1 号、1a 号との関連での 95 条 1 項 3a 号。
64) これについては、Schönke-Schröder/*Eser*（前出注 62），§ 242 Rn. 10 およびそこに掲載されているその他の文献参照。
65) 例えば、Münchener Kommentar/*Holch*, Bürgerliches Gesetzbuch, Band 1, 3. Aufl. 1993, § 90 BGB Rn. 23f.；Staudinger-*Jickeli/Stieper*, Kommentar zum Bürgerlichen Gesetzbuch mit Einführungsgesetz und Nebengesetzen, Bearbeitung 2004, § 90 BGB Rn. 28；OLG Bamberg, NJW 2008, S. 1543-1547, 1547 参照。
66) これについては、Staudinger-*Jickeli/Stieper*（前出注 65），§ 90 BGB Rn. 37；Schönke-Schröder/*Eser*（前出注 62），§ 242 Rn. 21 およびそこに掲載されているその他の文献参照。全体としての死体は無主物であるとする、OLG Bamberg（前出注 48），1547 をも参照。
67) *König*（前出注 31），S. 78；Staudinger-*Jickeli/Stieper*（前出注 65），§ 90 BGB Rn. 38 参照。これに反対するのは、Staudinger-*Dilcher*, Kommentar

zum Bürgerlichen Gesetzbuch mit Einführungsgesetz und Nebengesetzen, 13. Auflage 1995, §90 BGB Rn. 27（無主物）である。

68) *Taupitz*（前出注62），S. 746；Staudinger-*Jickeli*/*Stieper*（前出注65），§90 BGB Rn. 21；*Tag*, Der Körperverletzungstatbestand im Spannungsfeld zwischen Patientenautonomie und Lex artis, 2001, S. 102ff. のみ参照。

69) 例えば，民法上の視点からは，*Frahm*/*Nixdorf*, Arzthaftungsrecht, 3. Aufl. 2004, S. 32；刑法上は，Schönke-Schröder/*Eser*（前出注62），§223 Rn. 3a；*Freund*/*Heubel*, Der menschliche Körper als Rechtsbegriff, Medizinrecht 1995, S. 194-198, 198 が，この趣旨である。

70) これについて具体的には，OLG Celle, Versicherungsrecht 1984, S. 90-91 （切断された親指）参照。また，*Schünemann*, Die Rechte am menschlichen Körper, 1985, S. 74ff.；*Taupitz*（前出注62），S. 747 をも参照。本稿と結論同旨であるのは，*Deutsch*/*Spickhoff*（前出注42），Rn. 860 である。もっとも，そこでは，再移植の可能性ではなく，事象経過の偶然性が決定的とされているように思われる。

71) *Otto*（前出注62），S. 220 参照。

72) これについては，*Taupitz*（前出注62），S. 748 参照。

73) これについては，Amtsgericht Köln, NJW-RR 2001, 1675-1676 の事案および *Deutsch*/*Spickhoff*（前出注48），Rn. 860；Schönke-Schröder/*Eser*（前出注62），§223 Rn. 3 およびそこに掲載されているその他の文献参照。

74) BGHZ 124, 52-57 参照。

75) 例えば，*Deutsch*/*Spickhoff*, Medizinrecht（前出注42），Rn. 859；*Nixdorf*, Zur ärztlichen Haftung hinsichtlich entnommener Körpersubstanzen：Körper, Persönlichkeit, Totenfürsorge, Versicherungsrecht 1995, S. 740-745, 741；*Taupitz*（前出注62），S. 750 参照。

76) この視点に基づいて，Münchener Kommentar-*Joecks*（前出注61），vor §223, Rn. 16ff. および *Tag*（前出注68），S. 102ff. は，本文で挙げた問題領域を議論する。

77) この視点に基づいて，Schönke/Schröder-*Eser*（前出注62），§223 Rn. 3a および *Horn*/*Wolters*, in：Rudolphi/Horn/Günther/Samson, Systematischer Kommentar zum Strafgesetzbuch, Stand 2009, §223 Rn. 5 においては，問題が検討されている。

78) 機能侵害という考えを強調する場合には，――もしあれば――この構成要件要素の下に分類することが，より自然であろう。

79) 疾患を持続させることによって刑法典223条の構成要件が実現されることについては，例えば，Schönke-Schröder/*Eser*（前出注62），§223 Rn. 8；*Tag*（前出注68），S. 407ff. を見よ。

80) 機能的考察の支持者であれば，ともかく部分的には，それどころか義四肢の損壊による身体傷害でさえ肯定することになるであろう。*Freund*/*Heubel*

（前出注69），S. 198 参照。
81) すでに摘出の際に他の方法での利用が予定されている場合には，すでに（そして付加的に）目的に反する組織を採取する侵害によって，可罰的な身体障害が存在しうる。なぜなら，同意が欺罔によって得られたからである（秘密裏に行われ，対象者の利益にならない必要なエイズ・テストの場合のパラレルな問題については，Schönke-Schröder/*Eser*（前出注62），§223 Rn. 41 a 参照）。もっとも，技術的に正当な臍帯血の採取が行われる場合には，事実上の理由から，身体傷害の構成要件は実現されない。
82) *Deutsch/Spickhoff*（前出注42），Rn. 863 参照。
83) *Deutsch/Spickhoff*（前出注42），Rn. 863 は，おそらくこの趣旨であろう。
84) この事情が，ドイツにおいて有名な「ジョン・ムーア事件」の事情と類似しているのは偶然ではない。冒頭の事例のこの部分は，この事件になぞらえて作ったのである。これについての詳細は，*Taupitz*, Die Zellen des John Moore vor den amerikanischen Gerichten：Ende der heimlichen Nutzung menschlicher Körpersubstanzen? Versicherungsrecht 1991, S. 369-375, *Schröder/Taupitz*, Menschliches Blut：verwendbar nach Belieben des Arztes?, 1991；*Deutsch/Spickhoff*（前出注48），Rn. 862 をも参照。
85) いわゆる「クラブモデル（Clubmodell）」である。*Kliemt*, "Gerechtigkeitskriterien" in der Transplantationsmedizin—eine ordoliberale Perspektive, in：*Nagel/Fuchs*（Hrsg.），Soziale Gerechtigkeit im Gesundheitswesen, 1993, S. 262-283 参照。
86) *Koch*（前出注35），S. 336ff.；*Heuer/Conrads*, Aktueller Stand der Transplantationsgesetzgebung 1997, Medizinrecht 1997, S. 195-202, 201, *Nickel/Schmidt-Preisigke/Sengler*（前出注1），§12 Rn. 1.
87) 臓器移植法11条4項参照。これに関する法的規制は，連邦諸州の管轄である。これらの連邦諸州は，様々な仕方で，一部は非常に躊躇しながら行動してきた。例えば，1999年11月24日のバイエルン州の臓器移植法および輸血法の施行のための法律（Gesetz zur Ausführung des Transplantationsgesetzes und des Transfusionsgesetzes Bayerns vom 24.11.1999）（Bayerisches Gesetz- und Verordnungsblatt 1999, 464-466, 特に Art. 7-9）がある一方で，バーデン・ヴュルテンベルク州における相当する法律（州立病院法の改正のための法律（Gesetz zur Änderung des Landeskrankenhausgesetzes），Gesetzblatt für Baden-Württemberg 2006, S. 18-19）は，2006年2月にようやく施行された。
88) Bundesrats-Drs. 171/09 vom 20.02.09.
89) これについては，*Hans-Georg Koch*, Stammzellforschung "regenerative Medizin" als Rechtsprobleme［甲斐克則＝三重野雄太郎＝福山好典訳「法的問題としての幹細胞研究と『再生医療』」ジュリスト1381号（2009）80頁以下］参照。

2　クリスチャン・シュワルツェネッガー「スイス臓器移植法」

1．移植医療の現状

　ここ40年，医療は，臓器移植においてきわめて大きな進歩を遂げた。今日，腎臓，肝臓，心臓もしくは肺の移植は，全世界において，大きな病院および診療所の標準的供給となっている。世界保健機構（WHO）の見積りでは，毎年約7万件の臓器移植が行われている。これらの治療的介入のうち約5万件は，腎臓移植に関わるものである。人の組織および細胞の移植も増加の一途を辿っているが，これらについては，利用可能な信頼できる国際的な統計が存在しない。スイスでは，人の組織および細胞の移植の場合，特に，骨，角膜，そして稀ではあるが心臓弁の摘出が重要である。

　移植医療の進歩は，多くの重病患者を救ってきた。臓器移植後の生存率は，最初の1年では83から98パーセントであり，そのうち5年目以降では48から91パーセントである（表1を見よ。）。生体提供が可能な場合（肝臓，腎臓），ドナーはきわめて高度な蓋然性をもって生存する。これまでスイスでは，生体提供の結果として死亡した人はいないが，ドナーの19パーセントには，手術後，一時的な合併症がみられる。

　移植医療の成功により，適合する臓器に対する需要が急激に増加した。しかし，毎年の利用可能な臓器の数ではこの需要を満たすことができないがゆえに，待機リスト上の患者に適合する臓器がいかに分配されるべきか，という問題が国際的に存在している。その際に，しばしば，生死にかかわる事柄が問題となる。欧州では，概算で12万人の患者が透析治療を受けており，約

表1 移植における患者または生体ドナーの生存率

患者または生体ドナーの生存率	移植後1年	移植後3年	移植後5年
小腸	80%	61%	52%
心臓	88%	80%	73%
（死亡ドナーの）肝臓	87%	79%	73%
（生体ドナーの）肝臓	88%	80%	77%
肝臓の生体ドナー		99.6%	
肺	88%	64%	48%
（死亡ドナーの）腎臓	96%	91%	85%
（生体ドナーの）腎臓	98%	95%	91%
腎臓の生体ドナー		99.9%	
膵臓/ランゲルハンス島	95%	91%	86%

出典 US-Transplant, スイス連邦保健省（Bundesamt für Gesundheit（Schweiz））より引用

4万人の患者が腎臓を待っている。健康な腎臓を得るための待機期間は，現在，平均3年であり，最近の見積りでは，待機期間が2010年には10年にまで延びる可能性がある，ということが前提とされている。

　国際比較をすると，明らかな相違が確認できる。アメリカ合衆国では，人口100万人単位でみると，最も多くの腎臓，肝臓および心臓がそれぞれ移植されている。スイスも，比較的良好な結果を示している。欧州の相当する単位での頻度数は，〔アメリカ合衆国と比べて〕約50パーセント低い。アジアの数値はきわめて低く，2000年に行われた心臓移植と肝臓移植は，人口100万人単位でみると，きわめてわずかである（**表2**を見よ。）。

　スイスにおいてもまた，同様の傾向が認められる。1996年以降，移植のために臓器を待つ人の数は，増加している。その数は，2008年（942人）には，1996年（464人）の2倍以上になっている（**表3**を見よ。）。この展開のネガティヴな結果は，待機リストへの登録後に死亡した人の統計に表れている。2008年には，62件の死亡という過去最高の数値が報告された（**表3**を見よ。）。**図1**は，スイスの現在活動中の6つの移植センターと，各センターで行われた移植の種類を示したものである。

表2 世界の様々な地域における臓器移植（人口100万人単位，2000年）

	腎臓	肝臓	心臓
アメリカ合衆国	52	19	8
スイス	35.3	12.1	5.1
欧州	27	10	4
ラテンアメリカ	13	1.6	0.5
アジア	3	0.3	0.03

出典　Transplantation Society, The global alliance for transplantation, Consensus statement of the Amsterdam Forum, 以下よりアクセスできる：http://www.transplantation-soc.org/globalalliance.php；ならびにSwisstransplant, Jahresberichte 2008, Bern 2009, 17/19/21

表3 死後提供，生体提供，レシピエント，待機リストに登録された人，および待機リスト上の人のうち死亡したケース（スイス，1996-2008年）

	1996	1997	1998	1999	2000	2001	2002	2003	2004	2005	2006	2007	2008
死後提供	88	100	108	101	98	95	75	95	91	90	80	81	90
生体提供	43	53	68	66	80	86	83	105	89	84	125	112	128
レシピエント	357	348	421	413	402	406	388	473	412	413	443	418	459
待機リスト（12月31日時点）	464	459	444	481	468	548	633	641	635	682	790	870	942
待機リスト登録後死亡	43	23	24	28	50	32	54	55	43	38	40	50	62
人口（千）	7,081	7,124	7,164	7,204	7,256	7,314	7,364	7,364	7,415	7,459	7,509	7,593	7,700

出典　Swisstransplant, Jahresberichte 2005-2008, Bern 2006-2009；Bundesamt für Statistik, Bevölkerungsstand und-entwicklung, Bern 1995-2007

死後臓器提供における供給と需要とが一致しないために，生体ドナーの臓器が頻繁に利用されるようになってきた（スイスについては，表3を見よ。また，WHO, Ethics, Access and Safety in Tissue and Organ Transplantation：Issues of Global Concern, WHO/HTP/EHT/T-2003.1, 6をも見よ。）。臓器を得るための待機期間の長さは，一方では，ある国において，どれくらいの人が死後臓器提供または生体提供を申し出るか，に左右される。しかし，他方では，死期の法律上の規定および移植のための臓器の摘出の要件もまた，決定的な意義を有する。

図1 スイスの移植センター

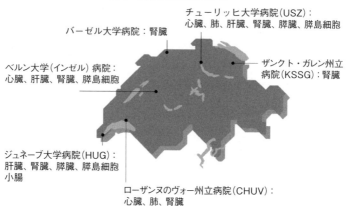

出典 Swisstransplant, Jahresberichte 2008, Bern 2009, 9

　最後に，標準化された院内手順を創設することによって潜在的な臓器ドナーをより効果的に識別することもまた，同様にきわめて重要である。優れた移植調整によって，臓器提供の数は約70から100パーセントまで増加しうる (Seiler/Bischoff/Nett/Candinas, Schweizerische Ärztezeitung 2006, 143-149, 149 を見よ。)。

　移植可能な臓器に対する需要が増大していることから，ドナーにとって金銭的刺激となるものが取り入れられるべきか，というさらなる問題が生じる。こうした経済的な視点の支持者は，それによって，移植数が増加するかもしれないという期待を寄せる。ここ数10年にわたり貧困国において確認されえたような臓器売買は，なお問題を内包している，と評価しなければならない。欧州評議会（Europarat）と世界保健機構（WHO）は，例えば，東欧への移植ツーリズムについて報告している。患者は，臓器を購入し，現地で移植してもらうために，――しばしば自己の主治医と一緒に――これらの国々へと旅行に行くのである。生体提供のためには，最も貧困な生活環境出身の人が選ばれ，彼らは，例えば，腎臓と引き換えに3千ドルという，ごくわずかな補償金を得る（例えば，Parliamentary Assembly, Trafficking organs in eastern Europe,

図2 移植医学との関連での国際的規制レベルと国内的規制レベル

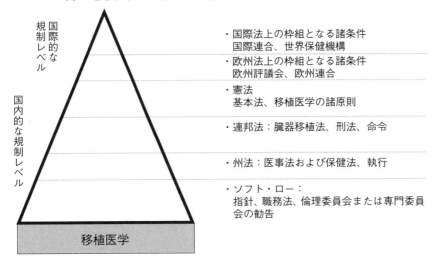

5.2.2001, Doc. 8966 を見よ。)。臓器売買は広く禁止されているので，犯罪組織による違法な供給のための市場が生まれる。これが，臓器摘出目的での人の誘拐をも惹き起こすことはありうるのである。

　上記の問題の社会的に容認できる解決策は，何よりもまず，スイスの臓器移植法，さらにはまた刑法の枠内に見いだされなければならない。しかしながら，国境を越えた問題が国民国家的な手段だけで解決できると考えるなら，それは幻想であろう。そうすることは，むしろ，その種の問題を他国に転嫁するだけであろう。国際的なレベルでは，かなり以前から，国内の立法者に影響を及ぼす標準的ルールが発展してきた。欧州評議会の枠内では，加盟国に対する拘束力ある立法命令を含む国際条約が議決された。欧州連合の枠内でも，すでに調和的な諸々の指針が存在し，もしくは準備されている。忘れてはならないのが，様々な組織および職業団体の指針および勧告である。

2. 国際法上のルール

2.1 世界保健機構（WHO）の決議

1987年以来，世界保健機構は，「人の臓器の移植に関する指導原則（Guiding Principles for human organ transplants）」の議決を目指していた（決議WHA40.13およびWHA42.5。これについては，WHO, Human Organ Transplantation. A report on developments under the auspices of WHO (1987-1991), Geneva 1991 を見よ。）。1991年，世界保健評議会（Weltgesundheitsrat）は，決議WHA44.25の議決に成功し，それによって，世界保健機構は，人の臓器の移植に関する指導原則を承認した。この指針は，ここ18年間にわたり50を超える加盟国の立法に影響を及ぼし，移植医療における基本的水準について主導的な地位を占めてきた。この文書は，9つの原則から成り，そこには，提供の無償性に関する原則5および臓器分配の際の差別禁止原理に関する原則9のような非常に重要な原則がある。

2004年，世界保健評議会は，決議WHA57.18において，移植医療の分野におけるさらなる発展と問題が研究されるべきであり，しかも，指導原則を修正することを目的としてそうされるべきである，ということを決定した。その間に，世界保健機構の執行評議会（Exekutivrat）は，この改定版を注釈付きで提出したが，その文書は，予想に反して，世界保健評議会の第62回会議（2009年5月18から22日）において承認を得た。この改正された指導原則は，今や11の原則を含んでいる。この原則は，組織および細胞にまで拡大しており，個々の原則に関する注釈は詳細になった（WHO, Human organ and tissue transplantation, Report by the Secretariat, 26.3.2009, A62/15 参照）。

スイスは，ほとんどすべての原則を国内法化してきた。ただひとつ生体提供の規制だけは，スイスにおいては原則3（遺伝的，法的または感情的にドナーと結び付いているレシピエントに生体提供を制限すること）よりも緩やかである。

2.2 欧州評議会

スイスは，1999年5月7日，生物学および医学の応用との関連での人権および人間の尊厳の保護のための条約，すなわち「1997年4月4日の人権および生物医学に関する条約」(Übereinkommen über Menschenrechte und Biomedizin vom 4. April 1997 (CETS No. 164))に署名した。国内法においてあらゆる法律上の調整作業が行われた後で，「生物医学条約」(Biomedizinkonvention)は，2008年7月24日に批准することができた。2008年11月1日以降，この条約は，スイスに対して効力を有している。

この条約は，19条ないし20条において，生体ドナーからの移植目的での臓器および組織の摘出を規制している。21条は，人の身体または身体の一部の利用の際の財産的な利得の禁止を定めており，これは，臓器，組織および細胞についても適用される。最後に，生物医学条約は，その諸規定の違反に対する相応の制裁を25条において要求している。加盟国には，確かに，この制裁を刑法の中に設ける義務はない。しかしながら，大部分の加盟国は，この義務を刑法に負わせている。

スイスは，生物医学条約の19条ないし20条について留保を付した。なぜなら，臓器移植法12条ないし13条は，生体提供の補充性を予定していないからである（下記を見よ。）。生物医学条約20条2項には，さらなる留保が堅持された。なぜなら，臓器移植法13条2項dは，例外的に，ドナーの両親の一方または子のための再生可能な組織または細胞の摘出を許容しているからである。

「2002年1月24日の人の臓器および組織の移植との関連での人権および生物医学に関する条約に関する追加議定書」(Zusatzprotokoll zum Übereinkommen über Menschenrechte und Biomedizin bezüglich der Transplantation von menschlichen Organen und Gewebe vom 24. Januar 2002 (CETS No. 186))についても，スイスは署名した。2009年6月12日，議会は，批准決議を容認した(Bundesblatt 2009, 4489を見よ。)。2009年10月1日までは，なおレファレンダム期間が進行中である。

この追加議定書は，人の臓器および組織の移植の分野における最低限の国際的な保護水準を，特に臓器売買の防止のために確立するものである。スイス法は，この追加議定書と広範囲にわたって調和している。9条には，留保が付されなければならなかった。なぜなら，スイスは，生体提供の補充性の原理を予定していないからである。同様に10条も，まったく受け入れられなかった。なぜなら，スイスは，ドナーとレシピエントとの密接な人的関係の要件を予定することもなければ，独立の所轄官署の同意を要求することもないからである。追加議定書の14条に対しても，留保が必要である（Bundesblatt 2009, 4489を見よ。)。

　2005年5月16日，「人身売買を禁ずる欧州評議会の条約」（Konvention des Europarates gegen Menschenhandel）（CETS No. 197）が，署名を求めて公表された。スイスは，2008年9月8日にこの条約に署名したが，まだ批准していない。

　この条約の4a条は，人身売買を次のように定義する。すなわち，「搾取を目的とした，脅迫又は暴力若しくはその他の種類の強制力の使用による，誘拐，詐欺，欺罔，権限の濫用若しくは特別に弱い立場の利用による，又は他人を支配している者の同意の獲得のための支払い若しくは利益の供与若しくは受領による，人の募集，運搬，引渡し，引き留め又は引取り，搾取は，少なくとも，他人の売春の利用若しくはその他の種類の性的搾取，強制労働若しくは強制役務，奴隷状態若しくは奴隷同然の取扱い，農奴状態又は臓器の摘出を含む。」と。

　人の身体および身体部分は財産的利益の獲得のために利用されてはならない，という原理は，すでに30年前から，欧州評議会の標準的ルールになっている。この原理が初めて承認されたのは，閣僚評議会（Ministerrat）の決議(78)29においてである。その後，この原理は，「生物医学条約」（21条）に取り入れられ，さらには，「人の臓器および組織の移植との関連での生物医学条約に関する追加議定書」の22条において，明示的な禁止として強化された（Explanatory Report on the Council of Europe Convention on Action against Trafficking in Human Beings, Note 96参照）。スイスには，2006年12月1日以降，このような

拡大された人身売買の定義を予定する刑法規範（刑法182条，人身売買）が存在している。

人身売買条約6条は，臓器摘出のための人の利用の禁止を含めた予防的措置を講じる加盟国の義務を予定している。

人身売買条約19条は，被害者の役務の利用について，加盟国の犯罪化義務等を要請している。それゆえ，臓器のレシピエントでさえ，臓器を得るために，人身売買をする者の役務を故意で利用する場合には，刑事訴追されるべきである（Explanatory Report on the Council of Europe Convention on Action against Trafficking in Human Beings, Note 232）。

この条約とならんで，欧州評議会の閣僚委員会（Ministerkomitee）が，人の臓器，組織および細胞の移植にとって重要な多数の勧告と決議を公表してきた。特に，加盟国に向けた臓器売買に関する閣僚委員会の勧告Rec（2004）7，および加盟国に向けた臓器移植施設の認可基準に関する閣僚委員会の勧告Rec（2004）19が挙げられる。

最後に，欧州評議会の議員会議（Parlamentarische Versammlung）が，欧州における臓器売買に関する勧告1611（2003）を議決した。そこでは，人身売買を撲滅するための欧州の戦略を展開するにあたっては，人の臓器および組織の売買を考慮に入れるべきだ，とされている。

2.3 欧州連合

スイスは，欧州連合（Europäische Union）のメンバーではないので，共同体法に直接的に拘束されることはない。しかし，それにもかかわらず，ここで指摘しておかなければならないのは，欧州委員会（Europäische Kommission）が，2008年12月8日に，「移植のための一定の人の臓器についての品質および安全性の基準に関する指針」についての提言を公表したことである（Europäische Kommission, KOM（2008）818最終版を見よ。）。血液および血液成分，人の組織および細胞，ならびに動物由来の臓器，組織および細胞。血液および血液製剤には，指針2002/98/EG, 2004/33/EG, 2005/61/EGおよび2005/62/EGが

適用され，人の組織および細胞には，指針 004/23/EG, 2006/17/EG および 2006/86/EG が適用される。

3．スイス臓器移植関係法の法源

3.1　スイス連邦憲法

スイスでは，医事法および保健法の分野における立法権限が，連邦と州とに分配されている。新連邦憲法（BV, SR 101）は，2000年1月1日に施行されたものであり，健康保護（連邦憲法118条，特に関係するのは，食料品，治療薬，麻酔薬等），人の領域における生殖医学および遺伝子技術（連邦憲法119条），移植医療（連邦憲法119a条）ならびに人以外の領域における遺伝子技術（連邦憲法120条）の分野における立法権限を，連邦に委ねている。簡潔に言えば，これらの条項は，人に対する生物医学研究に関する立法権限を連邦に配分する連邦憲法118a条を中心にしてそれを補完するものである，とされる（Botschaft zum Verfassungsartikel über die Forschung am Menschen, BBl. 2007, 6713 見よ。）。医事法および保健法に関する残された立法および法律の執行は，引き続き州の権限に属する。

移植医学に関する連邦憲法119a条は，1999年2月7日に，レファレンダム（Volksabstimmung）において，旧連邦憲法（旧憲法24^{decies}a条）下のスイス人有権者の87.8パーセントによって承認され，変更されることなく新連邦憲法に引き継がれている。本条は，次のように規定する。

1項	連邦は，臓器，組織及び細胞の移植領域において法令を定める。その際，連邦は，人間の尊厳，人格性及び健康の保護に配慮する。
2項	連邦は，特に臓器の公正な配分に関する基準を定める。
3項	人の臓器，組織及び細胞の提供は無償である。人の臓器の売買は禁止する。

しかし，この憲法規範に関する施行法，すなわち「臓器，組織および細胞の移植に関する連邦法」（Bundesgesetz über die Transplantation von Organen,

Geweben und Zellen)（臓器移植法（Transplantationsgesetz）, SR 810.21）は，2007 年 7 月 1 日にようやく施行された。この法律には，4 つの施行令も附属している。すなわち，「人の臓器，組織および細胞の移植に関する命令」（Verordnung über die Transplantation von menschlichen Organen, Geweben und Zellen）（臓器移植命令（Transplantationsverordnung）, SR 810.211），「移植のための臓器の配分に関する命令」（Verordnung über die Zuteilung von Organen zur Transplantation）（臓器配分命令（Organzuteilungsverordnung）, SR 810.212.4），「動物の臓器，組織および細胞の移植に関する命令」（Verordnung über die Transplantation von tierischen Organen, Geweben und Zellen）（異種移植命令（Xenotransplantationsverordnung）, SR 810.213）および「臓器移植立法の連邦による執行のための手数料に関する命令」（Verordnung über Gebühren für den Bundesvollzug der Transplantationsgesetzgebung）（臓器移植手数料命令（Transplantationsgebührenverordnung）, SR 810.215.7）が，それである。2007 年 6 月 30 日までは，人の臓器，組織および細胞の移植は，唯一，州の保健立法の管轄下にあった。

3.2　スイス臓器移植法
a）臓器移植法の目的と適用範囲

　臓器移植法によって，何よりもまず，移植目的での臓器，組織または細胞の利用に関する国内の統一的な要件が確立されることとなった。もうひとつの目的は，臓器，組織または細胞を移植医療に十分供給することにある。最後に，刑法上の見地からは，臓器，組織または細胞の濫用的な取扱い，特に臓器売買が防止されるべきである，ということが強調されなければならない。移植医療の法的規制は，人間の尊厳，関係者の人格性および健康の保護に寄与する（臓器移植法 1 条）。

　2 条によると，臓器移植法は，人由来または動物由来の臓器，組織および細胞ならびに移植用製品（Transplantatprodukte）の取扱いを規制するものである。人工臓器，血液および保存用血液，ならびに人の場合の生殖補助医療の枠内での生殖細胞，受精卵および胚は，除外される（薬事法（Heilmittelgesetz）〔SR

812.21]，生殖医療法（Fortpflanzungs-medizingesetz）[SR 810.11]）。

b）無償性原理と売買禁止

　無償性原理と売買禁止は，すでに連邦憲法119a条に見いだすことができる。臓器，組織および細胞の提供の無償性は，一方では，国際的な文脈において，臓器摘出目的での人身売買をもたらす，とまでは言わないが，比較的貧しい人の利用をもたらす余地のある生体提供の商業化を防止する。他方では，病院内の関係する医師および協力者のいずれも，臓器の摘出，斡旋および移植において利益を取得するべきではない。そうでなければ，長期的には，臓器がわずかに金持ちだけしか入手できないものとなり，社会における提供に前向きな心構えが失われていくであろう。したがって，それは，間接的には，住民階層間の平等な取扱いと連帯性の堅持の保障にも関わる問題なのである。

　臓器移植法は，売買禁止を6条1項において具体化している。すなわち，死後提供と生体提供のいずれの場合でも，財産的利益またはその他の利益を供与することが禁止されているのである。この禁止は，自己に適合する臓器を購入するつもりの患者に対して，そしてまた，人の臓器，組織または細胞と引換えに金銭を支払い，あるいはその他の利益（例えば，現物あるいはスイス滞在の許可）を供与する病院内の医師または協力者に対しても向けられている。しかし，支払いをする者だけではなく，財産的利益またはその他の利益の受領者もまた，禁止の対象となる。この禁止は，まず何よりも生体ドナーに関係し，あるいは死後提供の場合には近親者に関係する。この禁止への故意による違反には，3年以下の自由刑または罰金が科される（臓器移植法69条1項a）。財産的な利益またはその他の利益を過失により供与し，または受領することも，可罰的である。この場合，刑の範囲は，罰金から6月以下の自由刑にまで及ぶ（臓器移植法69条3項）。

　この刑罰規範は，例えば，トルコへ旅行に行き，そこでモルドバ人ドナーから腎臓を購入して移植してもらうスイス人患者にも適用できるのか。この例は，欧州評議会の議員会議の報告書の報告に則ったものである（Parliamentary Assembly, Trafficking organs in eastern Europe, 5.2.2001, Doc. 8966）。

これは，スイス刑法の場所的適用範囲の問題であり（刑法3ないし8条），この適用範囲は，特別刑法にも同様に適用される（刑法333条を見よ。）。患者がすでにスイスから外国の銀行口座に金銭を振り込む場合には，犯罪地はスイスである，と認めることができる（属地主義（Territorialitätsprinzip），刑法8条1項との関連での3条1項）。これは，その後に移植が外国で行われる場合でも言えることである。金銭がトルコに持ち込まれ，そこで初めてドナーに手渡される場合には，犯罪地はスイスではない。この場合，スイスの刑罰権は，積極的属人主義（aktives Personalitätsprinzip）（刑法7条1項）によってのみ基礎づけることができる。その要件は，行為が犯罪地においても可罰的であること，行為者が再びスイスに所在すること，およびスイス法上その行為が引渡しを許容するものであること，である。トルコの事例では，すべての要件が満たされており，特に二重の可罰性が認められる（トルコ刑法91条以下を見よ。これについては, Tellenbach, Konrad Adenauer Stiftung, Auslandinformationen 4/2005, 76-93, 84f. を見よ。）。

次のものは，財産的利益またはその他の利益とはみなされない（臓器移植法6条2項）。

・ドナーに直接的に生ずる減収および経費の補償，
・ドナーが臓器，組織または細胞の摘出によって被る損害の補償，
・感謝の意を示す事後の象徴的な身振り手振り，
・クロス・オーバー生体提供（Überkreuz-Lebendspende）。

人の臓器，組織または細胞の売買の禁止は，スイスにおける行為，さらにはスイスから外国に作用を及ぼす行為をも対象とする（臓器移植法7条1項a）。別の条項としては，臓器，組織および細胞が対価を払って，あるいは利益の供与によって取得された場合に，摘出または移植を禁止する規定がある（臓器移植法7条1項b）。これらの禁止の名宛人は，何よりもまず，仲買人（「臓器ブローカー」），移植センターに勤務する医師および医療従事者である。これらの禁止を貫徹するために，臓器移植法69条1項bにおいて，刑罰規定が用い

られている（3年以下の自由刑または罰金）。「スイスから外国へ」という売買の形態は，刑法的な見地からは余計なものである。売買行動の時点においてスイスに滞在している者は，刑法8条1項との関連での3条1項によれば，常にスイスでも訴追されうるのである。スイスの立法者が，臓器移植の刑罰規定においては，刑法典総則との調整のことを考えていなかったことがわかる。行為者が職業的な仕方で活動し，自己の生活費の大部分を臓器売買によって何とか手に入れる場合，彼は，業として行っているがゆえに，臓器移植法69条2項によって処罰される。この場合，自由刑の長期は5年であり，かくして，その行為は重罪となり，それゆえ資金洗浄行為の予備犯罪（Vortat）を構成するに至る（刑法305条の2第1号）。これは，臓器移植法69条1項のすべての形態に一般的に言えることである。

臓器移植法は，ここでも，売買禁止が及ばないものを正確に示している（臓器移植法7条2項）。

c) 臓器，組織および細胞の死後提供

臓器移植法8条は，非常に重要な規定である。なぜなら，それは，死者の場合における臓器，組織および細胞の摘出の要件を規定しているからである。第1の要件は，死者が死亡する前に摘出に同意していなければならない，ということである（臓器移植法8条1項a）。第2の要件は，死亡が確認されたことである（死亡の確認については，d) を見よ。）。

世界的にみると，死後の臓器提供に関する同意の形態については，2つの基本的モデルが存在する（WHO Guiding Principles on human organ transplantation, Guiding Principle 1参照：表4を見よ。）。

「**同意方式（Zustimmungsregelung）**」は，移植のための臓器の摘出は原則的に禁止されている，ということを出発点に据える。死者が生前に，例えば，臓器提供証明書（Organspenderausweis）において，臓器摘出に同意した場合にかぎり，摘出を行うことが許される（狭い同意方式（enge Zustimmungsregelung）。「明示的な同意」あるいは「オプティング・イン」とも呼ばれる。）。拡大された同意方式（erweiterte Zustimmungsregelung）にあっては，死者が生前に何らの指示も行わ

表4 死後臓器提供の関する同意形態についての基本的モデル（2006年現在）

国	方式のモデル
ベルギー	近親者の異議申立権を伴う反対意思表示方式
デンマーク	拡大された同意方式
ドイツ	拡大された同意方式
フランス	通知方式
ギリシャ	拡大された同意方式
英国/アイルランド	拡大された同意方式
イタリア	反対意思表示方式
ルクセンブルク	反対意思表示方式
オランダ	拡大された同意方式
ノルウェー	近親者の異議申立権を伴う反対意思表示方式
オーストリア	反対意思表示方式
ポルトガル	反対意思表示方式
スウェーデン	通知方式
スイス	拡大された同意方式
スロヴェニア	反対意思表示方式
スペイン	反対意思表示方式
チェコ	反対意思表示方式
ハンガリー	反対意思表示方式

出典 Bundesministerium für Gesundheit und soziale Sicherung (Österreich), Wien 2006

なかった場合には，近親者もまた，臓器の摘出について決定することができる。近親者にとっては，自らが知り，あるいは推定される患者の意思が決定の基礎を成す。

　「反対意思表示方式（Widerspruchsregelung）」は，同意方式とは異なり，移植のための臓器の摘出は原則的に許されている，ということを出発点に据える。死者が生前に，例えば，反対意思表示登録簿（Widerspruchsregister）において，臓器摘出に明示的に反対の意思を表示した場合にのみ，臓器を摘出することができないのである（狭い反対意思表示による解決策（enge Widerspruchslösung）。「推定される同意」あるいは「オプティング・アウト」とも呼ばれる。）。若干の国々にお

いては，近親者もまた，反対意思表示権（Widerspruchsrecht）を有する（拡大された反対意思表示による解決策（erweiterte Widerspruchslösung））。

学説において，反対意思表示による解決策の一形態は，独自の「**通知方式（Informationsregelung）**」とも呼ばれている。ここでも，立法者は，生前に反対意思表示が欠ける場合には臓器提供への用意がある，ということから原則的に出発する。死者が生前に，例えば，反対意思表示登録簿において，臓器摘出に明示的な反対の意思を表示した場合にのみ，臓器を摘出することができないのである。さらに，近親者は，いかなる場合でも，計画された摘出について知らされなければならない。しかしながら，近親者には，異議申立権は与えられない。

スイスは，臓器移植法8条において，ドイツと同様に，拡大された同意による解決策を選択した。それゆえ，一方で，死者の書面化された拒否が存在する場合には，死後の摘出が排除される。他方で，同意が生前に書面化された場合には，死後の摘出が許容される。臓器移植法8条7項によれば，この拒否または同意を表明できるのは，16歳からである。人の死後にその種の意思表示が見いだされない場合には，提供に関する意思表示を知っているかどうかを，その人の最近親者に問い合わせなければならない。最近親者もその種の意思表示を知らないときは，最近親者が摘出に同意する場合に，臓器，組織および細胞を摘出することができる。しかし，この決定の際，最近親者は，完全に自由というわけではなく，死者の推定的意思を尊重するべきだ，とされている（臓器移植法8条2項ないし3項）。この法律は，信頼する者に臓器，組織または細胞の摘出に関する決定を委任する可能性をも人々に与えている。死者がその種の代理人を指定した場合には，その代理人は，最近親者に代わって決定を下す。死者の意思は，いかなる場合でも，最近親者の意思に優先する（臓器移植法8条5項ないし6項）。死者が意思表示を行っておらず，最近親者または指定された代理人が存在しない場合には，摘出は禁止される（臓器移植法8条4項）。換言すれば，意思表示がないということは，提供への「ノー（Nein）」とみなされるのである。

死者からの臓器，組織または細胞の摘出を，それに対する死者，その最近親者または代理人の同意なしに行う者は，臓器移植法69条1項cによれば，可罰的である（3年以上の自由刑または罰金）。また，この行為を過失によって行うことも，可罰的である（臓器移植法69条3項）！

すでに2007年7月1日の臓器移植法の施行前に，若干の州は，拡大された同意方式を採用していたが，反対意思表示方式の州も存在した。スイスの連邦裁判所は，2度，州による反対意思表示方式の合憲性に取り組まなければならなかった。

・すでに1972年に，連邦裁判所は，本人またはその最近親者が異議を申し立てなかった場合に，死体解剖および臓器移植を許容するチューリッヒ州の法令（拡大された反対意思表示方式）に取り組まなければならなかった。連邦裁判所は，この規定を合憲と評価した。なぜなら，人格の自由の基本権——現在は連邦憲法10条2項——は，死体に対するその種の侵襲の実施に関する明示的な同意を要求するものではないからである（BGB 98 Ia 508）。

・BGB 123 I 112において，連邦裁判所は，臓器移植を認める推定的同意から出発して，本人またはその近親者の反対意思表示権を予定する，臓器および組織の摘出および移植に関する「ジュネーブ法」（拡大された反対意思表示方式）を容認した。この方式は——連邦裁判所が言うには——，十分な公共の利益を基礎とするものであり，一般に相応の通知政策が実施され，近親者に対する通知義務が遵守されているかぎりで，比例性原理と両立可能なものである。

私の考えでは，拡大された同意による解決策を新臓器移植法に取り入れることは，適切な決定ではなかった。立法者は，それによって，絶対的な死後の人格性保護に匹敵する死の自己決定権を守らせようとした。最近親者の利益もまた，死者の意思に対して2次的なかたちで考慮されている。しかし，それによって，移植医療のための臓器，組織および細胞の利用可能性に対する公共の利益は，かなり大きく背後に押しやられる。連邦裁判所が提示した

図3 人口100万人単位での毎年の死亡した臓器ドナー（欧州，2004年）

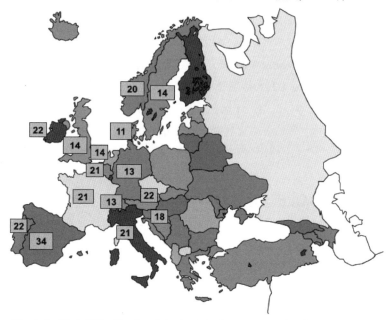

出典　Seiler/Bischoff/Nett/Candinas, Schweizerische Ärztezeitung 87 (2006), 144

方途であれば，正当であろう。すなわち，反対意思表示による解決策は，人々に反対意思表示の可能性について十分に周知するならば，憲法上保障された自由権と両立可能なものとなるのである。それによれば，相対的な死後の人格性保護は，依然として保障されるであろう。

　図3が示すように，拡大された同意方式の国々におけるドナーの割合は，欧州の中で最も低くなっている（デンマーク，ドイツ，英国，オランダ，スイス）。この文脈で，二重の同意方式（doppelte Zustimmungsregelung）によってきわめてわずかな臓器摘出かしか実施できていない日本の例も，挙げることができる。このことは，待機リストが増大する場合に否応なしに移植ツーリズムをもたらし，最悪の場合には，とりわけ臓器に関する違法な市場を促進することになる。

d） 死後臓器提供の場合における死期の確定（臓器移植法8条1項b，9条）

　人の生命の終期は，規範的に確定されざるをえない。なぜなら，生物学的に観察された死は動的なプロセスであり，そこでは複数の死期が考慮されるからである（このテーマ全体については，Schwarzenegger, StGB II, Basler Kommentar, 2. Aufl., Basel 2007, vor Art. 111 N 16 およびそこに掲載されたその他の文献を見よ。）。議論の対象となるのは，特に，不可逆的な部分脳死（大脳のみ，あるいは脳幹のみ），不可逆的な全脳死，または循環および呼吸の不可逆的な停止（心臓死）である。

　新たな臨床的状態としての脳死は，現代医学の延命技術，ならびに心臓機能，循環機能および肺機能の機械による維持技術によって初めて，前面に現れてきた。これらの手段が投入される場合にのみ，なお未到達の心臓死とすでに生じた脳死との間のかなり長期の間隔が生じうるのである。正当にも，今日，全脳の完全かつ不可逆的な機能消失が有する区切りとしての性質が指摘されている。こうした機能消失は，第1に，人間の意識能力および知覚能力の回復不可能な喪失を，第2に，脳幹による身体機能の中心的な制御の喪失を意味する。これに対して，個々の臓器，組織または細胞の死滅は，もはや人間という有機体の死には属さず，死亡した有機体の崩壊に属するのである。死の憲法上の定義は，スイスにはない。よく挙げられる，「臓器移植との関連での死の確認のためのスイス医科学アカデミーの医療倫理指針」（SAMW指針）（medizinisch-ethische Richtlinien der Schweizerischen Akademie der Medizinischen Wissenschaften zur Feststellung des Todes mit Bezug auf Organtransplantationen）は，全脳死説から出発するものである。この指針によれば，人が死亡したとみなされるのは，次の場合である。すなわち，脳および脳幹の不可逆的な機能消失が生じるまで脳への血液供給を長時間にわたり減少させ，あるいは遮断する，心臓による循環の不可逆的な停止が生じる場合（心臓死），または第1次的な脳損傷あるいは脳疾患の結果として生じる，脳幹を含めた脳の完全かつ不可逆的な機能消失がある場合（脳死），である。正確な死期ついて言えば，脳および脳幹の機能消失の1度目の（臨床的な）確認は決定的ではなく，一定の時間間隔を経た後の，あるいは追加的検査を用いた脳による循環の停止の

確認後の，2度目の臨床的な検査によって，初めて確認されるものである（SAMW 指針 II.1）。死の診断を確実なものとするための詳細と方法は，この指針に詳しく記述されている。指針のテキストの附則の中には，心臓死および脳死の確認に関する議定書を見いだすことができる（SAMW 指針 II.2-3 および附則 4）。脳死は，世界的に承認されている。死の確認方法における相違のみが存在するにすぎないのである（Wijdicks, Neurology 2002, 20-25）。

臓器移植法 9 条 1 項は，正当にも，死を「脳幹を含めた脳の諸機能の不可逆的な消失」と定義することによって，全脳死説を堅持している。臓器移植法 9 条 2 項によれば，連邦評議会（Bundesrat）は，死の確認のための規定を命令段階において定める権限を有する。臓器移植命令（SR 810.211）は，7 条および附則 1 の中で，上記の「2005 年 5 月 25 日版の臓器移植との関連での死亡の確認のためのスイス医科学アカデミー（SAMW）指針」，および「規制調和国際会議の GCP 指針」（Leitline der Guten Klinischen Praxis der Internationalen Harmonisierungskonferenz）(ICH 指針，1996 年 6 月 10 日版）および「世界骨髄ドナー協会指針」（Richtlinien der World Marrow Donor Association）（2005 年 12 月 15 日版）への参照を指示している。法律上要求される，脳の諸機能の不可逆的消失は，自発呼吸と循環の自律的制御という生命機能，有機体のホメオスタシス（Homöostase）〔恒常性。生物体が体内環境を一定の範囲に保つ働き〕を保証する統合機能，および意識に関係する。人が死亡するには，脳の様々な部分によって制御されるこれらすべての機能が，永続的に失われたのでなければならない。換言すれば，生命にとっては，これら 3 つの機能のうちの 1 つが存在すれば十分なのである。

人工呼吸器を装着しない人の場合には，上記の諸機能の消失を徴憑する，心拍と呼吸の不可逆的な消失を確認すれば十分である。これに対して，人工呼吸器を装着された人の場合，上記の諸機能は，反射検査（無呼吸検査），脳活動の測定（脳波図）または間接的な証明（血管造影法。これについては，「スイス医科学アカデミー（SAMW）指針」II.2-3 および附則 4 を見よ。）によって，測定されざるをえない。

2009年3月から，心停止ドナー（Non-Heart-Beating-Donors）の場合の死亡の確認について決定するために，「スイス医科学アカデミー（SAMW）指針」の改定が行われている。この種の死者の場合，「スイス医科学アカデミー（SAMW）指針」の統制措置を履践すると，移植のための実り豊かな臓器摘出の可能性が妨げられてしまう。というのは，心臓による循環の停止から摘出までの間には，多くの時間が経過してしまうからである。

e）死後の臓器提供の場合における関係者の独立性

臓器移植法11条は，人の死亡を確認する医師は，死者から摘出される臓器，組織または細胞の摘出および移植のいずれにも協力してはならない，と定めている。同条は，利益衝突を防止するさらなる〔自己の任務の〕限定義務（Abgrenzungspflichten）を含んでいる（WHO指導原則2参照）。

この独立性条項に対する故意または過失による（！）違反は，5万フラン以下の罰金に処される（臓器移植法70条1項b）。

f）臓器，組織および細胞の生体提供

生体ドナーの場合，判断能力を備えた成年のドナーと，判断能力を欠いた，あるいは未成年のドナーとは，区別されなければならない。

判断能力を備えた成年のドナーからは，彼が包括的な説明を受け，自由にかつ書面において摘出に同意し，侵襲によって彼の生命または健康に重大なリスクが生じないかぎりで，臓器，組織または細胞を摘出することが許される。さらに，レシピエントが同等の利益を得られるその他の治療法によっては治療されえないことが必要である（臓器移植法12条）。命令段階においては，いかなる情報がドナーへの包括的説明の対象となるべきかが具体化される。臓器，組織または細胞を摘出する医師は，生体ドナーに対して，摘出前に，口頭および書面で，提供の自発性および無償性ならびに対価と引き換えに提供を行うことの可罰性について，健康に対する短期的および長期的リスクについて，見込まれる入院期間および労働無能力またはその他の制限の程度について，必要な事後検査，その他多数の事項について情報を与えなければならない（臓器移植命令9条）。これと並んで，独立した専門家——心理学者が考

えられる——が，上記人物が実際に自発的かつ無償で臓器，組織または細胞を提供したかどうか，を検証しなければならない（臓器移植命令10条）。

　生体ドナーの生命または健康に対して故意または過失により重大なリスクが創出される場合には，刑法上の諸々の帰結が予定されている（臓器移植法69条1項eおよび3項）。レシピエントが同等の利益を得られるその他の治療法によって治療されうるであろうにもかかわらず，故意または過失により生体ドナーから臓器，組織または細胞を摘出する者は，違警罪（Übertretung）として処罰される（臓器移植法70条1項c）。

　ドイツ法とは異なり，スイス臓器移植法は，死後提供に対する生体提供の補充性原理を予定していない。立法者は，このような臓器を用いることで，レシピエントにとってより十分な生存の機会が存在することになるからであり，また，ドナーに対するリスクはむしろ少ないといえるという理由から，意識的に，生体から提供された臓器の利用を促進しようとしたのである（表1見よ。）。

　判断能力を備えた成人は，親族関係または密接な人的関係の有無にかかわらず，自己の臓器，組織および細胞を必要とする人に，それらを自由に利用させることが許される。それゆえ，生体ドナーは，一方で，特定の人に向けられた提供を行うことができるし，他方で，待機リスト上の面識のないレシピエントのために利他的な提供を行うこともできる。この点でも，スイスは，ドイツの規制とは異なっている。スイスでは，濫用の危険はきわめてわずかである，と評価されたのである。

　判断能力を欠いた者，あるいは未成年者の生体提供は，臓器移植法13条1項に従って，原則的に排除されている。再生可能な臓器または組織については，例外がありうる。しかし，その場合には，制限的な要件カタログが妥当する（臓器移植法13条2項を見よ。）。特に，この種の生体提供の場合，レシピエントの範囲は，兄弟姉妹，子および両親の一方に制限されている（臓器移植法13条2項d）。

　これらの要件を故意または過失により遵守しない者は，処罰される（臓器移

植法69条1項fおよび3項)。

g) 移植のための臓器の分配

連邦憲法119a条2項は，連邦が公正な臓器分配基準の定立に管轄を有すると規定している。特定の人のために行われるのではない臓器提供については，臓器移植法は，統一的な分配規制のための枠組のみを定めているにすぎない。その根本を成すのが，差別禁止原理である。この原理は，スイスに居住地を有するあらゆる人は，分配の際，平等に取り扱われなければならない，と指示するものである。これらの人々は，スイスに居住地を有しない人よりも優先される。スイスに居住地を有しない人は，待機リストに登録されたかぎりで，一定の要件の下でのみ臓器の分配を受けられるにすぎないのである（臓器移植法17条）。

臓器の分配にあたっては，移植の医学的緊急性および医学的利益ならびに待機期間が考慮されなければならない（臓器移植法18条）。詳細は，臓器分配命令に規定されている。

臓器移植法17条ないし18条に基づく義務に違反する場合には，3年以下の自由刑が科される（臓器移植法69条1項g）。

待機リストの管理と臓器の分配は，臓器提供および移植に関するスイスの財団（スイス・トランスプラント。臓器移植命令38条を見よ。）によって行われている。スイス・トランスプラントは，スイスで利用されなかった臓器を国際的な臓器交換に供することについても，責任を負っている（臓器移植法23条）。

3.3 スイス刑法典

臓器移植法69条1項は，重大な可罰的行為が存在するかぎりで刑法を優先するとの留保を含んでいる。まず何よりも，身体および生命に対する罪が想定されている（刑法111条ないし126条）。

生体ドナーからの移植目的での臓器摘出が行われる場合には，刑法122条の意味での重大な身体傷害が問題となる。すなわち，支配的学説によれば，医師によるあらゆる治療的侵襲は，それゆえに臓器摘出およびレシピエント

への移植もまた，重大な身体傷害（刑法122ないし123条。BGE 124 Ⅳ 260f.；Donatsch, Strafrecht Ⅲ, 9. Aufl., Zürich 2008, 47f. およびそこに掲載されたその他の文献を見よ。）の構成要件を充足するのである。それゆえ，この侵襲は，正当化を必要とする。正当化は，臓器移植法12条の特殊な同意要件が満たされる場合にのみ，肯定されるにすぎない（Donatsch/Tag, Strafrecht Ⅰ, 8. Aufl., Zürich 2006, 249；Donatsch, Strafrecht Ⅲ, 9. Aufl., Zürich 2008, 42）。

死体の場合の臓器摘出については，刑法262条2の刑法規範（死体またはその一部の奪取）も絡んでくる。臓器移植法8条所定の要件が満たされる場合，それは，正当化事由とみなされる。

最後に，刑法182条は，臓器摘出目的での人身売買の禁止をも予定している。それゆえ，スイスは，この点でも国際的な保護水準に従っているのである（人身売買を禁止する欧州評議会の条約［CETS No. 197］見よ。）。

4．結　語

スイス臓器移植法は，全体的には，国際的な議論の最新の状況に適合したものになっている。スイス臓器移植法は，世界保健機構のすべての重要な指針および欧州評議会条約を考慮に入れているのである。もっとも，拡大された同意による解決策は，死後臓器提供の申出を不必要に減少させ，少なくとも1年目は，供給状況を悪化させた。人々への臓器提供証明書の徹底的な宣伝活動によって状況が好転するかどうかは，なお様子を見なければならない。臓器分配の枠内において，臓器ドナーを得ようとする臓器移植センターの努力が判断基準に含まれていないことに対して，批判が表明された。例えば，ベルンのインゼル病院では多くの臓器を摘出することができているが，スイス・トランスプラントによる臓器配分は，これらの臓器の多くを，チューリッヒへと転送してしまうのである。これなどは，諸々の命令を適合させることによって是正可能な小さな欠陥にすぎないのである。

2 クリスチャン・シュワルツェネッガー「スイス臓器移植法」

（訳者あとがき）

　本稿は，2009年7月21日に早稲田大学比較法研究所の主催（共催・早稲田大学グローバルCOE《企業と法創造》医事法グループ）で開催されたスイス・チューリヒ大学法学部のクリスチャン・シュワルツェネッガー（Christian Schwarzenegger）教授の講演「スイス臓器移植法」（原題はDas schweizerische Transplantationgesetz）の訳である。シュワルツェネッガー教授は，1959年にスイス・チューリヒで生まれ，1984年にチューリヒ大学法学部卒業後，同大学の助手を経て，1992年法学博士の学位を取得，シャフハウゼン州裁判所で実務経験を積んだ後，日本の新潟大学法学部と愛知大学法学部で教鞭をとられ，1999年より母校のチューリヒ大学法学部で教鞭をとられている。日本通であり，刑法，犯罪学，医事法等の分野で活躍中であり，訳者の甲斐とは，同教授が新潟大学法学部に在職中の1995年3月以来の親交がある。当日は，日本の臓器移植法が改正された直後であっただけに，40名余りの参加者も熱心に講演に耳を傾け，実に有益な質疑応答も行われた。この訳稿により，日本とスイスの臓器移植法制度の比較も可能となるであろう。

3　臓器の移植に関する法律の一部を改正する法律
（平成21年7月17日法律第83号）**による新旧対照表**

改　正　後	改　正　前
臓器の移植に関する法律（平成9年7月16日法律第104号） （臓器の摘出） **第6条**　医師は，次の各号のいずれかに該当する場合には，移植術に使用されるための臓器を，死体（脳死した者の身体を含む。以下同じ。）から摘出することができる。 　1　死亡した者が生存中に当該臓器を移植術に使用されるために提供する意思を書面により表示している場合であって，その旨の告知を受けた遺族が当該臓器の摘出を拒まないとき又は遺族がないとき。 　2　死亡した者が生存中に当該臓器を移植術に使用されるために提供する意思を書面により表示している場合及び当該意思がないことを表示している場合以外の場合であって，遺族が当該臓器の摘出について書面により承諾しているとき。 2　前項に規定する「脳死した者の身体」とは，脳幹を含む全脳の機能が不可逆的に停止するに至ったと判定された者の身体をいう。	臓器の移植に関する法律（平成9年7月16日法律第104号） （臓器の摘出） **第6条**　医師は，死亡した者が生存中に臓器を移植術に使用されるために提供する意思を書面により表示している場合であって，その旨の告知を受けた遺族が当該臓器の摘出を拒まないとき又は遺族がないときは，この法律に基づき，移植術に使用されるための臓器を，死体（脳死した者の身体を含む。以下同じ。）から摘出することができる。 2　前項に規定する「脳死した者の身体」とは，その身体から移植術に使用されるための臓器が摘出されることとなる者であって脳幹を含む全脳の機能が不可逆的に停止するに至ったと判定されたものの身体をいう。

改　正　後	改　正　前
3　臓器の摘出に係る前項の判定は，次の各号のいずれかに該当する場合に限り，行うことができる。 　1　当該者が第1項第1号に規定する意思を書面により表示している場合であり，かつ，当該者が前項の判定に従う意思がないことを表示している場合以外の場合であって，その旨の告知を受けたその者の家族が当該判定を拒まないとき又は家族がないとき。 　2　当該者が第1項第1号に規定する意思を書面により表示している場合及び当該意思がないことを表示している場合以外の場合であり，かつ，当該者が前項の判定に従う意思がないことを表示している場合以外の場合であって，その者の家族が当該判定を行うことを書面により承諾しているとき。	3　臓器の摘出に係る前項の判定は，当該者が第1項に規定する意思の表示に併せて前項による判定に従う意思を書面により表示している場合であって，その旨の告知を受けたその者の家族が当該判定を拒まないとき又は家族がないときに限り，行うことができる。
4　（略）	4　臓器の摘出に係る第2項の判定は，これを的確に行うために必要な知識及び経験を有する2人以上の医師（当該判定がなされた場合に当該脳死した者の身体から臓器を摘出し，又は当該臓器を使用した移植術を行うこととなる医師を除く。）の一般に認められている医学的知見に基づき厚生労働省令で定めるところにより行う判断の一致によって，行われるものとする。
5　（略）	5　前項の規定により第2項の判定を行った医師は，厚生労働省令で定めるところにより，直ちに，当該判定が的確に行われたことを証する書面を作成しなければならない。
6　（略）	6　臓器の摘出に係る第2項の判定に基づいて脳死した者の身体から臓器を摘出しようとする医師は，あらかじめ，当該脳死した者の身体に係る前項の書面の交付を受けなければならない。

改　正　後	改　正　前
第6条の2　移植術に使用されるための臓器を死亡した後に提供する意思を書面により表示している者又は表示しようとする者は，その意思の表示に併せて，親族に対し当該臓器を優先的に提供する意思を書面により表示することができる。	（新設）

著者略歴
甲 斐 克 則（かい かつのり）
 1954年10月 大分県朝地町に生まれる
 1977年3月 九州大学法学部卒業
 1982年3月 九州大学大学院法学研究科博士課程単位取得
 1982年4月 九州大学法学部助手
 1984年4月 海上保安大学校専任講師
 1987年4月 海上保安大学校助教授
 1991年4月 広島大学法学部助教授
 1993年4月 広島大学法学部教授
 2002年10月 法学博士（広島大学）
 2004年4月 早稲田大学大学院法務研究科教授
      現在に至る（広島大学名誉教授）
      日本刑法学会監事(前理事)，日本医事法学会前代表理事，日本生命倫理学会前会長

主要単著書・単訳書
アルトゥール・カウフマン『責任原理―刑法的・法哲学的研究―』（2000年・九州大学出版会・翻訳）
『海上交通犯罪の研究』（2001年・成文堂）
『安楽死と刑法［医事刑法研究第1巻］』（2003年・成文堂）
『尊厳死と刑法［医事刑法研究第2巻］』（2004年・成文堂）
『責任原理と過失犯論』（2005年・成文堂）
『被験者保護と刑法［医事刑法研究第3巻］』（2005年・成文堂）
『医事刑法への旅Ⅰ〔新版〕』（2006年・イウス出版）
ペーター・タック『オランダ医事刑法の展開―安楽死・妊娠中絶・臓器移植』（2009年・慶應義塾大学出版会，編訳）
『生殖医療と刑法［医事刑法研究第4巻］』（2010年・成文堂）
『医療事故と刑法［医事刑法研究第5巻］』（2012年・成文堂）
アルビン・エーザー『「侵害原理」と法益論における被害者の役割』（2014年・信山社，編訳）
『臓器移植と刑法［医事刑法研究第6巻］』（2016年・成文堂）
『終末期医療と刑法［医事刑法研究第7巻］』（2017年・成文堂）
『企業犯罪と刑事コンプライアンス』（2018年・成文堂）

臓器移植と刑法
Organ Transplantation and Criminal Law
医事刑法研究第 6 巻

2016 年 11 月 20 日　初版第 1 刷発行
2018 年 12 月 1 日　初版第 2 刷発行

著　者　甲　斐　克　則

発行者　阿　部　成　一

〒162-0041　東京都新宿区早稲田鶴巻町 514 番地
発行所　株式会社　成　文　堂
電話 03(3203)9201(代)　Fax(3203)9206
http://www.seibundoh.co.jp

製版・印刷　三報社印刷　　　製本　弘伸製本

☆乱丁・落丁はおとりかえいたします☆　検印省略

© 2016 K. Kai　Printed in Japan
ISBN 978-4-7923-5191-5 C3032

定価(本体 2,900 円 + 税)

甲斐克則著　医事刑法研究シリーズ

第1巻	安楽死と刑法	本体2,500円
第2巻	尊厳死と刑法	本体2,800円
第3巻	被験者保護と刑法	本体2,500円
第4巻	生殖医療と刑法	本体2,800円
第5巻	医療事故と刑法	本体2,800円
第6巻	臓器移植と刑法	本体2,900円
第7巻	終末期医療と刑法	本体2,900円